土地增值收益分配悖论

理论、实践与改革

朱道林 著

Land Appreciate Apportion
in China
From Theory to Practice

科学出版社
北京

内 容 简 介

本书针对土地增值及其收益分配的理论问题与实践矛盾，通过对土地增值产生与分配的基本理论关系进行梳理，建立了土地增值收益分析的理论框架。进而通过对土地增值收益分配实践进行定量化测算与分析，归纳了土地增值收益分配的实践特征，梳理与分析了土地增值分配矛盾及产生的根源。提出改革的重点，一是集体土地制度改革与征地制度改革，解决土地增值收益分配的市场机制问题，实现效率；二是税制体系改革，解决收益再分配问题，保障公平。

本书可供从事土地管理、土地制度和土地经济问题研究的科研工作者，土地管理系统的实践工作者，以及有关专业的大中专学生和研究生阅读参考。

图书在版编目(CIP)数据

土地增值收益分配悖论:理论、实践与改革 / 朱道林著. —北京:科学出版社,2017.9

ISBN 978-7-03-054576-3

I. ①土… II. ①朱… III. ①土地经营–收入分配–研究–中国 IV. ①F321.1

中国版本图书馆 CIP 数据核字(2017)第 231081 号

责任编辑：王 倩 / 责任校对：彭 涛
责任印制：肖 兴 / 封面设计：无极书装

科 学 出 版 社 出版

北京东黄城根北街 16 号
邮政编码：100717
http://www.sciencep.com

三河市骏杰印刷有限公司 印刷
科学出版社发行 各地新华书店经销

*

2017 年 9 月第 一 版 　开本：720×1000 B5
2017 年 9 月第一次印刷 　印张：17 1/4
字数：300 000

定价：98.00 元
(如有印装质量问题，我社负责调换)

序

两年前我问道林在研究什么，他说在研究土地增值收益分配问题。现在书终于出来了，请我作序，我欣然答应。

当代中国的土地问题，已经渗透到社会经济生活的方方面面。土地关系反映了社会经济的各个方面，具有复杂性、广泛性的特点。土地既涉及生产关系，又涉及多重社会关系。土地涉及生产关系，特别是生产资料归谁所有本身就体现了生产关系的一个重要因素。在当代中国还没有哪一个问题像土地这么敏感和复杂，当前的很多问题，尽管不是直接的土地问题，但最终都会以土地问题的形式显现出来。因此，研究土地问题要考虑诸多社会因素。社会转型中的矛盾都通过土地问题得以爆发，这是当代中国的一大特点。因此，研究土地问题，管理好土地、利用好土地、理顺好土地的各种关系，直接关系到国家、民族的可持续发展，关系到粮食的有效供给，关系到经济的健康运行，关系到环境生态的安全，关系到社会的稳定。

该书针对土地经济关系中最尖锐、社会关注度也最高的土地增值收益分配问题开展研究，为基于土地问题的复杂性、特殊性进行研究并探寻解决路径做出了尝试。该书值得肯定的是，一是侧重理论分析，从理论入手，强调理论逻辑的分析，并最终落脚于土地经济学分析的基本规律和特征，理论分析比较细致，尤其对不同环节的增值分析很系统、独到。二是重视土地问题的特殊性，土地不仅是商品和投资要素，更是不可再生资

源，是自然资源，是重要的生产要素之一，书中所强调的要重视土地的资源功能、生产功能是很重要的。三是重视中国土地问题的特殊性，重视在中国国情尤其是土地国情下如何认识与研究土地问题的视角，并与当前改革与实践的突出矛盾相呼应，做到了"接地气"。

另外，将中央与地方的土地收益分配关系也纳入土地增值体系进行研究，很有新意。回顾 1998 年版《土地管理法》的修订过程，我们当时设计新增建设用地有偿使用费制度，就是以土地增值理论为依据的。只可惜学者们很少关注这个问题，该书算是填补了空白。

近年来随着土地问题日益尖锐，社会各界关注度日益提升，不同观点也铺天盖地，尤其是少数人热炒土地问题但又并不了解基本理论，引起社会对土地问题的认识对错难辨。书中对一些似是而非的观点进行讨论，很有价值。也希望能由此引起一些真正基于土地经济学理论逻辑的讨论，避免毫无理论根据的争论。

我始终认为，制定中国的土地政策有一个基本的前提，就是要实现什么样的目标。从人类的共同理想来说，土地的永续利用是土地管理的基本理想和基本价值取向，因为土地资源不可再生，所以保证人类的永续利用是当代世界各国土地管理法律和土地管理政策的一个最高目标，也是最基本的理想。当前有很多针对土地问题的争论，要么缺乏基本的理论依据，或者说理论依据不一致；要么目标取向不同，或者说出发点不一致，引起争论就是必然的。

我一直鼓励大家重视研究科学问题、理论问题，道林这本书算是做出了尝试，或将在理论上起到正本清源的作用。希望再接再厉，也希望有更多的学者能够真正从中国国情出发，从土地特殊性出发，从理论问题和科学的高度开展研究。

甘藏春

2017 年 8 月 17 日

前　言

　　一直以来，土地增值成为社会各界关注的焦点。土地产权主体等利益相关方首先关注，社会关注，政府关注，因此媒体关注，学者自然也要关注。有的关注是因为利益问题，有的关注是希望探讨利益分配的理论问题。本书是后者。

　　土地增值首先是个经济问题，尤其对各相关利益主体。你花 1000 元买的手表，如果我说给你 2000 元卖给我，你就获得一倍的增值；如果有更多的人都希望得到你的手表，你自然会不断提高要价，5 倍乃至 10 倍；并且寻求新的获取低价手表的机会，以获得新的更多的增值。假如手表可以无限量生产，要么不会有如此大幅增值，要么手表生产会泛滥。土地恰恰是那只不可能无限量生产的手表，因为土地资源总量有限。因此，即使从纯粹的经济学角度考虑，是任由不可能无限量生产的手表价格无底线上涨，还是从维护经济健康发展的角度，实施政府干预，维护市场秩序，经济学自有答案。

　　经济学认为，现实世界中，还没有一种经济能够完全依照"看不见的手"的原则而顺利运行，每个市场经济都会遭受不完备性之苦。政府的经济职能由此提出。政府干预经济的政策工具主要有三种：一是对收入、商品和服务的税收；二是在某些商品或服务（如军事、教育或治安）领域的开销，以及为个人提供资源的转移支付（像社会保险及医疗保险补贴）；三是管制或控制措施，用以指导人们从事或减少某些经济活动，比如对企业污染的限

制等。经济学认为政府管制主要是为了达到提高经济效率，改善收入分配，稳定宏观经济等。当然，同样的问题，防止政府失灵同样困难而重要。

土地经济学是研究土地资源配置的产权经济关系的学问，既要遵循一般经济学的基本规律，还要遵循土地资源的特殊性要求，包括土地属于自然资源，具有位置固定性、不可再生性、供给无弹性等特性，既可为私人拥有，构成私人财产，又要服从产权制度、用途管制、区域格局等公共属性的要求，乃至服从满足人类长期可持续发展的要求等。

土地增值收益分配属于土地经济学问题，必须遵循土地经济学的基本理论，客观地认识其属性和特征。土地增值是在土地利用或者交易过程中形成的价格增值，首先构成产权主体的经济收益。然而其本质上依然是地租的增加，需要来源于产品价格，即土地增值最终来源于生产者剩余，按照马克思的地租理论，是一种剩余价值，本质上是"不劳而获"。按照生产要素理论，土地作为重要的生产要素之一，其价格变化也必然影响生产过程。因此，土地增值并不是"天上掉馅饼"，不是越高越好。

在市场经济条件下，土地增值收益分配关系首先取决于土地产权制度决定的市场交易关系，遵循效率原则；其次取决于政府实施的收益再分配规则，同样需要遵循公平原则。土地增值收益高低是市场问题，土地增值收益分配规则是公平问题，取决于制度设计。其实，这也反映了在市场经济体系下的政府与市场关系问题。现阶段我国的土地增值收益分配矛盾，表象上是经济问题，实质上是制度问题，需要通过制度改革予以解决。然而，从研究科学问题角度，本书的研究仍属于土地经济学范畴，希望在土地经济学领域能够有所发现，有所突破。因此，与研究结论乃至观点能否成为共识相比，所梳理与总结的土地经济关系更加重要；与所提建议与改革路径是否得到践行相比，所归纳与分析的研究土地问题的理论逻辑更加重要。

作　者
2017 年 8 月 9 日

目　录

第一部分　理论分析

道可道，非常道；名可名，非常名。无名，天地之始；有名，万物之母。

除了成为合乎道之人这一基本原则之外，道家还有另外两个基本假设或原则。第一是物极必反。第二是过度的行政管理，即使是良好的管理，也会因其特有的分量而变成压迫。如老子所说，"民之饥，以其上食税之多，是以饥。民治难治，以其上之有为，是以难治。"老子还用更通俗的语言表述这一观点："治大国如烹小鲜。"就是说，为政不要过多干预。

——《哈佛极简中国史——从文明起源到 20 世纪》

引 言

> 民之为道也，有恒产者有恒心，无恒产者无恒心。
>
> ——《孟子·滕文公上》

　　土地本身作为自然资源，是自然的产物，却在人类的生产生活过程中，转变为经济资产，并因所在经济领域的不同、供求关系的差异、宏观经济环境的变化等而发生价值变化，从而给土地产权拥有者、使用者等带来经济收益的变化。土地价值的这种变化及其归属关系，既涉及经济学问题，又涉及法律和制度问题，需要在研究其经济机制的基础上，探讨问题的本质与诱因，寻找解决问题的路径。

1.1　土地增值研究的背景

　　土地增值及其收益分配关系问题研究，长期以来得到理论界和实践工作者的普遍关注。究其原因，一是自国家实行土地有偿使用制度以来，土地市场快速发展，土地价值得以充分显化，土地增值及其收益分配关系自然成为各相关利益主体关注的对象；二是在土地市场快速发展的同期，也是我国城镇化、工业化快速发展的时期，在这一过程中大量的新增建设用

地是产生土地增值最明显的领域，其收益分配关系问题也就自然成为相关利益主体关心的重点，也是理论界研究的焦点；三是这一时期还是房地产市场高歌猛进的时期，房地产价格快速、持续上涨，为土地不断增值，甚至跳跃式上升，提供了可能，所引起的土地增值分配问题更是激化了收益分配各方的矛盾。

但是，这些都是表象。更值得关注的问题是，从理论上，土地增值及其分配关系所反映的本质究竟是什么？又如何从理论上去认识土地增值及其分配关系所反映的产权经济关系，以及其对土地资源可持续利用的影响，进一步如何构建满足土地资源可持续利用要求的土地增值及其分配的产权经济机制，这是本书试图要研究和回答的问题。

追根溯源，我国自 20 世纪 80 年代开始推行城市土地有偿使用制度改革以来，土地市场逐步发育成熟，土地资产价值日益显示出其在资源配置中的基础性作用，既促进了土地资源优化配置，也极大地促进了城市建设进程和区域社会经济发展。但是，随着改革的深化，土地收益分配体制在运行中存在的产权结构、体系结构及使用制度等方面的诸多问题也逐渐显露出来。地方政府过度依赖土地出让收益解决财政不足问题，征地过程中农民集体与政府冲突不断，集体建设用地流转过程中收益分配与产权关系问题不断引起社会矛盾等，有时甚至比较尖锐。

从当前来看，由土地收益分配问题所引起的矛盾主要表现在土地出让收益分配、征地与农转用增值收益分配和集体建设用地流转收益分配等方面。关于土地出让收益分配，主要表现在地方政府作为土地出让方所取得的土地出让收益不断增加，且存在地方政府过度卖地，乃至扰乱正常的土地市场、房地产市场等问题。尤其近十余年来，地价、房价持续快速上涨，而地方政府的土地出让收益也大幅度增加，引起社会的广泛关注，进而引起对"土地财政"的讨论。但社会关注更多的是地方政府获取巨额土

地出让收入的驱动机制问题。从我国实际来看，"土地财政"主要是依靠增量建设用地创造财政收入，也就是说通过卖地的土地出让金来满足财政需求。实际上世界上很多发达国家也都依靠"土地财政"，但国外主要通过对存量土地征收物业税、不动产税等方式实现财政收入，这样既体现了公平性，也保证了政府有相对稳定的财政收入，而且主观上也会促使政府平抑地价，而不是千方百计抬高地价①。问题进一步延伸，土地出让收益分配还涉及中央与地方政府之间的关系。

同时，征地过程中集体（农民）与政府之间的矛盾也日益激化。在我国现行城乡二元土地制度的背景下，以及征地过程中对公共利益的界定不清，导致被征集体土地转为国有土地入市交易，从而给地方政府带来大幅增值，远高于集体（农民）所得增值。收益分配的不平衡激化了集体（农民）与政府之间的矛盾，更引发了一系列农民群体性上访事件。因此，客观分析土地收益分配过程中各个利益主体之间的经济关系，解决由于经济关系不平衡引发的问题，也是征地改革的客观要求。

尤其是长期以来的房价持续、快速上涨，更加膨胀了土地增值收益分配的差距，乃至诱惑了更多的争抢机制，引起矛盾的进一步尖锐。

考虑到这些问题既影响土地作为重要资源、重要生产要素在人类社会生活中基本功能的发挥，又直接影响普通居民的安居乐业、社会福利的提升，乃至影响宏观经济健康发展、社会和谐稳定，同时也直接关系到土地制度改革和宏观政策制定，因此有必要从理论上探讨土地增值收益分配关系，研究实践中收益分配状况及其合理性，探索土地收益分配/分享的体制与机制，进而从制度层面寻找改革路径。

---

① 甘藏春. 守卫者 护航者 推进者——甘藏春在国新办新闻发布会答记者问摘编. http://news.163.com/11/0420/11/72354DFK00014JB5.html

1.2 土地增值及其分配问题的主要争议

本书讨论的关于土地增值及其收益分配关系问题的争议，主要是指理论上的争议，而非相关产权主体之间的收益分配多少的争议，他们之间分配关系的争议是基于产权与市场规则的经济博弈。

理论上关于土地增值及其收益分配问题的争议主要体现在以下方面：

一是关于土地增值的来源，也就是土地增值是如何产生的。有人认为是基于产权主体的投资与开发利用产生的，也有人认为是政府的规划和基础设施建设导致的。由此可见，不同的产生来源，会有不同的分配观点。与此相伴生的，还有地价与房价的关系，即房价上涨是由地价上涨导致的，还是房价上涨引起了地价上涨，这些甚至已经达到了类似于"是鸡生蛋还是蛋生鸡"的终极困惑。

二是土地增值究竟如何分配？这是焦点中的焦点。有人认为应基于产权分配，土地是谁的增值收益就应归谁，即所谓"涨价归私"。也有人认为应该"涨价归公"，这主要是基于政府进行基础设施建设，政府通过规划实施用途管制，由此引起的土地增值理应归公，并通过归公用于公共财政、城市建设，服务于社会。还有人从保护农民利益，解决农民生产和生活保障的角度，提出让农民分享更多的土地增值收益。客观地说，这已经超出了经济学讨论的范畴，当然土地经济学也曾归属于政治经济学范畴，这大概也是土地经济问题的特殊性所在。

三是关于政府在土地增值及其分配中的角色与作用。实践中的现实是，政府在土地增值及其分配过程中，地位很重要，作用也很直接：政府首先作为征地主体征收集体所有的土地，并按照标准给予征地补偿，或者

作为收购主体（土地收购储备）收购城市建设用地，并进行拆迁补偿；然后作为土地出让主体，出让国有土地使用权，获得出让价款。政府直接在这一征地—出让过程中，获取一次分配，并实现数额可观的土地收益，被广泛称为"土地财政"。支持这一做法的观点认为，政府实施土地出让是土地公有制使然，且土地增值源于政府实施的基础设施建设和规划管制决定的用途改变，政府应该起着主导作用；反对的观点认为，政府通过征收或拆迁，剥夺产权主体的合法利益，不利于保护产权，且通过土地出让直接参与一次分配，追求土地财政最大化，导致城市过度扩张，土地利用浪费，乃至耕地保护失控等。

正是这些不可调和的争议，决定了如何从理论上认识土地增值及其收益分配关系的重要性。

1.3 土地增值及其分配研究涉及的主要问题

理论上来说，土地增值及其收益分配关系的本质是土地（产权）经济关系问题。而对于土地产权经济关系来说，制度设计决定产权关系，产权关系决定经济关系。因此，要深入研究并认清土地增值及其收益分配关系，不可避免地要探讨土地制度的影响。

在中国当前的土地制度体系下，影响土地增值及其收益分配关系的主要有：

一是征地制度及其改革。征地制度是在我国现行城乡二元制度体系下土地产权转移和土地供应的起始端，法律规定，"任何单位和个人进行建设，需要使用土地的，必须依法申请使用国有土地"，所谓使用国有土地，包括征用或征收的集体所有土地，也就是说，涉及建设占用土地，一旦使

用到集体所有的土地，就要征为国有，并采取出让方式提供给企事业单位使用，由地方政府实施征地与出让过程。首先由地方政府进行征地，并向集体和农民支付征地补偿费，包括地上附着物赔偿，然后地方政府再采取出让的方式将土地使用权提供给用地单位，由用地单位支付土地使用权价款。在这一过程中所表现出的产权经济关系是：集体和农民放弃土地所有权和使用权，获得征地补偿；地方政府支付征地费，获得土地所有权和使用权；用地单位支付土地出让价款，获得一定年期的土地使用权。由于法律赋予政府的"征地权"带有强制性，以及征地补偿标准的高低与土地市场价格之间存在差异，因此，征地制度被很多人认为是土地增值收益分配不公问题的根源，对征地制度进行改革的呼声也就日益强烈。

与此相联系的，土地出让制度也受到诸多抨击。抨击的要点是：地方政府作为行政主体，直接从事土地使用权出让这一市场交易行为，且存在低价强制征地、高价市场卖地行为，从而获取高额土地增值收益，实现地方政府土地财政收入最大化。因此，改革土地出让制度也成为媒体和部分学者呼吁的重点。

二是集体土地制度及其改革。在城乡二元制度体系下，与城市国有土地可以出让、转让等有偿使用相比较，农村集体土地基本上实施的是"自用制度"，即集体所有的土地主要提供给本农民集体及其成员使用，不允许入市流转。当然，对于集体农用地，可以在符合用途管制的前提下，即农地农用的前提下，进行承包、转包、租赁。集体建设用地，只能提供给本集体经济组织使用。这一制度客观上保护了集体土地的权利，但也由于法律对土地处置权的制约，导致了集体土地与国有土地在经济关系、土地价格上存在差异。这也被认为是影响土地增值收益分配不公的主要原因。因此，关于集体土地制度改革的呼声也很强烈。

三是土地收购储备制度。我国的土地收购储备制度，是在土地市场发

展过程中，于本世纪初逐步建立并完善起来的，是与土地出让制度相配套的。其制度设计的重点在于解决三个方面的问题：第一，解决政府统一供地的问题，即所谓的"一个池子储水，一个龙头放水"，政府要供地，自己手里就要有地，这就需要通过收购储备将分散于集体或国有企事业单位乃至个人手中的土地收过来；第二，解决全面实施招标、拍卖、挂牌出让土地后的"净地"出让问题，即通过收购储备将分散在相关企事业单位手中的土地收回，并实施拆除，以满足出让等要求；第三，解决调控市场问题，即通过收购储备，政府可以根据供求关系控制市场供应节奏，满足调控市场的要求。但是，这一制度的实施，与征地制度类似，也存在着带有政府强制性，政府直接参与市场行为，乃至低价收购、高价出让等问题，也被认为是导致土地增值收益分配不公的主要原因。

因此，土地增值收益分配表面上反映的是经济问题，实质上是制度问题。

仔细研究实践中土地增值收益分配的矛盾，可以将其分为两个层面：一个层面是实践中没有完全按照制度规定和政策要求解决增值收益分配问题。比如，未按规定的征地或拆迁补偿标准实施补偿，包括低补和高补，低补损害被征地方利益，高补（如"钉子户"获得更高的补偿）有损公平，这是政府失灵；再比如，由于房价过快上涨导致土地开发商、房地产开发商，乃至炒房者，获得更高的超额利润，甚至暴利，导致行业不公平，乃至投资体系失衡，这是市场失灵。另一层面，是制度设计本身存在缺陷，因此需要针对制度缺陷进行改革。因此，我们首先需要弄清在实践当中究竟是哪方面存在问题，如果是制度和政策执行的问题，那就要在如何有效执行上下工夫；如果是制度和政策设计本身的问题，那就要探索如何改革和完善制度与政策。

1.4　本书的研究框架和出发点

针对前述土地增值及其收益分配问题存在的争议焦点和主要问题，本书的研究思路是，在对当前制度体系下的土地增值收益分配的产权经济关系进行理论梳理的基础上，分析引起矛盾的现实原因和制度原因，进而通过实证分析探索和发现实际的分配状况，并从理论上反思问题的根源，探索制度改革与政策完善的路径。

基于这一研究思路，我们于 2011 年承担了国土资源部软科学研究课题"土地收益分配问题研究（201118）"，通过此课题研究，基本形成了土地增值收益分配"三阶段论"的理论框架，在对土地增值Ⅰ、Ⅱ、Ⅲ进行界定的基础上，分别利用省级和城市面板数据进行实证测算，定量分析了三个阶段的增值收益分配状况。基于这一研究所形成的框架，随后开展了一系列持续性研究，先后承担了国家发展和改革委员会专项课题"土地增值收益的构成因素及创新分配机制研究"，中国土地勘测规划院专项课题"新增建设用地土地增值收益分配实证研究"；并于 2015～2016 年与北京市土地整理储备中心 CBD 分中心进行合作，重点对大都市区土地收购储备项目的增值及其收益分配关系进行实证研究；同时还结合国家推进农村土地制度改革试点地区所涉及的研究，进一步分析土地经济关系、土地产权机制与土地制度体系的内在逻辑关系，探索符合理论逻辑的改革路径。通过对这一系列研究成果的系统梳理和整合，形成了本书内容的主体框架。

本书的出发点，不在于要阐明多么重要的观点，尽管我们必须阐明自己的观点；不在于要提出多么有价值的政策建议，尽管我们也试图基于改革的目标与要求提出自己的建议和想法；更不在于要解决实践中错综复

杂、千变万化的土地增值收益分配矛盾，尽管我们以土地增值及其收益分配关系为研究对象。我们更倾向于，将基于现行制度体系下实践中的土地增值收益分享关系进行梳理，并基于理论分析的基础，对实践中的分配状况进行定量考察，发现土地增值收益分配的客观机制和现实特征，并试图分析现实矛盾所存在的体制与机制上的问题，进而为政策研究与制订者乃至理论研究者、制度改革决策者提供分析依据和参考。

2

土地增值与土地收益

> 生财有大道，生之者众，食之者寡，为之者疾，用之者
> 舒，则财恒足矣。
>
> ——《礼记·大学》

中国的土地制度，是中国社会、经济、政治的根源。中国的治乱，基于土地制度的兴废；国民生活的安危，也基于土地制度的整理与否①。而土地增值及其收益分配关系，本质上是土地经济关系问题，既涉及产权主体的直接利益，又涉及土地作为资源的公共属性、作为生产要素的生产功能等，需要综合考察土地增值的经济关系与社会关系。

2.1 土地增值的概念

土地增值，最简单理解就是土地价格的增加值。准确地说，土地增值是在土地开发利用或土地交易过程中所发生或表现出来的土地价格的增加值，是土地价格的一部分。在实践中，也可能是以地租的形式表现，那就

---

① 长野郎著. 中国土地制度的研究. 强我译. 北京：中国政法大学出版社，2004

是地租的增加值。

土地增值是客观存在的，它不仅反映在土地交易中，还反映在土地利用中。只要有人类对土地的利用，作用于土地的活动，就会引起土地的增值（包括负增值）。这实际上反映了土地级差的可变性。例如，旧城改造、改善交通、城市扩建等大规模基础设施建设活动，改善了土地的利用条件、生产条件或环境条件，提高了土地利用的价值，改变了土地的区位条件，引起土地正增值；与此相反，由于对土地的掠夺性经营，污染设施的增加等，会引起土地负增值。同时，作为不动产的土地，由于其位置的固定性和总量的不变性，随着人类社会活动的发展和经济环境的变化，常常也会发生增值。

但是，从理论上来说，土地不断增值是长期的，是渐进的，甚至是波动的。之所以是长期的，是因为土地作为自然的产物，具有有限性、不灭性、位置固定性，其在投入人类利用过程中，随着利用方式的变化、投资的增加，乃至社会经济发展对需求的增加等，都会引起土地价值增加，土地价值是随着人类对土地利用过程的变化逐步演进的。所谓"波动"，就是土地增值通常有正有负，土地价格也会随着市场供求关系变化有增有降。总体来说，土地增值是长期趋势，市场波动是短期现象。

土地增值的概念可区分为价格增值（或称价格上涨）和价值增值两种形式，实践中应同时考虑二者的变化和影响。通常社会上所说的土地增值，更多指价格的提升。尤其在当前市场背景下，房地产价格高涨，有全要素经济贡献（财富）向土地要素归集，并以房价、地价进行反映的趋势。特别是北京等一线城市，这种现象更为显著，即大量的财富流入房地产领域，房价、地价不断升高。

2.2　土地增值收益

先说土地收益。一般而言，土地收益是指基于对土地的开发、利用和投资过程中所获取的经济收益。通常要以对土地相关产权的持有为前提，相应地一般需要通过产权交易才能实现收益变现。

基于土地经济理论，土地收益可分为两种类型：一类是在持有土地前提下获取的收益，如通过继续持有土地采取租赁方式获得租金收益；另一类是在放弃土地权利后获取的收益，如卖出土地获得的土地买卖价款。一般在土地估价理论上，把前者称为收益，后者称为价格。本质上来说，收益与成本对应，是个会计学概念，而价格、租金是经济学概念。相应地，对于增值，要么是以价格形态表现，是价格的一部分；要么以租金形态表现，是租金的一部分。

相应地，土地增值收益就是土地增值通过一定的方式实现的变现。通过出租变现，获取的是地租的增加值；通过买卖变现，获得的是土地价格增加值。

2.3　土地增值收益分配/分享

所谓土地增值收益分配，通俗地解释，就是土地增值花落谁家。本质上也是土地增值收益实现的过程。

从理论上来说，土地增值收益分配可归纳为一次分配和二次分配两种类型。实践中，土地增值收益分配大致有三种情况：一是卖出土地获取价格增加值；二是在持有过程中通过租赁、使用等方式获取的租金或

经营收益增加；三是土地增值收益再分配，如在土地产权主体通过交易过程获取的增值收益，需要支付土地增值税。前两种情况是属于在土地交易过程中实现的"一次分配"，分别是买卖价格增值、出租租金增值，其增值额度及分配关系是由市场交易过程决定的，即由市场决定分配关系和分配结果。第三种情况属于收益再分配，即"二次分配"。二次分配就是土地增值收益再分配，是政府针对土地增值，为防止地价暴涨、制约暴利等，通过征收土地增值税，实现土地增值再分配，解决公平问题。如我国土地增值税、英国的资本利得税（capital gains tax，CGT）等，都属于二次分配。

当然，与"分配"这一用词相比，实践中土地增值收益更多的时候实际是属于"分享"，即土地增值在相关经济主体之间是被动"分享"，而不是由哪方主体提出主动"分配"，或者按照什么比例分配，也不可能有谁能按照确定的比例进行所谓的分配。因此，在本书中尽管不严格区分"分配"与"分享"的使用，但更倾向于现行的土地增值收益分配关系实质上属于"分享"关系。

2.4　涨价归谁——土地增值分配的争论

对于土地增值的归属，理论界和实践工作者存在着普遍的争论。主要的观点可归纳为涨价归公、涨价归私、公私兼顾三种。

"涨价归公"理念最早由英国经济学家约翰·穆勒提出的，他认为，地主"不干活儿，不冒风险，不节省，就是睡大觉，也可以变得愈来愈富，不合社会正义的一般原则"，应在"确保地主得到其土地的现时市场价格"（其中"包含了全部未来预期的现值"）后，对土地因社会进步的

"自然原因"而"增加的地租课以特别税"收归国家①。这一理念阐述了土地价值上涨的本质是社会进步的结果，而国家是社会利益的代表，也是社会进步的主要推动者，因此应当将土地增值归国家所有。美国经济学家亨利·乔治也提出了相似观点。他在《进步与贫穷》一书中指出，"土地价值不表示生产的报酬，……它表示垄断的交换价值。它在任何情况下都不是占有土地者个人创造的；而是由社会发展创造的。因此，社会可以把它全部拿过来"②，其将土地价值的增加归因于人口的集聚和生产的需求，而非某个人的劳动或投资引起的，因此土地增值的收益应归全社会所有。我国民主革命先驱孙中山先生的"平均地权"思想，主张地价增涨的部分收归国有，土地涨价归公是"平均地权"的核心，认为"地价高涨，是由于社会改良和工商业进步。……这种进步和改良的功劳，还是由众人的力量经营而来的，所以由这种改良和进步之后，所涨高的地价，应该归之大众，不应该归之私人所有。"③ 因此，"涨价归公"论成为长期以来土地增值分配的主要论点。

主张"涨价归私"者认为，全部土地自然增值归原土地所有者所有，认为土地所有者取得全部土地自然增值，是由其所拥有的完整的土地产权所决定。比如周其仁教授曾经发表题为《大白菜涨价要不要归公?》④ 的文章，质疑土地涨价归公，他认为世上每一种商品的涨价，几乎都有"社会"或"政府代表社会投入"的因素，与某一商品或要素的供应者"无关的"因素实际上数之不尽，所有这些"无关的"涨价收益都不归公，那土

---

① 约翰·穆勒. 政治经济学原理及其在社会哲学上的若干应用（下卷）. 北京：商务印书馆，2005：390-394

② 亨利·乔治. 进步与贫困. 北京：商务印书馆，1995：347

③ 孙中山. 三民主义. 长沙：岳麓书社，2001：200

④ 周其仁. 大白菜涨价要不要归公? http://zhouqiren.org/archives/421.html

地的涨价收益也不应该归公。

还有的学者主张"涨价归农"（与涨价归私相似），认为土地所有者或使用者对农地转用中的土地增值有一项重要贡献，就是"放弃"土地使用权，应该获取相应的增值，且认为"涨价归农"是保障集体土地产权的根本办法。

第三种就是"公私兼顾"，认为土地收益和土地增值的分配应当体现对土地使用权的尊重，主张优先对被拆迁人进行公平补偿，政府获得一部分剩余价值，用于公共设施建设。

之所以存在争论，仔细研究下来，实际上不同学者所持观点的前提并不一样。"涨价归私"论，那是基于产权决定论、市场决定论提出的，土地是谁的、谁的投资所引起的增值当然要归谁。而"涨价归公"论，是基于土地的特殊性，土地是自然资源，具有公共属性，其增值自然归公。至于"公私兼顾"，似乎是中间派，既然有增值大家都有份，但为什么大家都有份，为什么公私兼顾，也缺乏严谨的论述。

因此，要形成一致的观点，或者要给出大家能够共同认可的结论，首先，必须明确讨论问题的对象与目标，讨论土地增值分配我们针对的对象是"土地"这一自然与经济综合体，其在投入人类利用过程中后的价值变化规律是唯一要遵循的规律，目标是完善土地增值分配制度或政策，属于公共政策，不能倾向于任何利益主体。其次，土地增值分配是土地经济问题，必须遵循土地经济学分析的基本范式，必须遵循土地作为自然资源的公共属性、土地位置的固定性及土地资产价值变化的特殊规律，不能简单套用一般商品经济理论。

基于上述前提，我们认为，既然土地作为生产要素参与社会经济活动，在市场经济条件下采用市场方式配置资源，其收益分配关系首先要遵循市场原则，因此初次分配应由市场决定。但是，由于土地作为自然资

源，位置固定，其用途改变由规划确定，其价值除受投资者投资与用途改变影响外，还受到周边基础设施与公共设施、区位条件等影响，遵循谁投资谁获利、防止暴利等原则，应该对非产权主体投资所引起的增值进行再分配，也就是二次分配，采取征税的方式，如征收土地增值税。

因此，"涨价归私"是一次分配，通过产权主体的交易过程实现；"涨价归公"属于收益再分配，是以一次分配的"归私"为前提的。土地增值需要通过相应的交易过程才能实现收益变现，那么相应的交易过程决定了一次分配关系，实现"效率"问题。而"涨价归公"的实现，需要通过征收土地增值税予以实现，因此属于收益再分配，是将土地开发利用过程的超额利润转交给社会，实现"公平"问题。

而且，涨价归公，重点是针对基于规划导致土地用途转变、基础设施建设引起土地区位变化等所引起的增值，与普通商品的市场价格波动有着本质区别。一般也不针对直接土地开发投资所引起的增值，至少不针对其所应获得的社会平均利润。

当然，当前实践中所存在的问题正是由于没有严格实现一次分配与二次分配的合理区分，尤其在土地征收、出让等过程中政府获取了一定的增值收益，同时土地增值税征收也没能完全达到解决二次分配的公平问题，这正是改革要探讨和解决的问题。

2.5 土地发展权与土地增值

有人认为土地增值收益分配应考虑土地发展权的归属关系，从土地产权经济关系角度这有一定的道理。那么，土地发展权与土地增值收益分配之间究竟是什么关系？下面进行简要分析。

（1）土地发展权的概念

关于土地发展权的概念，目前在产权理论、物权理论及有关法律规定中均没有明确的界定，但是由于在我国现行的土地征收、房屋拆迁及土地收购储备过程中，均涉及土地发展权的问题，因此关于土地发展权的概念及其归属问题得到理论界和实践工作者的广泛关注。

在实践中涉及土地发展权的问题，主要是原土地所有者或使用者对其所拥有或使用的土地是否拥有进行再开发并获得收益的权利，因此我们可以把土地发展权定义为：对土地进行再开发并获得收益的权利。从物权理论来看，如果说存在土地发展权的话，它应该也是由土地所有权派生出来的，或者说是土地所有权权利束中的一支。那么，土地发展权与土地使用权是什么关系呢？土地发展权与土地使用权是否是一回事？因为从广义的土地使用来说，对土地进行开发、再开发都属于土地使用的范畴，因此这里的关键问题是如何界定"再开发"。实际上，这里的"再开发"主要是指对土地进行改变用途或利用方式的开发过程，如将农用地开发成建设用地，将工业用地开发成商业或住宅用地等。因此，土地使用权实际是指土地使用者按照原用途或规定的用途对土地进行开发、使用并获得收益的权利，而土地发展权是指对土地进行改变用途或改变利用方式并取得收益的权利。而土地用途改变，往往会引起土地价格增值，因此土地发展权与土地增值有一定关系。

（2）土地发展权的归属

目前关于土地发展权问题的讨论主要集中在农地发展权方面，对于其归属问题不同学者有不同的观点：一类观点认为农地发展权应归国家，土地开发者必须向国家购买，然后才能开发农地；第二类观点认为农地发展权应归农地所有者，国家可以向农地所有者购买发展权；第三类观点认为农地发展权归农地所有者所有，发展权可像其他普通商品一样在市场上自

由交易。这些观点一方面仅仅从农地发展权角度进行考虑，不够全面；另一方面，认为农地发展权归农地所有者并可以自由交易，这样有利于保护农地，但这不符合中国实际，因为只有农地转为建设用地时，农地发展权收益才可能实现，这样在经济利益驱使下，只能促使农民和集体更多的卖地（在中国当下是"被征地"），不但对保护农地不利，反而会造成农地更迅速地减少。

实际上，土地发展权是一种法权概念，需要通过法律规定予以明确和实行，要界定土地发展权的归属问题还必须从有关法律规定出发。根据现行的有关法律规定，《土地管理法》、《城市房地产管理法》和《城镇国有土地使用权有偿出让和转让暂行条例》均规定，土地使用者若需要改变土地使用权出让合同约定的土地用途时，必须取得出让方和市、县人民政府城市规划行政主管部门的同意，签订土地使用权出让合同变更协议或者重新签订土地使用权出让合同，并且要相应调整土地使用权出让金。因此，在我国现行的法律体系下，土地发展权实际属于国家或政府拥有。

另外，根据土地增值理论，土地发展权所引起的土地增值实际是第三种形式的土地增值，属于级差地租Ⅰ，应归国家或社会所有，具体分析见第3章。

（3）土地发展权与土地增值的关系

从上述分析可见，土地发展权与土地增值之间既有区别，又有联系，不能将二者混为一谈。土地发展权是对土地进行改变用途或改变利用方式并取得收益的权利，由改变土地用途或改变土地利用方式所引起的土地价格的增加只是土地增值的一种形式。土地增值有多种形式，并不是所有的土地增值都是由土地发展权带来的。

3

土地增值的产生机理

故以法治国，举措而已矣，法不阿贵，绳不挠曲。法之所加，智者弗能辞，勇者弗敢争。刑过不避大臣，赏善不遗匹夫。

——《韩非子·有度》

土地具有价值，一方面是由于土地的有限性和稀缺性，另一方面是由于土地可以生产一系列具有市场价值的产品或者服务。一块农业用途的土地可以产出一系列的农产品，从而给生产者带来一定的收入，并创造物质财富；即使一个公园，也可以通过自身的特点为人们提供许多稀缺的服务而产生效益，只不过某些效益会难以量化。当一个土地所有者向另一个经济主体让渡其使用土地的权利时，这个土地所有者就可凭借其土地权利得到一定的经济报酬，这就是地租。地租资本化就是地价。地租/地价的高低往往因为土地的区位不同、使用方式不同、周边条件不同，乃至市场供求关系变化等，而存在着较大差异，并随着时间推移、相关条件变化等，土地价格发生变化。而往往拥有土地或者利用土地的经济主体，都会追求土地价值的增加，获取增值收益。土地价值的变化有其内在的规律。

3.1　土地的特殊性决定其增值的特殊性

　　土地为什么会增值？土地价格变化与普通商品的市场波动区别何在？回答这两个问题有利于正确认识土地增值及其分配关系。

　　土地作为自然的产物，具有总量有限、位置固定、用途多样、自然垄断等特性，这些特性决定了土地具有资源和资产双重属性，决定了其供求关系的特殊性，也就决定了其价格变化（增值）的特殊性。

　　首先，土地是自然的产物，总量有限，随着人类社会经济的发展，对土地的需求不断增加，土地必然会产生增值。这种增值不同于普通商品，因为普通商品随着价格上涨供给会增加，而土地供给缺乏弹性。

　　其次，土地具有用途多样性，且即使是同一块地如果作为不同用途其价格往往相差悬殊，而每一宗地的最终用途往往由规划确定，因此由于规划用途变化往往也会引起价格增值，而这种增值也是普通商品所不具备的，且增值额往往远远超过投资引起的增值。

　　最后，土地具有位置固定性，其利用状况既影响周边区域，也受周边区域影响，尤其周边基础设施、公共设施状况往往直接影响可利用程度，进而影响其价格，因此土地周边基础设施、公共设施的建设与改善，也会引起土地增值。

　　当然，土地最终是否能够实现增值，取决于土地产品、房地产市场，乃至宏观经济状况、金融状况等，因为土地增值表现为土地价格上涨，而土地价格由土地交易过程中市场供求关系决定，影响其供求关系的就是人们对土地产品的需求、房地产市场供求等，乃至宏观经济变化、投资性需求等。

3.2　土地增值的产生

关于土地增值产生的原因理论界有很多研究。笔者在 1992 年曾发表文章提出[①]，土地增值的产生在理论上可归纳为四种类型。

一是由于土地经营者增加对土地的投资所引起的土地增值。这种土地增值实际上对应的是级差地租 II 的资本化。但其对应的仅指由于对土地增加投资以后，各个资本的生产率不同的情况下，较高的生产率所产生的超额利润部分。而仔细分析一下，在这里土地价格的增加是否还应包括投入土地的资本本身呢？这里还是借助于马克思的关于土地资本的理论加以说明。按照马克思所说的土地资本，应该区别为两类：一类是"比较短期的，如化学性质的改良、施肥等"，这种投入土地的资本，能直接改变土地的物理、化学、生物性能，同土地本身的性能结合在一起，可以把它称为狭义的土地资本；另一类则是"比较长期的，如修排水渠、建设灌溉工程、建造建筑物等"，这类土地资本与土地本身的功能并不直接联系，只是存在于土地之上，我们称它为广义的土地资本。狭义的土地资本由于其作用是短期的，而且其功能已经与土地功能结合在一起，并通过土地产品表现出来，已经反映在土地经营的利润或超额利润之中，因此土地价格中不应再包括这种土地资本本身。至于广义的土地资本，更不应计入土地价格之中，它应属于建筑造价，否则房价（包括其他建筑物价格）与地价就合二为一了。既然两类土地资本都不包含在土地价格之中，自然也就不包含在土地价格的增值之中。因此，对土地增加投资所引起的土地增值只表现为级差地租 II 的资本化。

---

① 　朱道林. 试论土地增值. 中国土地科学，1992，6（6）：12-15

二是由于土地周围设施的改善所引起的土地增值。有的文献把这种土地增值称为"城市土地投资的地租效应的扩散性"。这种情况是指在一定区域范围内，对某一块土地或某一地区的土地进行投资，进行基础设施建设或土地附属物的建设，不仅会增加该地块本身的级差地租Ⅱ，而且由于该项建设所产生的功能会扩散到相邻土地、周围土地或更远的受影响土地，从而提高这些土地的利用能力和经济效益，提高其级差地租的水平。实际上这里已经把这种土地增值和级差地租对应起来了。现在的问题在于这是什么形态的级差地租？要说清这个问题，我们先从引起这种级差地租提高的对周围土地的投资说起。如图 3-1 所示，我们的研究对象是 A 地块及其经营者。首先，对周围土地的投资是由 A 地块的经营者进行的，这时由于他并不是对自己的土地进行投资，因此投资给他带来的利润或超额利润并不是直接的，而是通过改善周围土地的利用条件，从而提高自己土地（A 地块）的利用能力，即提高了 A 地块的区位条件，这一改善了的区位条件才给他的投资带来超额利润，因此这一超额利润应该是级差地租Ⅰ。例如，某一地区集资修建道路或某种公共服务设施等，这些投资对投资者来说并不能直接增加经营利润，而是通过改善该地区的区位条件来提高其经营利润。

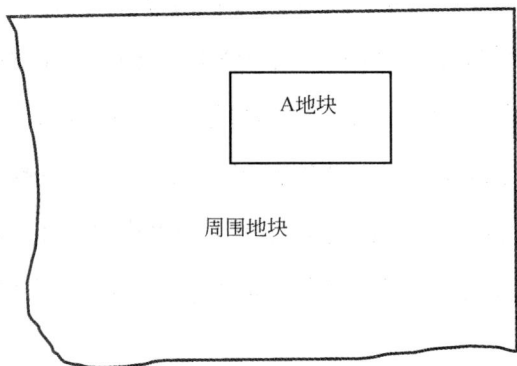

图 3-1　宗地位置关系示意图

我们再来看看 A 地块的经营者并没有参与对周围土地的投资，而只是由于周围土地自己经营的需要自己进行投资，或者由国家进行投资，从而影响到 A 地块的利用功能。例如，A 地块经营饭店，周围某些地块经营旅馆，现在旅馆增加投资，扩大经营面积和改善经营条件，使旅客数量大大增加，这样使得饭店的顾客也会增加起来，使 A 地块的经营利润得到增加（当然情况相反的话也有可能引起地价的负增值）。这种完全由于周围土地的投资，从而改善了整个地区的区位条件，引起超额利润的增加，这种超额利润仍然是级差地租Ⅰ。之所以称它是级差地租Ⅰ，另一个原因是这种超额利润的增加是区域性的，总是伴随着一定区域内所有土地经营的超额利润共同提高，因为基础设施的增加、区位条件的改善是一定区域内所共有的。这样也与马克思关于"级差地租Ⅱ的基础和出发点，是级差地租Ⅰ"的论述相吻合（这有利于分析一定地区的所有土地的增值）。

三是土地利用类型的改变所引起的土地增值。最明显的例子是由农用地变为建设用地所引起的地价增加值，对于城市土地，由工业用地转变为房地产开发用地、商业用地等，也会产生增值。从地租的角度来考虑，这种土地增值不过是由农业地租转变为建筑地段地租（城市地租）所增加的地租的资本化。那么由农业用地转变为建设用地为什么会引起地租的增加呢？其原因不外乎有两点：一是从理论上讲，由于部门差别引起的。由于农业部门资本有机构成要远远低于其他部门（工业、商业、建筑业等）的资本有机构成，农产品的价值就必然大于由平均利润率形成的社会生产价格，这样在社会交换中农业部门的超额利润就要远低于其他部门，因此其获得的地租量就少，尤其存在工农产品价格剪刀差情况下更是如此；二是从土地利用的集约度上看，建筑设施比农业利用能更大限度地将资金集中利用于一定面积的土地上，从而大大提高土地利用

的效益，使其超额利润远高于农业利用。正如马克思指出的，"建筑上使用的土地……它的地租的基础，和一切非农业土地的基础一样，是由真正的农业地租调节的。"

由于马克思在分析地租时是以这样的假定为前提条件的，即资本主义生产关系在农业中已占统治地位，资本在国民经济各部门之间，在农业和工业之间可以自由转移，平均利润、生产价格已经形成。从这一假定出发，不同部门的土地利用的绝对地租就应一致。因此，由农业用地转化为建设用地所增加的地租就主要是由于建筑设施利用的集约度更高引起的，因而应是级差地租；但实际上正如我们前面分析的一样，不同部门的资本有机构成不一样，存在着不同值的绝对地租。就是说，对建筑地段来说，其最边远或最差的土地上所必须支付的最低限度的地租，就是建筑地段的绝对地租，但它并不与农业绝对地租等值，而是在量上包含着农业绝对地租和级差地租。因此，由农业用地转变为建设用地所增加的地租，在量上应包括其建筑地段绝对地租中高于农业绝对地租部分和级差地租。

四是由于时间的推移，人口的增加和社会经济的发展所引起的土地增值。这实际上是由于土地供不应求所导致的土地增值，它是由土地本身的特性——总量的有限性和位置的固定性决定的。在一定区域内，随着人口的增加，人类社会活动的发展和经济环境的变化，对土地的需求就会越来越大，但土地总量是有限的，只有通过提高已利用土地的利用集约度，扩大对未利用土地的利用来满足要求，这样引起原来低收益的土地提高收益，原无收益的土地也产生了收益，从而导致土地增值。很明显，这种由于土地供不应求所引起的土地价格的增加值，通过绝对地租的增加得到反映，是绝对地租的资本化。因为人类对土地需求的增加，以至于利用更差的土地，使得更差的土地也提供地租。

3.3 土地增值因素的理论分析

针对不同类型引起的土地增值，可从经济学理论进行解释。

（1）内部投资转移增值（土地开发投资增值）

土地使用者对其享有的土地进行的有效投资，转移到土地上产生的增值即为内部投资转移增值。土地一级开发对其储备的尚未出让的土地进行道路及各类管线等基础设施建设，实施"n通一平"带来的土地增值。如图 3-2 所示，对土地的投资，供地成本上升，使得土地的供给曲线从 S_0 向左移动至 S'；同时，土地投资带来土地收益提高，使得土地的需求曲线从 D_0 向右移动至 D'。供求曲线的变化，使得地价由 P_0 向上升至 P'，土地产生增值，图中的阴影区即为土地增值。

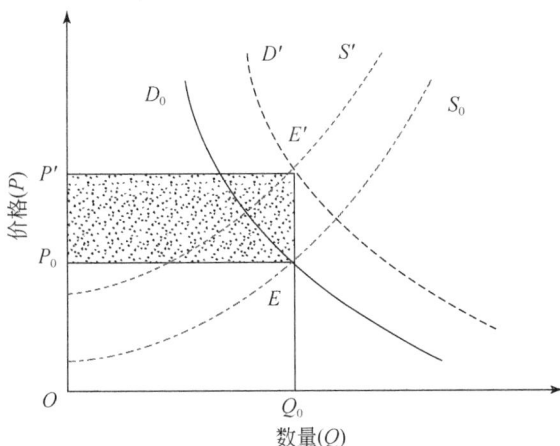

图 3-2 土地的内部投资转移增值来源示意图

（2）外部投资转移增值

土地所有者或使用者之外的投资者进行的投资，外溢到临近土地产生的增值即为外部投资转移增值。其中，既有城市政府的公共投资产生的增值，也有开发单位或个人投资活动的外部性造成的邻近土地增值。外部投资转移增值产生的原理与内部投资转移增值相类似，所不同的是此时投资者不是土地使用权拥有者。如图 3-3 所示，由于对土地的投资，带来土地收益提高，使得土地的需求曲线从 D_0 向右移动至 D'，由于对土地的投资导致土地的实际增值后的价格为 P_1，土地增值如图中阴影区。但由于投资不是来自土地所有者，土地的供给成本并未上升，因此土地的供给曲线并未发生变化，地价由 P_0 向上升至新的供求平衡价格 P'，$P'<P_1$。当土地在市场上发生交易后，对土地的外部投资转移到土地上的增值部分被原土地所有者和土地转让之后的新的使用者所分享。

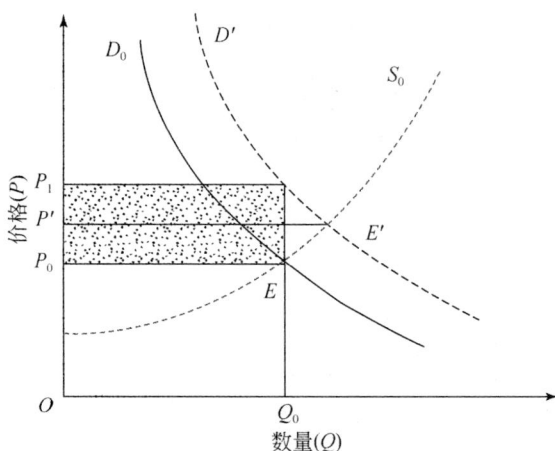

图 3-3　土地的外部投资转移增值来源示意图

（3）用途转变增值（土地供应行为的增值）

用途转变增值是指由于土地用途发生改变，带来土地价值的变化，当变化方向有利于获得更多的土地收益，引起土地增值。这一增值的来源，主要是政府运用土地用途的管制权以及城市规划的主导权和控制权。增值产生的原因比较复杂，主要可分为两大类情况。

第一类情况：对土地的宏观控制（供需总量影响）。政府通过用途管

制，控制参与市场交易的土地供给总量，包括增量和存量土地。首先，对
农用地转变为国有土地，通过土地利用总体规划实行土地用途管制，政府
得以严格限制城市建设用地的增量。其次，对城市存量用地，通过城市规
划设定土地的规划用途，控制某一用途土地可供交易的总量；再结合区域
经济发展情况及用地需求，通过土地储备出让制度，合理安排某个时间段
内的土地使用权交易的总量。

图 3-4 解释了政府通过控制土地存量与增量，减少城区土地供给总量，
获取土地用途转变增值的原理。如图 3-4 所示，在政府介入之前，竞争市
场的土地需求曲线为 D_0，供给曲线为 S_0，供求在 E 点平衡，此时土地价格
为市场均衡价格 P_0，土地交易数量为 Q_0。当政府借助对土地用途管制权力
的垄断地位使土地供给曲线由 S_0 改变为 S_1（需求曲线不变）时，供求平衡
点由 E 点变化为 A 点，相应的土地价格由 P_0 上升为 P_1，土地交易数量由
Q_0 下降至 Q_1。四边形 AQ_1OP_1 围合成的面积，为土地总价值；减去供地成
本（四边形 FQ_1OP_0 围合成的面积，包括供地净成本与应得收益），剩余部
分，即四边形 AFP_0P_1 围合成的面积，即为政府依靠垄断地位压缩供地规模
而获得的土地用途转变增值。

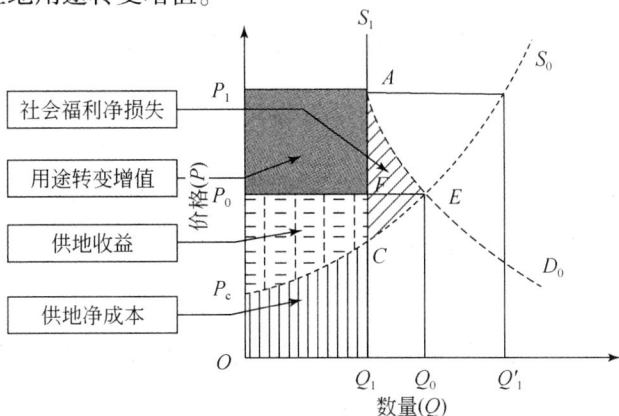

图 3-4　土地用途转变增值来源示意图（政府通过用途管制减少土地供给）

第二类情况：对具体土地的微观控制（具体规划条件的影响）。土地被允许开发的规划条件不同，给土地使用者带来的经济收益也显著不同。因此，当政府通过规划管制，使某些地块的土地获得比较优越的规划条件时，对这一部分土地的需求曲线就会发生改变。如图 3-5 所示，由于某一土地许可的用途即开发条件发生改变，使其可以带来更多的经济收益，因此导致这一土地的需求曲线从 D_0 向右移动至 D'（土地供给量没有发生变化），地价由 P_0 向上升至 P'，土地产生增值。图中的阴影区即为土地增值，它直接来源于土地用途的改变。

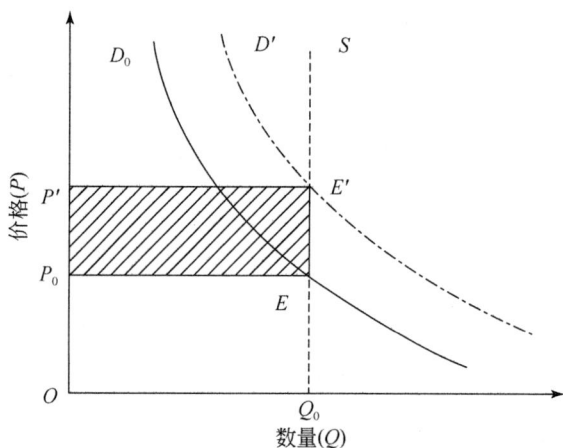

图 3-5　具体地块的土地用途转变增值来源示意图

（4）普遍自然增值

这种情况是指由经济、社会发展而使城市大多数地块普遍获得的增值。首先，土地作为重要的生产要素之一，正是由于社会经济发展，土地在参与生产过程中的边际生产率增加；然后，根据收入分配的边际产品理论，土地获得的收入分配也相应增加。因此，从根本上说，土地的普遍自然增值，同样最终来源于社会经济的发展。如图 3-6 所示，由于社会经济的发展，土地可以在参与生产过程中的边际生产率增加，可以带来更多的

经济收益，因此导致对土地的需求曲线从 D_0 向右移动至 D'，随之，城市土地资源的稀缺性使供给曲线从 S_0 向左移动至 S'，地价由 P_0 向上升至 P'，导致所有的城市土地均产生增值。图中的阴影区即为土地增值。

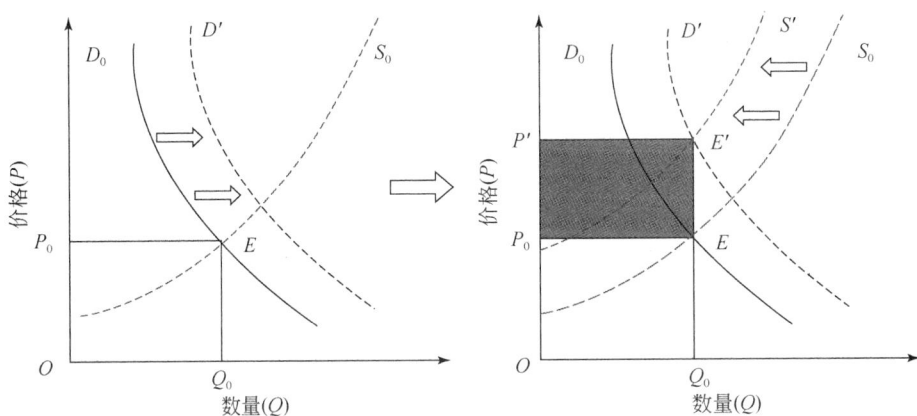

图 3-6　土地普遍自然增值的来源示意图

（5）供需增值

土地面积有限性，位置固定性的自然经济属性与随着社会经济发展、人口的增长而日益增加的土地需求之间的矛盾，形成了相对无限的需求对相对有限的土地资源的争夺，致使土地稀缺程度不断提高，在市场机制作用下表现为土地价格的提高，形成了供求增值。由于土地面积的有限性，随着城市新增建设用地逐渐圈占大量的耕地或其他类型的土地，能供给到市场上的土地越来越少，供给曲线的弹性越来越小，最终趋近无弹性，而随着社会经济的发展，人们对土地的需求越来越大，需求曲线会越来越富有弹性，最终弹性趋于无穷大。如图 3-7 所示，由于土地的稀缺性导致供给曲线从 S_0 变动到 S'，而由于社会经济的发展，使得需求曲线从 D_0 变动到 D'，相应的，均衡点也从 E 变到了 E'，地价由 P_0 向上升至 P'，导致土地产生增值，图中的阴影区即为土地增值。综上分析，从理论上来讲，土地增值是一个客观存在的事实，是由其本身所具有的性质所决定。

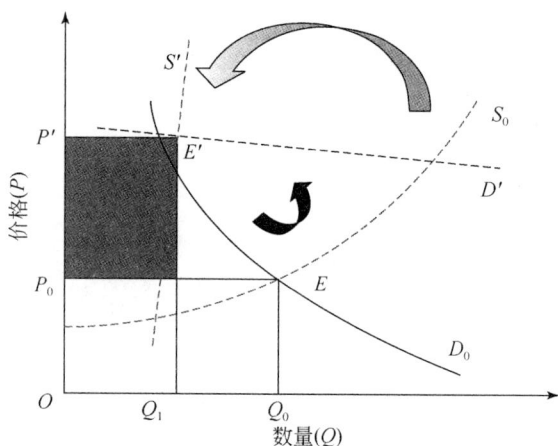

图 3-7　供求增值的来源示意图

3.4　基于地租理论的土地增值分配

认识土地增值的目的在于在土地交易和土地利用过程中准确测算土地增值收益，准确测算土地价格，并在此基础上合理确定土地增值收益的分配方向，使促成土地增值者获得应有的收益，其最终目的是通过合理分配土地增值收益这一经济杠杆促进土地的合理利用。因此，关键是土地增值收益的分配问题。

土地增值的合理分配，可以促进土地资源的合理利用，保护土地所有者、使用者的合法权益，尤其在土地有偿使用和土地市场交易中，正确地测算和分配土地增值是十分重要的。近年来由于种种原因，没能正确地对待各种土地增值，由此所产生的问题也是多方面的。如在土地价格快速上涨期间，开发商通过囤地获取暴利，既影响房地产产品的有效供给，也由

于暴利导致分配不公，投资体系失衡等。对土地增值收益不进行调节和合理分配，不仅损害了国家和集体的经济利益，更重要的是破坏了土地合理利用，影响土地市场的正常发育，甚至扰乱国家的经济秩序。

由于土地增值表现为不同形态地租的资本化，所以土地增值的分配可以以地租的分配为依据。在我国，土地属于国家所有和集体所有，同时土地使用权与所有权分离，因此地租的分配应兼顾国家、集体和个人三方面的利益。其分配的基本原则应该是使导致土地产生增值的主体能够获得其应有的收益。从地租的产生来看，级差地租Ⅰ应主要归国家或集体所有，即应归社会所有。因为，土地肥力较好，位置有利的土地使用者，其劳动生产率之所以高，是因为垄断并使用了其他单位和部门不能具有的"自然力"，而土地和它具有的"自然力"是社会历史形成的财富，当然土地区位条件改善也有人为活动改善的（如土地增值情况二），但这种改善也是依靠一定区域内的社会投资，甚至是国家投资，由此所产生的级差地租Ⅰ当然应归国家和社会所有。级差地租Ⅱ，由于是土地经营者自己增加投资所产生的，应归土地经营者所有，这样会促使其更好地使用土地，促成土地级差地租的产生。因此，根据地租理论，除第一种增值属于级差地租Ⅱ，应当归土地的投资经营者外，后三种土地增值均属于级差地租Ⅰ，应当归国家或社会拥有。

3.5　土地增值的利与弊

在现实中，近年来土地增值持续、大幅度、普遍存在，主要与房地产市场的不健康发展有关。十几年来房地产价格快速上升，为土地价格上升，各相关主体追逐、分割（争抢）土地增值收益提供了利益空间。正面

来看，土地增值可以为土地持有者和使用者带来财富的增加，无论是否转让变现，都体现出土地财产价值得到提升；在中国现行的土地制度体系下，土地增值还会使地方政府土地出让收入得到增加，实现土地财政，满足了地方政府进行旧城改造、基础设施建设等资金需求。

但是，短时期内的土地过度增值对社会经济健康发展是有害的。其危害首先表现在，土地价格持续上升，就会导致产业部门的用地成本大幅增加，而土地作为生产要素，其成本的增加最终需要通过产品价格得到回收，因此最终会导致整个社会成本增加。

其次，由于土地过度增值所引起的土地投资、房地产投资的高利润，对实体经济投资产生了虹吸现象，导致实体经济资本大量漂移，引起投资体系失衡，严重制约了宏观经济健康发展。

而且，一旦房地产市场下滑、房价下降，已经增加上去的土地成本难以消化，加上土地抵押所形成的债务压力等，使市场开发乃至政府基础设施建设等难以持续，这正是当前房地产市场不能大幅波动的原因。

房地产以土地资源为基础，土地资源总量有限，决定了房地产开发总量不可能无限制增加。同时，住房作为普通居民安居乐业的基本需求，必须得到保障，而且其价格水平也应该与居民的收入水平相适应，一旦价格过高，必然直接影响普通居民的住房购买力。然而，我国在进行住房制度改革，实行住房商品化过程中，尤其近十余年来，出现了房地产过度炒作现象，投资性需求日益膨胀，一方面导致价格持续过快上涨，远远高于正常市场价，使普通居民购买力难以承受；另一方面致使供求关系失衡，即使大量增加供应，但在价格增长预期驱使下，供应越多投资性需求越大，出现严重泡沫，供求关系失衡。更为严重的是，房地产炒作的暴利还导致了投资体系失衡，尤其对实体经济资本产生了严重的抽血机制，同时地价、房价上涨也大大增加了各行业的成本，直接影响到宏观经济健康

发展。

土地增值应该是一个长期的过程，持续的过程，一旦短期内过度增值，表面看、微观看是持有者土地财富的增加，但从宏观看、长期看，这必然导致土地成本过度增加，反而影响生产，影响整个经济体系的健康运转。

因此，必须从理论上正确认识土地增值及其分配关系所产生的影响，从制度上合理引导土地增值预期，有效制约过度增值对社会经济健康发展的影响。

4

土地增值收益分配的分析框架

子曰：道千乘之国：敬事而信，节用而爱人，使民以时。

——《论语·学而》

为研究土地增值收益分配/分享关系，首先必须认识土地增值收益产生与分配的制度背景，以及在实践中土地增值收益的具体表现形态；然后剖析土地增值收益的各个产生与分配环节；最后通过准确界定各环节土地增值收益的概念及归属关系，探讨各环节土地增值测算方法，为定量研究土地增值分配状况、探讨土地增值收益分配的原则和方向奠定基础。

4.1 土地增值收益分配的制度背景

土地作为重要的生产要素之一，其经济关系和产权关系是决定土地收益如何分配的关键。然而，置身于我国公有制大环境下的土地增值收益分配关系的形成，是由其基本的制度背景决定的。这一基本的制度背景，一是城乡二元土地制度下的征地制度，二是城市国有土地出让制度。在这两个基本制度背景下，形成了现行的土地征收-出让模式。

（1）城乡二元土地制度

城乡二元结构是美国著名经济学家威廉·阿瑟·刘易斯提出的。他认为，发展中国家经济发展的典型特征是二元经济形态并存，也即国家经济含有两种性质不同的结构：一元是指以古老村落为载体的传统农业社会，一元是指以先进城市为载体，以现代化方式进行生产的城市社会。政府制定了先发展城市，后发展农村的发展战略，人为地造成城乡发展不一致，形成了不能整体、均衡发展的二元社会①。中国具有典型的城乡二元结构的特征，这不仅表现在城乡分治、城乡经济差异上，也表现在城乡土地制度差异上。

所谓城乡二元土地制度，主要表现在：第一，法律规定城市土地属于国家所有，城市郊区和农村的土地属于集体所有。第二，城市国有土地可以提供给任何国家、集体企事业单位乃至个人使用，农村集体所有土地原则上只提供给本集体经济组织及其成员使用。第三，城市国有土地可以采取出让、转让、租赁等方式进行有偿使用，可以抵押，并进而形成城市国有土地市场；而农村集体土地不放开有偿使用，集体农用地在农户自愿、符合规划、不改变农用地性质前提下可以采用转包、租赁等方式流转，实际是有限制的市场化。

正是这种城乡二元制度，决定了城乡土地使用过程中的土地征收制度。我国现行的城乡土地使用制度存在下述逻辑推理：由于《土地管理法》第二条规定，"国家为了公共利益的需要，可以依法对土地实行征收或者征用并给予补偿。"第四十三条规定，"任何单位和个人进行建设，需要使用土地的，必须依法申请使用国有土地；……前款所称依法申请使用的国有土地包括国家所有的土地和国家征收的原属于农民集体所有的土

---

① 刘易斯．二元经济论．施炜等译．北京：北京经济学院出版社，1989

地"。《城市房地产管理法》第八条规定，"……集体所有的土地，经依法征用转为国有土地后，该幅国有土地使用权方可有偿出让"。也就是说，任何单位和个人进行建设，必须依法申请使用国有土地，当集体土地用于建设时，不管是否属于公共利益需要，尤其涉及经营性用地需要进行出让时，则必须先征为国家所有。正是由于这种国有土地和集体土地两种不同的使用制度差异，导致征地范围不得不超出公共利益范围。也正是由于超出了公共利益范围，即一些经营性用地不得不采用征收方式，才导致征地以后的再开发发生大幅度增值，而这种增值究竟如何分配，正是当前争论的焦点。

（2）城市国有土地出让制度

在城乡二元制度背景下，国家首先放开了城市国有土地有偿使用制度，实施土地使用权与所有权分离，建立了城市土地市场化配置方式，进而全面显化了城市土地的市场价值。这一价值显化，也就是增值显化的过程，并在市场机制作用下表现为增值的争抢。地方政府作为土地使用权的出让方，一方面通过规划、供地计划、用地审批等，进行用地管控，进行市场调控；另一方面，作为出让主体，是市场参与方之一，不可避免地获取土地出让收入，分享土地增值收益。土地购买方，主要是各类用地主体、开发主体，他们一方面通过出让方式获取土地使用权要支付相应的土地出让价款，付出代价，并在开发使用过程中提供社会产品；另一方面在开发、使用过程中必然要收回已付出的代价，甚至获取增值收益。这里既有正常经营使用过程中获取的社会平均利润，乃至超额利润；也有特定时期、特定方式获取的超额利润，比如社会普遍关注的"囤地"，主要依靠在囤积土地获取增值，而不是通过开发利用土地获取正常利润。

4.2　土地增值收益产生的环节剖析

土地增值收益分配主要产生在土地产权转移、土地开发经营等各环节，在中国现行土地制度体系下，土地产权转移主要反映在征地（拆迁）、土地出让和房地产开发与销售三个环节，相应地土地产权关系、经济关系也在这三个环节得到体现（图 4-1）。

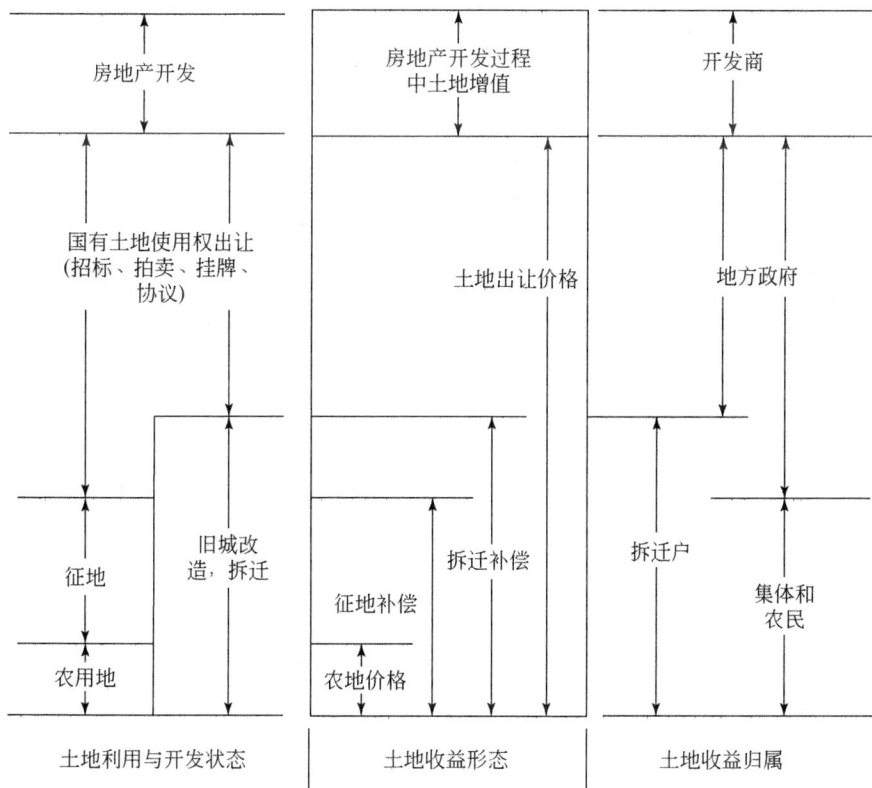

图 4-1　征地（拆迁）—出让—开发环节关系示意图

我国实行城乡二元土地制度，法律规定各类建设必须使用国有土地，一旦使用集体土地，这就需要进行征地并给予补偿，集体土地所有权转变为国有，农户失去土地使用权；如果直接使用国有土地，这就需要进行拆迁并给予补偿，原用地方失去土地使用权。不管是征地还是拆迁，都使原土地所有者或使用者失去土地权利，不能继续使用土地，并获得经济代价（补偿），尽管带有强制性，但也体现了产权交易关系。因此，征地（拆迁）及其补偿过程是产生并分配土地增值的第一环节。征地或拆迁完成以后，由地方政府进行整治（也称一级开发），包括拆除、平整及基础设施建设等，再采取招标、拍卖、挂牌等方式向用地单位供地，即土地使用权出让，这是产生并分配土地增值的第二环节。用地单位取得土地以后，将进行开发和建设，如果属于房地产开发类的用地，房地产开发商进行住宅、写字楼、商铺等地上建筑物建设，并形成房地产产品进行销售，通过开发与销售过程同样实现了土地增值的分配，我们将这一过程界定为土地增值收益分配的第三个环节。三个环节相应形成的土地增值收益分配关系可通过图 4-2 得到具体反映。

图 4-2 显示了在现行城乡二元土地制度体系下，从征地（拆迁）到土地使用权出让，再到房地产开发各环节土地价格（经济）形态关系，及各环节土地增值（收益）分配关系，土地收益分配对应的三大利益主体分别是集体和农民（拆迁户）、地方政府和开发商。

（1）征地（或拆迁）环节的土地增值及其分配

先看征地。征地是指国家建设需要使用集体所有土地的时候将集体土地征收为国家所有，并给予被征收集体和农民一定的补偿。征地的基本特征，一是政府行使征地权，这是国际惯例；二是集体土地所有权转变为国家所有，这是我国城乡二元制度决定的；三是给予一定的补偿。根据《土地管理法》第四十七条规定，"征收耕地的补偿费用包括土地补偿费、安

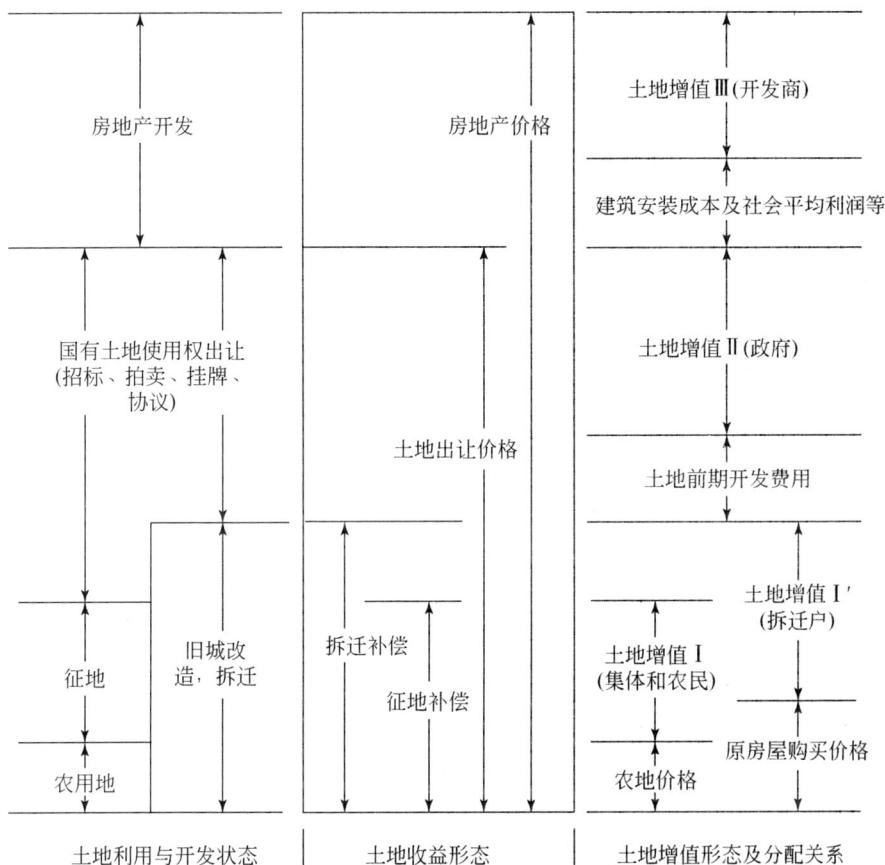

图 4-2　土地增值产生环节及其归属关系示意图

置补助费以及地上附着物和青苗的补偿费"。目前在实践中，对征收土地的补偿依据主要是征地区片综合地价和统一年产值标准。征地过程中所涉及的产权经济关系体现为，征地方支付了征地补偿费，获得了土地所有权和使用权；集体和农民失去了土地所有权和土地使用权，获得了土地补偿费、安置补助费及地上物和青苗补偿。如果集体和农民的土地不被征收，其所体现的经济关系就是土地作为农地使用的收益，即使流转也应该是农用地的承包费或者农地流转价格。而现实中的征地补偿通常均高于其农用

条件下的价格，由此征地补偿与农用地价格之间即形成了征地环节的增值，即在征地环节中集体（农民）所获得的土地增值，我们将这部分增值称为土地增值Ⅰ，表现为征地补偿扣除农用地价格，公式为

$$土地增值Ⅰ=实际支付的征地补偿-农用地价格 \qquad (4\text{-}1)$$

再看拆迁。如果建设使用城市国有存量建设用地，则需要进行拆迁补偿。根据《国有土地上房屋征收与补偿条例》规定，"为了公共利益的需要，征收国有土地上单位、个人的房屋，应当对被征收房屋所有权人（以下称被征收人）给予公平补偿。""对被征收房屋价值的补偿，不得低于房屋征收决定公告之日被征收房屋类似房地产的市场价格。"实践中，尤其在基于"拆一补一"的原则下，这种拆迁补偿往往也是高于被拆迁房屋本身的正常市场价格，因此被拆迁人通过获得拆迁补偿也一定程度上分享了土地增值，我们将其称为土地增值Ⅰ'，表现为拆迁补偿费扣除被拆迁房屋的客观市场价格，公式为

$$土地增值Ⅰ'=拆迁补偿-被拆迁房屋客观市场价格 \qquad (4\text{-}2)$$

（2）土地出让环节的土地增值及其分配

地方政府在实施征地或拆迁以后，按照我国现行的供地政策，将采取招标、拍卖、挂牌等方式出让土地使用权，并获得土地使用权出让价款。因此，如果在出让环节地方政府所获得的出让地价高于征地（拆迁）补偿及前期基础设施开发成本，则地方政府也将获得一定的土地增值，我们将这部分土地增值称为土地增值Ⅱ，公式为

$$土地增值Ⅱ=土地出让价款-征地（拆迁）补偿-土地前期开发成本及合理利润等$$

$$(4\text{-}3)$$

当然，在实践中地方政府在土地征收与出让环节往往还可以还获得耕地占用税、印花税等税费，这些税费是政府基于资源保护、公共管理等方面征收的税费，与我们重点研究的基于土地产权关系形成的增值收益分配

并非一回事。

（3）*房地产开发环节的土地增值及其分配*

房地产开发企业在通过招标、拍卖、挂牌等方式取得土地使用权后，将进行房地产开发，并通过销售房地产产品获得正常利润和超额利润。尤其在房价持续快速上涨的背景下，其超额利润日趋庞大。实际上房地产开发企业之所以能够获得这部分超额利润，是由于土地资源的稀缺所带来的，因此应属于土地增值收益。即房地产开发环节的土地增值是基于开发商取得土地以后，通过建设房屋并卖出房屋，而其在卖出房屋的同时也将房屋所占用的土地卖出，这一过程所产生的土地增值由开发商以所卖房屋价格的形式获得。其中，房地产开发过程的费用主要包括土地成本、建筑安装成本、资金利息及社会平均利润等。我们把房地产开发环节中这一土地增值称为土地增值Ⅲ，表现为房地产价格扣除取得土地的价款、建筑安装成本及社会平均利润，公式为

土地增值Ⅲ = 房地产售价 − 购买土地的价款 − 建筑安装成本及相关税费 −

社会平均利润 (4-4)

上述是从土地征收（拆迁）、出让及房地产开发的一般环节分析的土地增值及其分配的形态。

当然，土地增值的形成是一个过程，在任何土地开发利用与交易过程均有可能产生增值，但之所以从上述三个环节进行分析，一方面是在中国现行土地制度下，土地开发利用过程中所形成的增值均在这三个环节的土地权利转移过程中得以体现，并以一定的经济价值显现出来；另一方面也是在这三个环节中实现了土地增值在相关主体之间的分配，体现了土地增值收益的归属。

针对我国现行的征地—出让实践，待开发土地经过征收、基础设施开发、出让及二级开发过程变成国有建设用地，这一过程中，在不同增值因

素作用下土地价格及土地增值的变化从纵向上可通过图 4-3 得以示意。$T_1 \sim T_5$ 说明了从农用地转变为建设用地所需经过的环节。主要经历了征收、基础设施开发、出让及二级开发等环节。

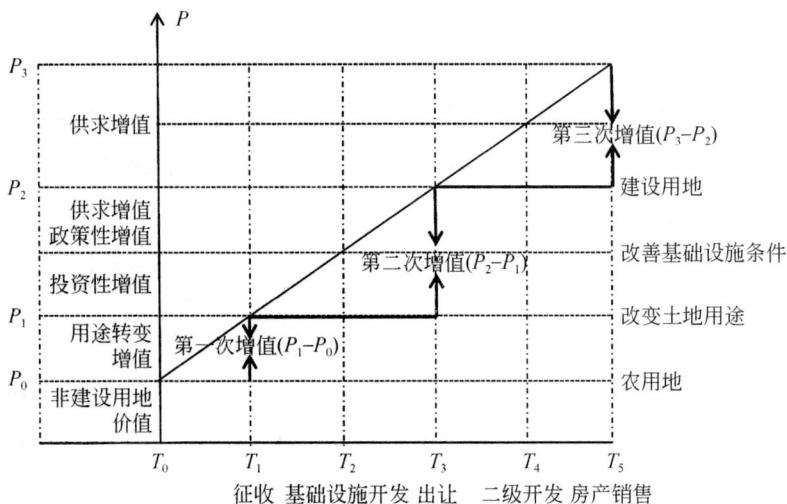

图 4-3　土地征收—出让—开发环节增值形成过程示意图

从 $T_0 \sim T_1$ 时间段内，经过征地，农用地用途发生变化，土地价值经过用途性转变产生增值，土地价格从 P_0 增加到 P_1，实现了农用地转变为建设用地过程中的第一次增值，$P_1 - P_0$ 为增值收益额。但是，经过征地后，只是改变了土地所有权性质，还没有成为真正意义上的建设用地。

从 $T_1 \sim T_2$ 时间段内，农用地通过转变所有权性质由集体土地变为国有土地，政府进而进行基础设施建设，使得地块具有建设用地属性，并且达到建设用地开发利用条件。在此环节，由于施加投资使得原地块产生增值，即投资性增值。而在此后从 $T_2 \sim T_3$ 阶段，政府通过有偿出让方式出让已经实施基础设施开发的地块，土地价格从 P_1 增加到 P_2。实现了从农用地转变为建设用地过程中的第二次增值，$P_2 - P_1$ 即为增值收益额。

通过出让环节之后，就已经实现了从农用地转变为建设用地的过程，产生新增建设用地。但土地增值并没有就此停顿，而通过二级开发以及房产销售环节，原土地继续增值，实现第三次增值环节，该环节更多是供求增值以及社会普遍自然增值以及投资性增值，使得土地价格从出让时的 P_2 增加到 P_3，P_3-P_2 即为增值收益额。

需要说明的是，土地的增值会随着交易的继续而继续，土地增值的收益额也会随着土地价格的上涨而继续，上述三次增值仅仅是土地在从农用地变为建设用地过程中最基本的、最核心的，以及涉及利益主体较多的增值过程。

4.3 基于公共利益征地的增值分析

法律规定"国家为了公共利益的需要"可以征收集体所有土地，然而由于在城乡二元土地制度背景下，集体土地不允许直接进入市场，因此一些非公共利益用地，比如房地产开发用地，也不得不征地，进而导致征地——出让后的经营性开发引起大幅度增值。那么，如果是真正的公共利益征地，是否存在增值分配问题？

道理很简单，由于是公共利益征地（包括拆迁），其征地（拆迁）以后一般不会再出让，比如修建道路等基础设施征地、建设公园绿地征地等，那就不会有增值产生，也就不存在所谓的增值分配（图4-4）。因此，我们可以认为，现行的城乡二元制度导致了征地范围超出了公共利益范围，进而引起了增值分配的问题。那么改革的方向就是如何缩小征地范围，而要缩小征地范围，随之遇到的就是如何放开集体土地入市。

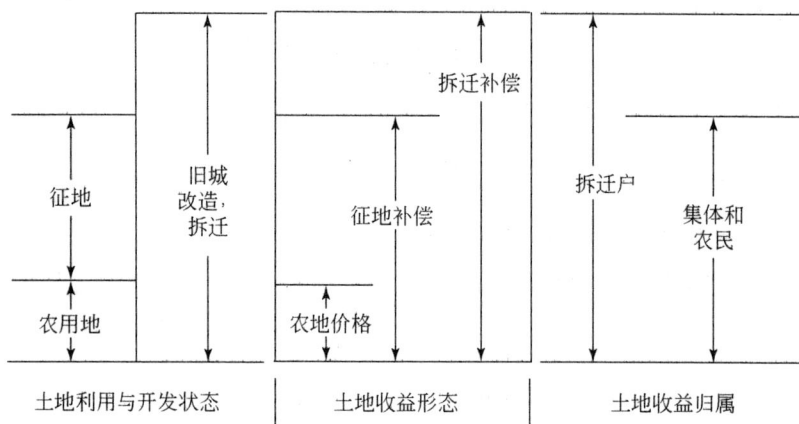

图4-4　基于公共利益征地的土地收益关系示意图

4.4　集体建设用地流转的增值分析

那么，如果集体土地直接入市又是什么状况呢？可同样进行分析（图4-5）。

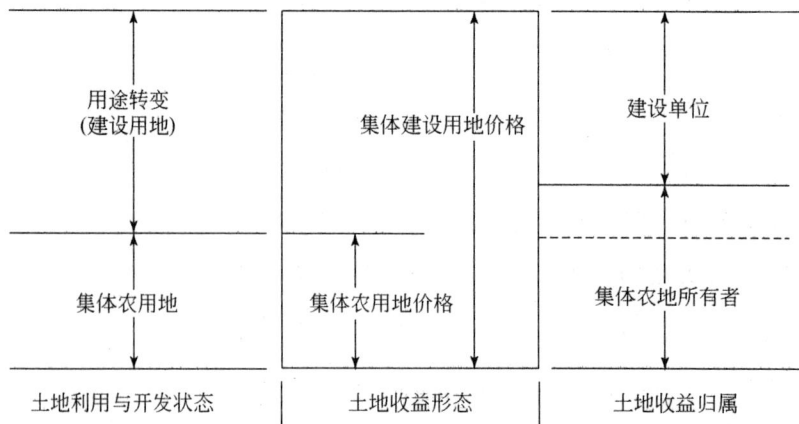

图4-5　集体建设用地流转收益关系示意图

由于集体土地直接入市，一般首先遇到的是用途转变发生的增值，即由农用地转变为建设用地的增值。由于是集体经济组织或农户直接与购买土地方的交易，那这种增值的分配就主要取决于二者交易价格。如果交易价格倾向于原农用地价格，那增值主要被购买方获得；如果倾向于新用途价格，那增值主要被集体和农户获得；如果处于二者之间，那就是二者共同分享了增值收益。其他用途转变分析类似，其他增值分析也类似。

4.5　分析过程涉及的基本概念

本章我们重点讨论了在现行的征地—出让制度下，土地增值收益的产生与分配的制度框架，这一框架将为后面进行定量实证研究提供方法论。为科学认识和准确测算不同环节的土地增值收益，涉及的相关概念界定如下：

（1）农用地价格

农用地价格是指在正常市场条件下，相对估价期日，依据农用地的自然因素、社会经济因素和特殊因素等，农用地所能够实现的价格。实践中主要按照农用地实际利用状况和收益能力，根据当地农用地流转等市场价格水平确定。

（2）征地补偿

《土地管理法》第四十七条规定，"征用耕地的补偿费用包括土地补偿费、安置补助费以及地上附着物和青苗的补偿费"，"征用耕地的土地补偿费，为该耕地被征用前三年平均年产值的六至十倍"，"安置补助费标准，为该耕地被征用前三年平均年产值的四至六倍"，"土地补偿费和安置补助

费的总和不得超过土地被征收前三年平均年产值的三十倍"，"被征用土地上的附着物和青苗的补偿标准，由省、自治区、直辖市规定"。目前实践中均按照《国土资源部关于开展制订征地统一年产值标准和征地区片综合地价工作的通知》（国土资发〔2005〕144号文）的规定，采取征地统一年产值标准和区片综合地价标准进行补偿。

（3）拆迁补偿

按照《国有土地上房屋征收与补偿条例》（国务院令第590号）规定，拆迁补偿指的是拆迁方因征收国有土地上单位、个人的房屋而给予被征收房屋所有权人给予的公平补偿，包括货币补偿和房产置换补偿。对被征收房屋价值的补偿，不得低于房屋征收决定公告之日被征收房屋类似房地产的市场价格。

（4）土地出让收入

根据《国务院办公厅关于规范国有土地使用权出让收支管理的通知》（国办发〔2006〕100号文）的规定，"国有土地使用权出让收入是政府以出让等方式配置国有土地使用权取得的全部土地价款，包括受让人支付的征地和拆迁补偿费用、土地前期开发费用和土地出让收益等"。基于这一规定，土地出让收入更准确地说是"土地出让价款"，也就是地方政府在出让土地使用权过程中，通过协议、招标、拍卖、挂牌过程形成的、出让合同约定的土地出让价款。

（5）土地出让收益

土地出让收益，即土地出让纯收益，是政府以出让方式配置国有土地使用权所取得的扣除征地拆迁成本、土地前期开发费用后的剩余价款。

（6）房地产价格

房地产价格即房地产买卖价格，是指按照有关房地产开发建设有关规定建造的房地产，在公开市场交易过程中的正常交易价格。

（7）土地增值Ⅰ（土地增值Ⅰ′）

土地增值Ⅰ是指在征地过程中集体（农民）所获得的征地补偿扣除农用地价格部分的增值。同样的，土地增值Ⅰ′为旧城改造的拆迁过程中拆迁户所获得的拆迁补偿扣除被拆迁房屋客观市场价格后的增值。

（8）土地增值Ⅱ

土地增值Ⅱ是指在土地出让过程中地方政府所获得的土地出让价款扣除征地补偿（或拆迁补偿）及土地前期开发成本、相关税费、合理利润后的剩余部分。

（9）土地增值Ⅲ

土地增值Ⅲ是指在开发企业在采取出让方式获得土地使用权后，通过房地产开发与销售，所获得的房地产销售价款扣除土地使用权取得价款、建筑安装成本、相关税费和社会平均利润后的剩余部分。

（10）土地总增值

土地总增值，是指征地（或拆迁）、出让、开发环节中各利益主体所获得的土地增值Ⅰ（土地增值Ⅰ′）、土地增值Ⅱ、土地增值Ⅲ的总和。

（11）土地增值率

土地增值率是指土地增值与土地原始价值及土地开发投入成本的比率，反映土地投资回报率。

第二部分　实证研究

通过实践而发现真理，又通过实践而证实真理和发展真理。从感性认识而能动地发展到理性认识，又从理性认识而能动地指导革命实践，改造主观世界和客观世界。

实践、认识、再实践、再认识，这种形式，循环往复以至无穷，而实践和认识之每一循环的内容，都比较地进到了高一级的程度。这就是辩证唯物论的全部认识论，这就是辩证唯物论的知行统一观。

——毛泽东《实践论》

实证分析的框架及要回答的问题

> 人们出于不同理由来关心贫穷与收入不均问题。贫穷让人
> 们没有能力负担基本的生活必需消费，收入不均更多的是影响
> 人们对公平性的感受。在一个公平的社会，报酬和不平等不应
> 该受到出生、家庭背景甚或运气的摆布，而应该与人们的努力
> 和技能有合理的因果关系。
>
> ——蒂莫西·泰勒著《斯坦福极简经济学》

在对土地增值收益分配关系进行理论分析的基础上，大家紧接着更关
心的是：在实践中究竟各相关利益主体获得了多少增值收益？谁获得的更
多？不同区域、不同时期是否存在差异？本章我们试图通过对一些地区的
实际测算回答这些问题。

5.1 实证分析框架

在我国现行的制度体系下，土地增值收益分配主要发生在相关土地产
权转移过程中，包括征地、出让、房地产开发等环节，因此我们对实践中
的土地增值收益分配关系的定量测算也重点是针对政府土地征收、土地出

让以及房地产开发企业的房地产开发与销售环节进行，从中定量分析各相关主体所获得的土地增值收益状况。

其实，说到分配，一般直观的感觉是一种主观行为，即有人按照主观意愿对某项资源或财富进行分配。而我们这里所研究的土地增值分配中的"分配"是典型的客观行为，是在实践中包括征地（拆迁）、出让、房地产开发等环节所实现的收益分配状况，更准确地说是"分享"，即在相关的土地征收、拆迁、出让、开发销售等环节中，根据所发生的土地经济关系，按照土地本身价值与其获取的价值差值判断相应产权主体所分享到的增值收益，分享关系取决于征地、拆迁及土地出让、房屋交易过程中的补偿与交易价格。

对实践中土地增值分享的考察，重点在于梳理土地增值产生环节，测算不同环节土地增值状况，并按照各环节的交易关系，考察各环节相关主体所分享增值的比例。大家都知道一块土地从征收到出让，再到开发以后形成房地产，其价格往往得到大幅提升，那么提升以后的土地价格都去哪了？相关经济主体各获得了多少？对这些问题进行实证考察，是分析和研究土地增值分配关系的重要基础。

总体的分析方法采用第4章提出的分析模型，按照征地（拆迁）、土地出让、房地产开发三个环节进行定量测算。首先基于省级及城市面板数据进行宏观层面分析，主要用于判断总体收益分配格局；但这种分析忽略了个别性，且受区域数据口径、覆盖性等问题影响精确性。为解决这种问题，我们分别采用城市土地收购储备样本、土地征收样本进行基于地块层面的分析，使三个环节之间的定量关系得以对应。考虑到大多数观点认为土地增值收益分配不合理的主要原因是征地范围过宽、限制集体土地入市等制度约束，我们定量比较了集体土地入市的增值状况及收益分配关系；重庆地票作为农村宅基地退出的一种模式，探讨了其收益分配关系及其特

殊性。同时，土地出让收益分配还涉及中央与地方政府之间的关系，我们还梳理了土地出让收益在地方政府与中央政府之间分配的政策变化及体制机制关系。

5.2 实证研究需回答的问题

通过实证分析，重点回答下列问题：

一是征收、拆迁、出让及房地产交易各环节土地增值的现实状况；

二是土地增值分享关系中，各环节的相关利益主体所获增值状况；

三是各环节土地增值在不同区域、不同时期的变化及影响其变化的主要因素；

四是各环节土地增值与其本身土地价值的关系，并比较增值率/投资回报率；

五是集体土地自主开发与流转情况下的土地增值分配关系，及其与土地征收相比所分享的增值孰高孰低；

六是土地收益分配在地方政府与中央政府之间的关系。

基于这些问题，结合近年来我们所开展的相关研究，首先从宏观和区域层面考察土地增值收益产生与分享状况，采用以省级及城市为单元进行区域分析的方式，比较不同区域之间的差异。但由于从区域层面分析不可避免地平均掉或者隐含掉一些影响增值产生与分享的重要因素，因此进一步我们又从地块或者项目层面进行测算和分析，并区别城市土地收购储备项目、土地征收项目分别进行测算与分析。

有人认为目前土地增值分配不公，主要原因在于政府通过强制性手段实施征地、低价补偿，然后高价出让，导致集体和农民利益受损。那么与

征地—出让模式相对应的就是集体土地自主开发，乃至近年来一些地方探索实施的集体土地直接入市流转。那么，这种集体土地自主开发和入市流转所形成的经济关系如何呢？这一过程中的土地增值分享关系与征地—出让模式有何区别？为此，我们通过对集体土地自主开发案例的调查，定量分析其土地增值产生与分享关系，并跟踪研究集体经营性建设用地直接入市流转改革在增值收益分享方面所发生的变化，探索改革所解决的问题，乃至仍存在的问题。

为了便于比较，我们还对重庆地票的做法及其收益分配关系进行了定量分析。并对中央政府与地方政府之间在土地收益分配关系进行了分析与梳理。

基于省级及城市面板数据的测算与分析

子曰：为政以德，譬如北辰，居其所而众星共之。

——《论语·为政》

为了考察全国范围各省（自治市、直辖市）的土地增值收益分配状况，本章主要从区域层面（以省或城市行政区为单位）测算与分析土地增值收益分配关系。按照我们在前文探讨的土地增值收益的形成与分配框架，重点针对征地—出让—开发三个环节，测算分析集体（农民）、地方政府、开发商所得的增值收益，并进一步分析各主体收益分配关系，及在不同时期、不同区域的变化情况，从中发现土地增值收益分配的作用机制。

6.1 研究方法与数据

在本书第4章我们已经将不同环节的土地增值收益分配分别界定为土地增值Ⅰ、Ⅱ、Ⅲ，并提出了相应的测算公式。在此我们就按照这些公式，考虑所调查和收集的数据的状况确定具体的测算方法。

由于在测算过程中，分别要用到征地补偿、农用地价格、出让地价、土地开发成本、房地产价格等数据，考虑到以行政区域进行统计的数据获取途

径，因此本章重点以省（自治区、直辖市）、城市为单位进行测算分析。

其中，土地增值 I 测算公式如下：

$$LIV \ I = lac - fp \tag{6-1}$$

其中：LIV I 是集体（农民）实际得到的土地增值 I；lac（元/ m^2）是地方政府给予被征地集体和农民的征地补偿价格；fp（元/ m^2）是农用地价格。计算 lac 时优先采取征地区片综合地价或统一年产值标准，这一综合补偿标准充分考虑了土地质量、区位和社会经济条件等因素。部分缺乏征地补偿标准数据的省份，按照《土地管理法》规定采用产值倍数法确定补偿标准。当然，由于实际发生的征地补偿水平往往高于当地发布征地补偿标准，因此采用政府发布征地补偿标准进行测算可能低估土地增值 I。

土地增值 II 的计算公式如下：

$$LIV \ II = lgp - lac - ldc \tag{6-2}$$

其中：LIV II 是地方政府实际得到的土地增值 II；lgp（元/ m^2）是地方政府出让国有土地使用权时所获得的出让价款；lac 是征地补偿；ldc 是土地前期开发成本。由于在本研究中分别以省或城市为单位进行测算，无法获得或者估算省级或者城市层面的土地前期开发费用数据，加之所调查的土地出让价款数据在实践中往往是"土地出让纯收益"，相当于该行政区域的土地增值 II 总额（ $tliv_{II}$ ）因此，本研究中土地增值 II 的计算公式简化为

$$LIV \ II = tliv_{II} / lla \tag{6-3}$$

其中： $tliv_{II}$ 是一定行政区域的土地增值 II 总额；lla（ m^2 ）是相应行政单元对应的土地出让面积。

土地增值 III 的计算公式如下：

$$LIV \ III = rsp - lgp - cic - rt - sap \tag{6-4}$$

其中：LIV III 是开发商实际得到的土地增值 III；rsp（元/ m^2 ）是房地产销售价格；lgp（元/ m^2 ）是土地取得成本；cic（元/ m^2 ）是房地产建筑安装

成本；rt（元/m^2）是相关税费，包括营业税、城市维护建设税、教育费附加（合称两税一费），是以房地产销售价格的一定比例计算的；sap（元/m^2）是社会平均利润。而房地产销售价格、相关税费和建筑安装成本均是以建筑面积为基础计算的，而土地出让价格则是以土地面积为基础计算的。因此，引入平均容积率（pr,%）指标进行测算，从而土地增值III的计算公式为

$$LIV\,III = rsp \times （1-pp \times mlbc-pt）\times pr-cic \times pr-lgp \qquad (6-5)$$

其中：社会平均利润、相关税费是通过房地产销售价格的一定比例计算的。pp（%/年）是每年的社会平均利润率，本研究中确定为 11%[①]；mlbc（年）是房地产开发平均周期，本研究中确定为 2 年；pt（%）是相关税费的比率，确定为 6%（营业税为房地产销售价格的 5%，而城市维护建设税、教育费附加分别为营业税的 7%、3%，并考虑到其他相应的税费）。

数据来源：①征地补偿标准主要采用各地发布的征地区片综合地价和统一年产值标准，数据来源于各省（自治区、直辖市）发布的文件；②农业年产值及相关税费标准来源于各省（自治区、直辖市）统计年鉴；③土地出让纯收益数据来源于中国国土资源统计年鉴；④房地产价格数据来源于 CREIS 中指数据房地产数据信息系统；⑤建筑安装成本数据来自各省（自治区、直辖市）相关官方网站；⑥建筑容积率数据根据各地发布的基准地价内涵确定。

涉及不同时期数据，考虑价格可比性，采用以 2005 年为基期的 2006 ~ 2012 年的不变价格。其中，对于土地增值 I 而言，征地区片综合地价或统一年产值标准数据（2012 年）用于分析土地增值 I 的空间分布特征；产值倍数法确定的数据（2005 ~ 2012 年）则用于分析土地增值 I 的演化特征分析。

为了分析土地增值 I 、II 之间的变化，2005 ~ 2012 年之间的土地增值

---

① 社会平均利润率根据《国家税务总局就调整和定征收企业所得税部分行业应税所得率答记者问》确定为 11%

数据先以 2005 年为基期的不变价格进行标准化，并通过计算变化指标（change index，CI）分析土地增值的变化趋势，公式如下：

$$CI = \frac{n \times \sum_{i=1}^{n}(i \times v_i) - \sum_{i=1}^{n} i \times \sum_{i=1}^{n} v_i}{n \times \sum_{i=1}^{n} i^2 - \left(\sum_{i=1}^{n} i\right)^2} \quad (6\text{-}6)$$

其中：CI 是土地增值的变化指标；i 代表年份，范围介于 1 到 n（本研究中为 6）之间；v_i 是第 i 年的土地增值。CI 正值表示上升的趋势，负值为下降的趋势；绝对数值越大表示变化越剧烈。

6.2　土地增值收益分配关系的总体特征

通过测算，得到 2012 年全国 31 个省（自治区、直辖市）[①] 的土地增值收益数据（表6-1）。总体来看，土地增值 I、II、III 之间的分配关系明显不平衡，平均水平分别为 66 元/m²、486 元/m²、2973 元/m²，占总增值收益的比例分别为 2%、14% 和 84%，三者之间差异较大。从总量关系来看，开发商分享了土地增值收益中的绝大部分，地方政府和集体（农民）所得份额较小。对比 31 个省（自治区、直辖市）而言，土地增值 I 所占比例范围为 1%～5%，土地增值 II 为 4%～34%，土地增值 III 介于 62%～95% 之间。

表 6-1　2012 年全国 31 个省（自治区、直辖市）的土地增值收益测算结果

省（自治区、直辖市）	土地增值 I 绝对值 /(元/m²)（占比/%）	土地增值 II 绝对值 /(元/m²)（占比/%）	土地增值 III 绝对值 /(元/m²)（占比/%）
北京市	309（2）	4174（29）	9955（69）
天津市	78（2）	362（8）	4094（90）

---

① 暂不包括港、澳、台数据

续表

省（自治区、直辖市）	土地增值Ⅰ绝对值 /（元/m²）（占比/%）	土地增值Ⅱ绝对值 /（元/m²）（占比/%）	土地增值Ⅲ绝对值 /（元/m²）（占比/%）
河北省	66 （4）	262 （16）	1326 （80）
山西省	39 （2）	307 （19）	1299 （79）
内蒙古自治区	15 （1）	146 （9）	1515 （90）
辽宁省	48 （3）	423 （23）	1394 （75）
吉林省	49 （2）	430 （20）	1689 （78）
黑龙江省	45 （2）	399 （18）	1766 （80）
上海市	222 （2）	1239 （11）	9622 （87）
江苏省	60 （1）	214 （4）	4486 （94）
浙江省	62 （1）	316 （5）	6285 （94）
安徽省	49 （5）	285 （30）	630 （65）
福建省	53 （1）	307 （5）	5499 （94）
江西省	34 （4）	283 （34）	526 （62）
山东省	64 （5）	417 （32）	817 （63）
河南省	52 （3）	382 （19）	1603 （79）
湖北省	49 （1）	225 （7）	3149 （92）
湖南省	49 （3）	252 （14）	1477 （83）
广东省	64 （1）	315 （4）	6805 （95）
广西壮族自治区	44 （2）	205 （10）	1762 （88）
海南省	71 （1）	811 （13）	5292 （86）
重庆市	64 （2）	879 （22）	3039 （76）
四川省	40 （1）	561 （15）	3184 （84）
贵州省	26 （2）	255 （19）	1057 （79）
云南省	56 （3）	185 （10）	1540 （86）
西藏自治区	34 （—）	173 （—）	—
陕西省	58 （2）	199 （7）	2626 （91）

续表

省（自治区、直辖市）	土地增值I绝对值 /(元/m²)（占比/%）	土地增值II绝对值 /(元/m²)（占比/%）	土地增值III绝对值 /(元/m²)（占比/%）
甘肃省	45（4）	56（5）	971（91）
青海省	60（4）	131（10）	1186（86）
宁夏回族自治区	29（2）	63（4）	1610（95）
新疆维吾尔自治区	36（—）	109（—）	—
平均	66（2）	486（14）	2973（84）

注：①—代表数据缺失；②平均值是排除西藏、新疆等进行计算的结果；③括号中的数据表示的是相应的土地增值收益占总的增值收益的比例（%）。

通过调查和收集各重点城市的数据，我们又以城市为单元进行了测算，结果见表6-2。

表6-2　2010年城市层面土地增值收益测算结果

城市名称	土地增值I绝对值 /(元/m²)（占比/%）	土地增值II绝对值 /(元/m²)（占比/%）	土地增值III绝对值 /(元/m²)（占比/%）
北京市	309.06（1.74）	4755.55（26.78）	12691.76（71.48）
天津市	78.00（1.55）	562.69（11.21）	4378.29（87.23）
石家庄市	95.51（11.34）	450.83（53.54）	295.74（35.12）
太原市	62.53（1.04）	757.21（12.57）	5205.59（86.40）
呼和浩特市	32.47（2.09）	135.75（8.74）	1385.65（89.17）
沈阳市	61.20（2.32）	389.96（14.80）	2184.27（82.88）
长春市	92.14（3.08）	619.66（20.70）	2282.40（76.23）
哈尔滨市	57.69（1.72）	269.89（8.03）	3034.51（90.26）
上海市	206.83（2.54）	1393.27（17.09）	6550.24（80.37）
杭州市	251.25（2.29）	740.99（6.77）	9958.18（90.94）
福州市	78.57（2.68）	554.30（18.88）	2303.67（78.45）
南昌市	38.52（3.89）	382.74（38.68）	568.30（57.43）

城市名称	土地增值Ⅰ绝对值 /（元/m²）（占比/%）	土地增值Ⅱ绝对值 /（元/m²）（占比/%）	土地增值Ⅲ绝对值 /（元/m²）（占比/%）
济南市	82.68（5.63）	916.21（62.37）	470.09（32.00）
郑州市	62.35（1.81）	934.10（27.14）	2445.71（71.05）
武汉市	105.44（2.26）	323.26（6.94）	4232.27（90.80）
长沙市	65.20（2.41）	209.83（7.75）	2431.58（89.84）
重庆市	32.77（1.67）	632.00（32.27）	1293.95（66.06）
成都市	50.89（1.08）	849.50（17.99）	3821.17（80.93）
贵阳市	56.27（3.16）	429.59（24.12）	1294.93（72.72）
西安市	163.83（22.50）	435.97（59.88）	128.25（17.62）
兰州市	96.16（11.66）	577.36（70.03）	150.94（18.31）
平均值	**99.02（4.21）**	**777.17（26.01）**	**3195.59（69.78）**

从以城市为单位的计算结果来看，所测算的 21 个重点城市 2010 年土地增值Ⅰ、土地增值Ⅱ和土地增值Ⅲ的平均水平为 99.02 元/m²、777.17元/m² 和 3195.59 元/m²，三者之比平均为 4.21：26.01：69.78（表6-2）。与省级层面相比，城市层面的土地增值绝对值有所上升，表明了土地增值收益呈"经济发展水平高、土地增值高"的区域特征，因为所测算城市均为省会城市，经济发展水平相对省级平均水平较高。

6.3 土地增值收益分配关系的空间特征

为了考察土地增值收益分配在不同区域的差异，分析空间分布特征，我们将表 6-1 数据利用 GIS 软件绘制出土地增值Ⅰ、Ⅱ、Ⅲ空间分布图（图 6-1、图 6-2、图 6-3），并将土地增值收益水平分为最高、高、中等、

低、最低五个层级。结果显示，土地增值 I、II、III 呈现空间不均衡性和空间集聚性的分布特征。

1）土地增值 I 最高水平主要集中分布在北京、上海、天津、海南、河北。其中，北京和上海市土地增值 I 水平分别为 309 元/m² 和 202 元/m²，远大于其余省（自治区、直辖市）。处于第二层级——高水平的主要分布在重庆、广东、山东、浙江、青海、江苏、陕西和云南；相对应的，处于第三层级——中等水平的则为福建、河南、吉林、安徽、湖南、湖北、辽宁和黑龙江等。对比而言，上述三个层级的省（自治区、直辖市）多集中在东部区域，而低水平和最低水平这两个层级则主要分布在西部区域（图 6-1）。

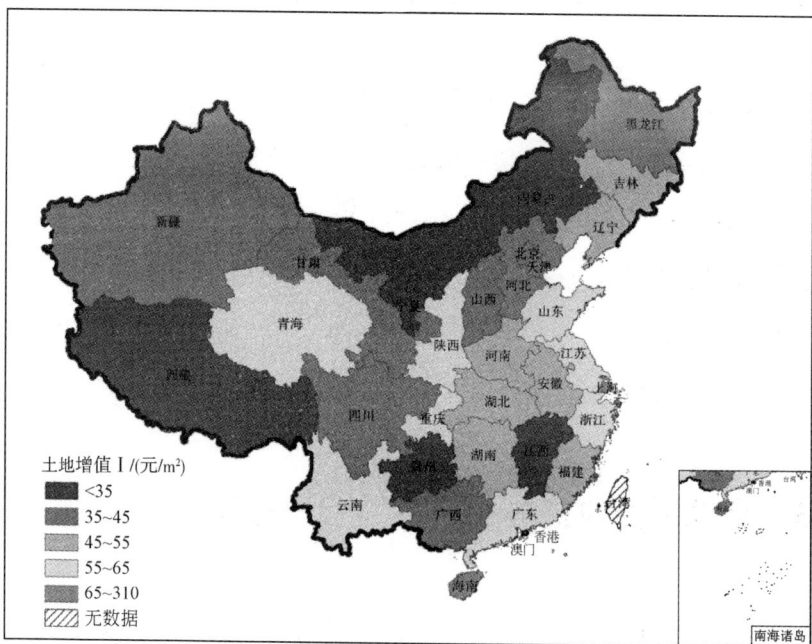

图 6-1　2012 年全国 31 个省（自治区、直辖市）土地增值 I 空间分布示意图

2）土地增值Ⅱ的空间分布基本呈现与土地增值Ⅰ相似的特征。除江苏外，最低水平和低水平两个层级的省（自治区、直辖市）基本上集中在中西部地区。而对于最高水平和高水平两个层级的省（自治区、直辖市）则主要分布在东中部地区（图6-2）。

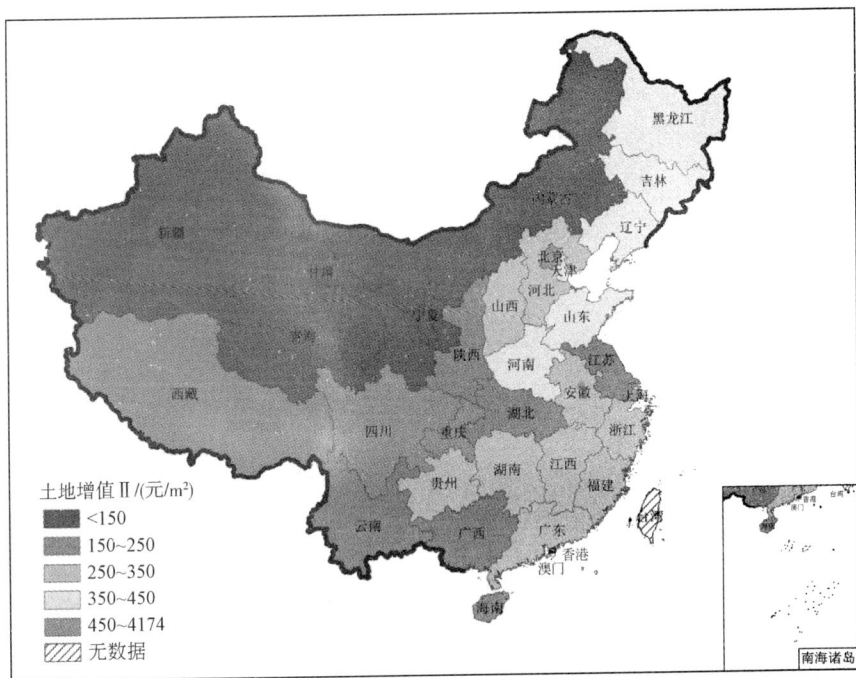

图6-2 2012年全国31个省（自治区、直辖市）土地增值Ⅱ空间分布示意图

3）与土地增值Ⅰ、Ⅱ相比，土地增值Ⅲ的空间分布也呈现东-西部分异的特征。处于最高水平和高水平层级的省（自治区、直辖市）均分布在东部区域；而除山东、辽宁外，处于最低水平和低水平层级的省（自治区、直辖市）基本分布在中西部区域（图6-3）。

总体来看，区域经济发展水平越高，则其土地增值收益水平越高。

图6-3 2012年全国31个省（自治区、直辖市）土地增值Ⅲ空间分布示意图

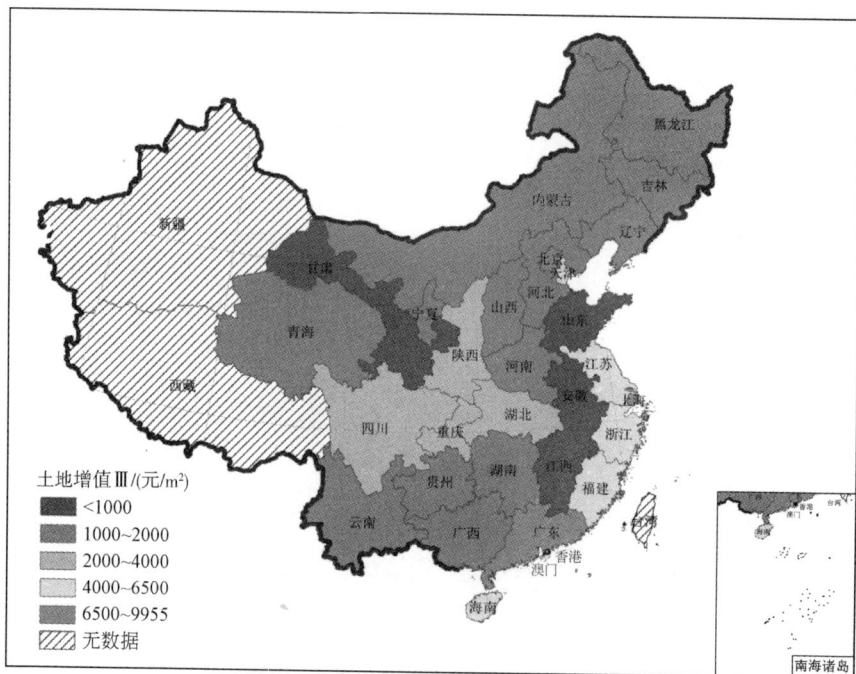

4）鉴于全国31个省（自治区、直辖市）土地增值收益的差异性，计算土地增值Ⅰ/Ⅱ、土地增值Ⅱ/Ⅲ比率指标分析不同区域不同利益主体之间的收益差距。除河北、江苏外，土地增值Ⅰ/Ⅱ比率位于最高水平和高水平层级的省（自治区、直辖市）主要分布在西部地区（图6-4）。相对而言，土地增值Ⅰ/Ⅱ比率中等、低、最低水平等三个层级则主要分布在东中部区域。由此可知，东中部区域土地增值Ⅰ、Ⅱ绝对值水平较高，但是集体（农民）、地方政府所得增值收益差距较大。相反，西部区域集体（农民）、地方政府所得收益较少，但两大利益主体之间增值收益分配相对均衡。

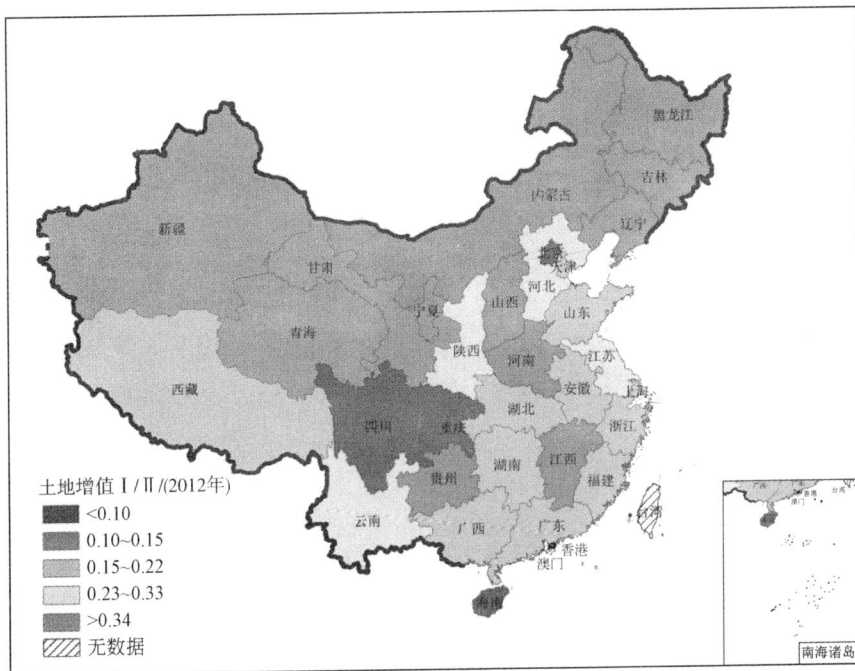

图 6-4 2012 年全国 31 个省（自治区、直辖市）土地增值 I / II 比率空间分布示意图

5）土地增值 II / III 比率大于 0.20（包括最高水平和高水平两个层级）的省（自治区、直辖市）包括北京、山东、安徽、江西、黑龙江、吉林、辽宁、山西、河南、重庆、贵州，多集中在中东部区域（图 6-5）。而土地增值 II / III 比率小于 0.10（包括最低水平和低水平两个层级）主要包括江苏、广东、天津、浙江、福建（东部区域）、湖北、内蒙古（中部区域）、宁夏、陕西、甘肃（西部区域）等地，在东、中、西部区域较均匀分布。由此可见，土地增值 II 与土地增值 III 之间的相对差距并没有明显的空间分布特征，反映出差距分布较平衡。

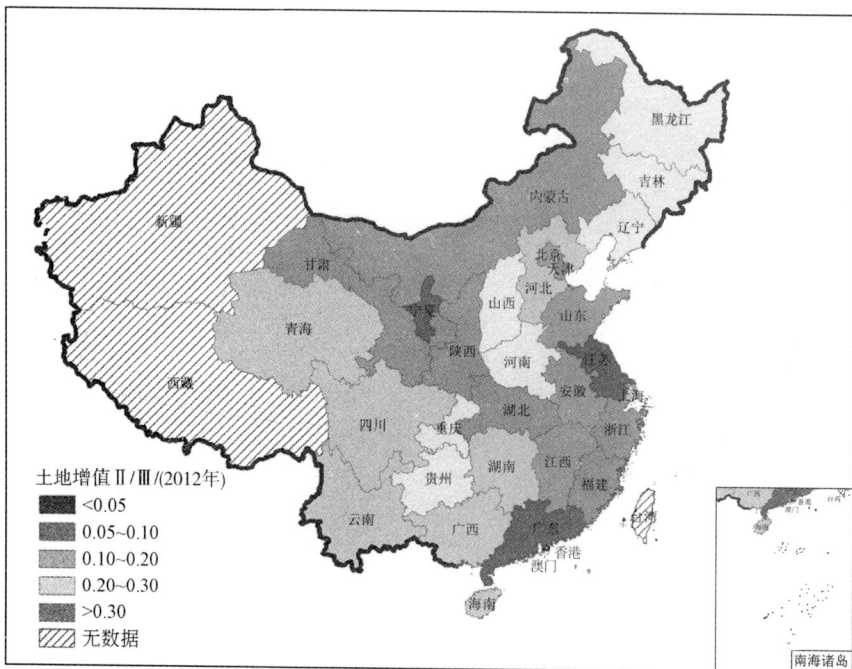

图 6-5　2012 年全国 31 个省（自治区、直辖市）

土地增值Ⅱ/Ⅲ比率空间分布示意图

6.4　土地增值收益分配关系的时间特征

为了分析土地增值收益的时间变化，搜集全国 31 个省（自治区、直辖市）2005～2012 年土地增值Ⅰ、Ⅱ、Ⅲ的数据，但是由于土地增值Ⅲ数据缺失的省份较多，因此只能分析土地增值Ⅰ、Ⅱ的时间变化（表 6-3、表 6-4）。

表6-3　2005～2012年全国31个省（自治区、直辖市）的土地增值 I 数据

（单位：元/m²）

省（自治区、直辖市）	2005 年	2006 年	2007 年	2008 年	2009 年	2010 年	2011 年	2012 年
北京市	66	67	65	61	64	64	63	66
天津市	89	97	97	91	93	88	89	95
河北省	47	51	53	54	60	61	64	70
山西省	12	13	13	12	13	15	18	22
内蒙古自治区	2	3	3	3	3	4	4	4
辽宁省	34	38	40	42	48	51	54	60
吉林省	15	16	17	18	21	23	23	26
黑龙江省	7	8	9	10	11	13	13	15
上海市	189	183	169	159	173	174	168	172
江苏省	94	98	102	103	116	122	127	142
浙江省	42	44	44	43	47	47	49	54
安徽省	38	40	41	41	47	50	52	57
福建省	33	35	35	35	40	41	42	47
江西省	19	21	22	22	26	27	27	29
山东省	76	84	87	90	104	111	115	124
河南省	60	66	72	73	83	86	90	98
湖北省	29	32	33	34	41	44	47	52
湖南省	26	29	30	32	38	40	42	46
广东省	39	42	44	44	49	50	51	55
广西壮族自治区	18	20	22	24	28	30	30	34
海南省	42	44	46	46	52	53	56	64
重庆市	22	24	25	24	27	28	29	33
四川省	13	15	15	17	19	20	20	21

续表

省（自治区、直辖市）	2005 年	2006 年	2007 年	2008 年	2009 年	2010 年	2011 年	2012 年
贵州省	9	10	10	10	12	12	13	14
云南省	8	9	9	9	11	11	12	13
西藏自治区	0.23	0.23	0.23	0.23	0.26	0.26	0.26	0.28
陕西省	9	10	11	11	14	15	17	20
甘肃省	5	6	6	6	7	8	8	9
青海省	1	1	1	1	1	1	1	1
宁夏回族自治区	8	8	9	9	11	12	14	15
新疆维吾尔自治区	3	3	3	4	4	4	5	6
全国平均	34	36	37	36	41	42	43	47

注：①为统一口径，土地增值 I 的数据通过产值倍数法计算所得；②为排除价格因素的影响，2005～2012 年土地增值 I 数据是以 2005 年为基期的不变价格。

表 6-4 2005～2012 年全国 31 个省（自治区、直辖市）的土地增值 II 数据

（单位：元/m²）

省（自治区、直辖市）	2005 年	2006 年	2007 年	2008 年	2009 年	2010 年	2011 年	2012 年
北京市	590	726	664	1171	2482	3726	3454	2979
天津市	126	171	453	379	293	441	312	258
河北省	99	99	201	125	137	213	198	187
山西省	120	100	95	275	192	223	190	219
内蒙古自治区	70	62	68	79	63	100	102	105
辽宁省	140	90	268	212	206	277	324	302
吉林省	123	102	154	137	243	296	321	307
黑龙江省	212	143	202	311	361	326	385	285
上海市	180	143	468	576	1014	1092	818	884

续表

省（自治区、直辖市）	2005 年	2006 年	2007 年	2008 年	2009 年	2010 年	2011 年	2012 年
江苏省	80	82	83	93	155	189	184	152
浙江省	128	103	168	147	307	296	268	226
安徽省	131	92	145	154	206	252	230	204
福建省	119	153	230	142	347	311	211	219
江西省	181	122	42	83	127	207	176	202
山东省	154	159	216	257	230	290	304	298
河南省	187	173	166	266	222	256	272	272
湖北省	120	118	164	170	155	167	191	160
湖南省	75	88	101	141	105	130	172	180
广东省	92	71	115	121	296	211	213	225
广西壮族自治区	79	79	115	81	103	168	164	146
海南省	331	163	201	343	507	658	550	579
重庆市	176	175	251	327	418	495	508	627
四川省	308	326	519	207	329	429	349	400
贵州省	155	149	170	189	168	199	193	182
云南省	46	40	32	53	64	104	155	132
西藏自治区	149	195	81	210	61	103	95	124
陕西省	77	101	162	154	136	140	109	142
甘肃省	19	33	31	71	97	125	110	40
青海省	20	29	100	23	334	242	175	94
宁夏回族自治区	78	52	30	20	98	66	72	45
新疆维吾尔自治区	45	151	85	123	100	139	129	78
全国平均	142	138	186	214	308	383	353	331

注：为排除价格因素的影响，2005～2012 年土地增值 Ⅱ 数据是以 2005 年为基期的不变价格。

1）土地增值 Ⅰ 变化指标最高水平主要分布在黑龙江、陕西、宁夏、新疆等地，而内蒙古、山西、湖北、湖南、广西则隶属于高水平层级（图6-6）；上述地区均分布在中西部区域。相反，土地增值Ⅰ变化指标的低水平、最低水平层级则主要集中在中东部区域，包括北京、天津、上海、江苏、浙江、福建、广东、海南等地。可见，土地增值Ⅰ的变化程度从中西部区域到东部地区逐渐减弱。

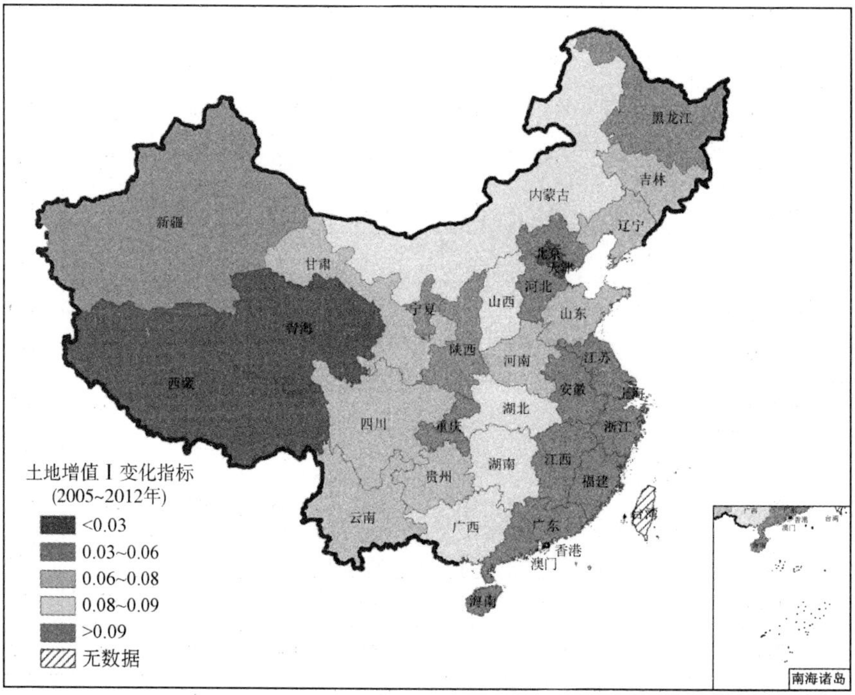

图6-6　2005～2012年全国31个省（直辖市、自治区）
土地增值Ⅰ变化指标空间分布示意图

2）相比较而言，自2005年以来，土地增值Ⅱ变化指标的空间特征与土地增值Ⅰ变化指标形成比较鲜明的对比（图6-7）。土地增值Ⅱ变化指标小于0.08的地区除天津、福建外，均分布在中西部区域，包括江西、湖

北、河南、内蒙、陕西、宁夏、四川、贵州、四川、新疆、西藏。而土地增值Ⅱ变化指标处于最高水平层级的地区包括吉林、北京、上海（东部区域）、重庆、云南、青海（西部区域）；处于高水平层级的地区除甘肃、湖南外，则主要分布在东部区域，包括辽宁、江苏、浙江、广东、海南等。由此可见，东部区域土地增值Ⅱ的变化较中西部区域剧烈。对比图6-6和图6-7，2005～2012年，东部区域集体（农民）和地方政府之间的差距愈加明显，即土地增值收益分配并不平衡；而中西部区域增值收益分配不平衡程度稍平缓。

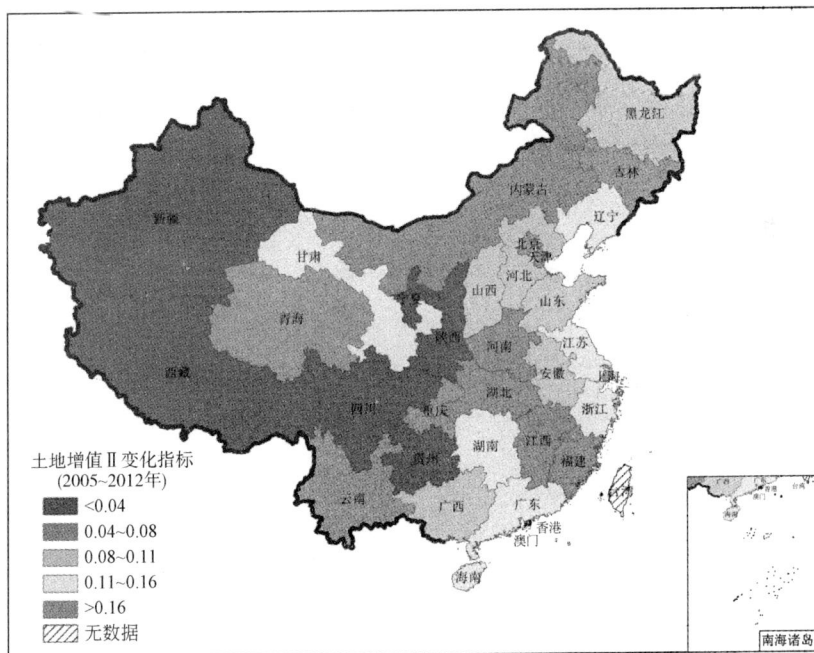

图6-7　2005～2012年全国31个省（自治区、直辖市）

土地增值Ⅱ变化指标空间分布示意图

6.5 结论与讨论

1）在征地—出让—房地产开发的土地增值收益分配中，集体（农民）、地方政府和开发商所得的增值（分别为土地增值Ⅰ、土地增值Ⅱ、土地增值Ⅲ）表现为集体（农民）<地方政府<开发商的特点。总体来看，农民和集体所获增值收益基本在10%以下，地方政府所得在20%上下，其余70%~80%均被开发商获得。

2）土地增值Ⅰ、Ⅱ、Ⅲ呈现空间不均衡性和空间集聚性的分布特征，增值水平高的分布在东中部区域，增值水平较低则分布在中西部区域，呈现东-西分异特征。而土地增值之间的差距则表现为东中部区域虽然土地增值Ⅰ、Ⅱ绝对值水平较高，但是两者差距较大，而西部区域虽绝对值水平较低，但集体（农民）、地方政府间收益分配相对均衡。土地增值Ⅱ、Ⅲ之间的相对差距则没有明显的空间分布特征。

3）东部区域集体（农民）和地方政府之间土地增值收益的差距愈加明显，即土地增值收益分配愈发不平衡；而中西部区域增值收益分配不平衡程度则相对平缓。

尽管这一测算结果受所采用数据的制约可能并不准确，采用不同时期、不同区域的数据也可能会得出不同的结果，但是我们认为这一定量测算的意义在于对土地增值收益分配关系有了初步的定量化判断，而且也为我们从根本上研究土地增值收益分配关系提供了定量分析的框架。同时，由于是以省份、城市为单元进行测算，体现的是综合和平均水平，但这就难免存在对具体现象的忽略，因此后面相关部分我们将重点基于项目和宗地层面进行测算与分析。

本研究分析显示出征地—出让—房地产开发过程中不同利益主体——集体（农民）、地方政府和开发商所得土地增值存在较大差距的特征，但由于是基于全国层面的宏观分析，仅考虑的是一般情况，比如说，针对征地补偿标准，仅考虑的是法律规定应给予的征地补偿，并没有考虑法律规定外的其他补偿。因此，在宏观层面对土地增值收益分配关系进行实证分析的基础上，进一步探讨实际操作中的其他土地增值情况。

1）集体（农民）分享的土地增值收益。在宏观层面分析时，所采取的数据是征地区片综合地价和统一年产值标准，主要包括的是土地补偿费、安置补助费以及地上附着物和青苗的补偿费。但实际情况中，特别是在不少城市的城乡结合部，征地补偿远远大于法律规定的补偿标准，实际上所分享的土地增值收益要更高。这主要是由于城乡结合部较优的区位条件所带来的土地增值，即相较其他区域而言，集体（农民）分享了区位优势带来的土地增值。

另外，除了征地补偿外，各地实践中还采取其他措施补偿集体（农民）失去土地所受的损失，主要目的是为了保障农民失地后的生产生活。比如留用地安置，部分地区为了保障被征地农民的长远生计，在城镇规划用地范围内预留一定比例的土地，主要给被征地农民和集体用于商业经营、房地产开发等用途，所获增值收益主要归集体（农民）所有，这就大幅度提高了集体（农民）分享的增值收益。再比如土地入股收益，主要是指集体经济组织和农民以留用地入股或购买政府配建的固定产业的方式，从而能获得长期稳定收益。这些方式可以在农民失去土地后维持长期、较稳定的收入，从而减少对集体（农民）的损失。

由此可见，以省（自治区、直辖市）为单元测算的集体（农民）土地增值收益可能偏小，实践中可能还存在其他方式对集体（农民）进行补偿。当然，也不能排除其他因素造成的原征地补偿的减少，比如集体私自

挪用征地补偿造成对农民利益的损害。

2）地方政府分享的土地增值收益。地方政府通过征地—出让过程中获得的土地出让纯收益主要是指土地出让价款扣除征地拆迁补偿、土地开发和相关税费的余额，这部分的土地出让纯收益全部为地方政府所有，但从支出角度来看，按照国家有关规定，土地出让纯收益不低于15%用于农业土地开发、10%用于农田水利建设、10%计提教育基金（主要用于农村基础教育）、超过10%用于高标准基本农田建设和土地整治、约5%补助被征地农民社会保障支出。初步估算，这些规定要求的支出项目所占资金合计超过土地出让纯收益的50%，主要用于"三农"，为全体农民所分享。因此，如果考虑支出角度，那么地方政府所得的土地增值可能低于上述实证测算的结果。

但即使存在上述情况，以省（自治区、直辖市）测算的宏观层面土地增值收益分配比例依然从整体上反映了集体（农民）、地方政府、开发商之间的分配关系，也基本反映了集体（农民）、地方政府、开发商所得增值收益的差距。

7

基于城市土地收购储备样本的测算与分析

诸侯之宝三：土地、人民、政事。

——《孟子·尽心下》

自本世纪初探索建立土地收购储备和全面实施经营性建设用地招标拍卖挂牌出让制度以来，目前实践中绝大多数地方政府均建立了通过收购、储备实施集体土地征收、旧城区改造拆迁的做法，然后进行统一出让供地。因此，在规划的城市建设用地范围内，征地、拆迁基本统一纳入土地收购储备过程中。

本章以 2007～2014 年北京市部分城区的土地收购储备项目、公开出让项目等 101 个项目为案例，采集了案例项目的位置、规模、征地拆迁补偿、一级开发成本、土地成交价等基础数据，并结合项目类型，按照住宅及公建两类用途，依据一般房地产开发项目基本建设程序、建安造价信息、税费计取费率、市场租售价格水平等信息，测算建安成本、建设相关税费、租售收入、企业社会平均利润等数据，测算各环节土地增值收益状况及其分享关系。

7.1 基于收购储备项目的土地增值收益实现过程

在微观经济领域，土地（房地产）开发项目融资客观上实现了大宗货币投放。在这一过程中，实际上已经开始了第一轮土地增值收益的分配，具体体现为征地拆迁的补偿行为。随着征地拆迁补偿制度的不断演进，一些一、二线城市的拆迁补偿水平已经处于较高位，其中实质的房屋"砖瓦"等固定建筑成本是有限的，更多体现的是土地预期增值收益的预分配。

土地收购储备完成以后，在土地公开出让制度的环境下，即在土地储备/前期开发——土地出让环节中，土地市场形成的溢价，实现了第二轮土地增值收益的分配。

其后，在二级开发——房产租售环节中，房地产开发企业取得土地后进行房屋产品的生产，融入了自身的项目管理、规划产品设计等因素，同时货币投放也随着住房金融等政策的支撑和经济社会发展带来的收入水平提升，共同实现了租售/转让环节的第三轮土地增值收益分配。这其中存在房地产开发企业因生产经营投入应得的合理利润，以及产品、服务品质优越而应得的超额利润，但也不能忽视货币环境宽松、居民购买力增强、金融制度支撑以及市场因素等条件共同推起的土地增值收益的第三次分配，并最终凝结为房价。

因此，在城市土地收购储备——出让体系中，依据土地增值收益分配的市场载体——土地开发利用过程及其土地利用形态、参与主体的经济关系暨增值获益的不同主体，其土地增值收益分配过程同样分为三个主要环节实现。

（1）土地征收、拆迁、收购阶段——第一次实现

集体土地征收、城市房屋拆迁、收购是指因国家建设、城市改造、整顿市容和环境保护等公共利益的需要，根据土地利用总体规划、城镇规划、国民经济发展规划、国家专项工程的迁建计划以及当地政府的用地规定，由建设单位对农村集体土地征收或对城市规划区内国有土地上的房屋进行拆除，对土地和房屋的相关权利人进行迁移安置，并给予一定经济补偿的活动。

征地、拆迁、收购是城市建设和土地储备的重要环节。在我国生产资料公有制的基本制度下，征地、拆迁的实质是实现土地及房屋权属转移的一种"强制性"机制。而征地、拆迁、收购补偿的实质是因房屋或土地权属发生转移，而对失去土地及房屋的原权利人财产权益的补偿。

由此可见，该环节的土地价格形态主要表现为政府给予被征地农民（被拆迁户、原用地方，下同）的征地补偿款（或拆迁补偿、收购补偿，下同）。征地过程中一般以征地补偿款为经济表现形式；在拆迁环节中，以市场价货币补偿和实物安置两种经济形态表现；在收购环节中，即国有土地使用权有偿收回，一般以货币补偿经济形态表现。

根据交易实践过程分析，土地增值是相对于土地原值而言的，在该环节，增值是相对于原农用地价格（被拆迁房屋和被收购土地的地上物"砖瓦钱"、青苗成本、被收购人原土地取得成本，下同）而言，即征地补偿与原权利人取得土地价格相比形成了该环节的增值收益。

在该环节，主要的土地产权主体为被征地农民、国家或地方政府，因此该环节的经济主体为上述两个产权主体，地方政府通过支付征地补偿款获得土地所有权（土地使用权及房屋所有权，下同），被征地农民获得经济补偿而失去土地所有权、使用权。

征地补偿款的实质是原土地价格及增值两部分，该增值获得主体为被

征地集体经济组织，简称土地增值Ⅰ，表现为征地补偿款扣除原农用地价格。

被收购土地取得成本因历史久远难以考证，通常通过现状评估方式确定，而评估结果往往对应现值，难以准确界定增值部分，因此，研究中不考虑该类情形下的土地取得成本，仅按照扣除物质成本的方式核算增值Ⅰ。因此，该环节的现实还原指导公式如下：

$$征地：土地增值Ⅰ=征地补偿-农田地价格$$

$$-地上附着物成本 \qquad (7-1)$$

$$拆迁：土地增值Ⅰ=拆迁补偿-被拆迁房屋重置成新价 \qquad (7-2)$$

$$收购：土地增值Ⅰ=收购补偿-地上物重置成新价 \qquad (7-3)$$

从增值成因来看，该环节增值主要是自然增值（间或少量人工增值），即征收（拆迁、收购）后原来土地的用地性质发生改变，以及周边城市公共基础设施投资、宏观政策影响等因素使土地价值上升而产生增值。其指导公式如下：

$$土地增值Ⅰ=累计自然增值+累计人工增值 \qquad (7-4)$$

需要特别说明的是，在近年的实践中，土地的征收、拆迁、收购环节不仅兑现了此前全部已形成的土地增值，随着征地拆迁补偿政策的调整，还对未来土地重新规划利用后可能产生的增值进行了预分配，即所谓市场化评估补偿。因此，增值Ⅰ包含本环节所产生的增值之外的未来预期增值，这是政府主导下的一次对私人部门的增值收益分配调节。

（2）土地出让阶段——第二次实现

土地出让环节中，主要的经济主体为地方政府和土地受让者，政府投入成本实施一级开发，完善基础设施，通过招拍挂将土地出让给受让方，土地受让者通过支付土地出让价款获得土地使用权。

在此过程当中，政府获得土地增值收益，土地出让使得该环节土地增

值的经济形态得以表现，而其增值额是相对于政府前期土地开发成本，包括征地拆迁补偿款、市政建设费用和其他必要投入等。政府在该阶段的土地出让收入与相对应的土地开发成本的差值形成了该环节的土地增值收益。

在该环节中，因土地一级开发提高土地开发程度而带来增值，简称土地增值Ⅱ，该增值获得主体为地方政府。其现实还原指导公式如下：

$$土地增值Ⅱ = 土地出让成交价款 - 一级开发成本 \tag{7-5}$$

目前，北京市土地一级开发主要分为以政府为项目主体，委托实施主体一级开发，或企业为项目主体进行一级开发两种模式。无论哪种模式，涉及企业带资投入的，均需支付企业一定的利润。按照北京市相关政策，该部分利润以企业带资规模为基数，最高不超过15%，并纳入一级开发成本。该部分在总成本中占比较小，北京市相关政策将其认定为企业的额定合理报酬。

从增值成因来看，政府通过征地、拆迁、收购转变土地权属性质而获得土地使用权之后，在转变土地用途的基础上进行土地平整、市政建设等内外部投资，为土地增值的实现创造了现实条件；与此同时，城乡统一建设用地市场使得土地要素受自然增值因素（用途转变、外部投资、宏观经济政策、供需情况）影响而形成的增值可以直观地显现。该环节政府获得的土地收益（即该环节土地增值），是政府代表公共利益调节增值收益分配的体现形式，是社会共享的部分。其指导公式如下：

$$土地增值Ⅱ = 直接人工增值 + 直接自然增值 + 累计自然增值 \tag{7-6}$$

（3）二级开发——房产租售阶段——第三次实现

该环节的土地价格形态主要表现在开发商取得土地之后，通过建设房屋、租售房屋获得收入，即房地产租售价格，其增值是相对于开发企业前期投入而言，获得主体为开发企业及房屋转让环节的得益人，简称土地增

值Ⅲ。为简化分析，仅以开发企业为代表，其中：

以出售为主要运营模式的项目（如普通住宅小区），土地增值额为房地产价格扣除土地取得成本、建安成本、建设相关税费（含营业税）、财务费用、房屋运维管理（含房屋维修维护）等费用以及房地产企业合理的社会平均利润。

以出租为主要运营模式的项目（如写字楼集中的产业功能区），土地增值额为房地产出租收入还原价格扣除土地取得成本、建安成本、建设相关税费（含营业税）、财务费用等"直接投入"成本。其中，房地产出租收入为收益还原后的房屋价值，即当前房屋租金收入扣除房屋运维管理费用以及企业的社会平均利润后的折现价值。

结合现实情况，公建类项目往往存在出售、出租相结合的运营模式，其增值收益为两者相加之和。其现实还原指导公式如下：

出售模式：土地增值Ⅲ＝房屋出售收入–土地成本–建安成本–税费

$$–财务费用–企业社会平均利润–企业社会平均利润 \tag{7-7}$$

出租模式：土地增值Ⅲ＝租赁收益还原后的房屋价值–土地成本

$$–建安成本–税费–财务费用–企业社会平均利润 \tag{7-8}$$

出售出租结合：土地增值Ⅲ＝出售模式增值Ⅲ＋出租模式增值Ⅲ

$$\tag{7-9}$$

需要说明的是，该环节的增值为企业超额利润，已经剥离了企业合理的经济利润。其数据测算参数如建安成本和相关税费，按市场水平和政策暂取社会平均水平，企业正常利润暂取社会平均利润进行定量分析，以取得定性结论。

增值成因上，该环节的增值主要是受内部投资和市场因素等影响而形成

的增值，即开发企业通过房产开发、配套建设等内部投资活动（人工增值），以及房地产金融、产业扶持等政策（自然增值）影响形成的房产（土地）增值。该增值在市场供求关系机制下形成，有较大的不稳定性。国家通过税收政策对私人部门调节了该部分增值收益的分配。其指导公式如下：

$$土地增值Ⅲ = 直接人工增值 + 直接自然增值 + 累计自然增值 \quad (7\text{-}10)$$

需要说明的是，土地增值收益的实现并不仅仅局限于上述三次。在土地未征购前，土地房屋权利人的转让过程以及上述三次增值实现后房屋产品的转让过程中，仍然存在土地增值的现象。但为便于研究，土地征购前的增值在土地征购过程中，通过拆迁评估可以分离重置成新价和土地增值；二级开发后形成房屋产品后再进行转让所形成的土地增值可通过房屋市场交易价格的变动而计算，并属于房地产生产环节以外的增值。

可以预判的是，参与增值收益分配的各利益主体都以多得增值收益为导向，在金融杠杆的支撑下，会造成地价、房价的不断推高，甚至一定程度上超过社会可承受能力，进而造成较大的经济风险，以及较高的社会生产、生活成本。因此，有必要分析梳理合理的增值收益分配伦理，推进该领域利益分配的理性发展。

7.2 征地拆迁阶段的土地增值Ⅰ测算与分析

在土地收购储备过程中原有土地价值及房屋价格的确定是征地拆迁环节增值收益确定的重点。其中：

在征地环节，房地产原值主要为青苗补偿费和地上附着物重置成新价两部分，其中，青苗按照一季产值进行补偿，地上附着物按照重置成新价

补偿。考虑到青苗补偿金额较低，地上附着物大部分通过拆迁方式进行补偿。因此，本研究中青苗补偿成本不单独体现，征地环节的土地增值Ⅰ为征地补偿款减去地上附着物价值。

在旧城区改造的拆迁中，被拆迁房屋（被收购土地）的原值为房屋的"砖瓦钱"，即重置成新价。因此，拆迁收购环节土地增值Ⅰ等于拆迁补偿减去被拆迁房屋"砖瓦钱"（重置成新价）。一般情况下，拆迁补偿采取两种方式，分别是货币补偿和房屋产权调换。对于货币为主的补偿方式，即对被拆迁房屋按照市场价格评估，并以货币的形式进行补偿，在增值测算中按照补偿款数值据实计算；对于房屋产权调换为主的补偿方式，补偿标准原则上与货币补偿一致，即按照市场价格评估，按照等价有偿原则，通过房屋形式进行实物补偿，其增值收益一般与货币补偿相同，但并不显化。因此，该补偿方式在增值收益测算中按照货币补偿标准计算。

综上所述，在征地、拆迁环节，原住民放弃土地和房屋所获得的代价是征地补偿、拆迁补偿等费用，若全部采取货币补偿，则按货币据实计算；若其中还有回迁房、安置房、实物补偿等，则均需折算出相应市场价。本研究将其中的征地补偿款、拆迁补偿款之和作为征地拆迁补偿，扣除房屋"砖瓦钱"，即为被征地拆迁人所得土地增值收益，见式（7-11）。

同时，为便于与后两个环节的土地增值收益进行比较，研究中将该环节土地增值收益平摊至每个项目规划建筑总规模，即楼面土地增值收益Ⅰ，见式（7-12）。

$$土地增值Ⅰ＝征地补偿款＋拆迁收购补偿款－房屋"砖瓦钱" \quad (7-11)$$

$$楼面土地增值Ⅰ＝（征地补偿款＋拆迁收购补偿款－房屋"砖瓦钱"）$$

$$÷规划建筑面积 \quad (7-12)$$

（1）土地增值 I 在征地拆迁补偿中占比大，是征地拆迁补偿变化的主要因素

经测算，样本区历年楼面征地拆迁补偿平均约为 0.46 万元/m²，其中，楼面征地拆迁客观成本（地上物"砖瓦钱"）平均约为 0.07 万元/m²，占征地拆迁补偿的比重约为 11%，整体趋势较为平稳，该部分主要受地上物现状影响，因此各年度变动不大；楼面土地增值 I 平均约为 0.41 万元/m²，占征地拆迁补偿的比重约为 89%，与征地拆迁补偿呈正相关，历年整体呈现上涨趋势，主要受补偿标准和市场变化影响，尤其是近年来政府不断加强对被征地拆迁人权益的保护，制定的拆迁补偿标准不低于同时期的市场水平，成为征地拆迁补偿及土地增值 I 逐年增长的主要原因（图 7-1）。

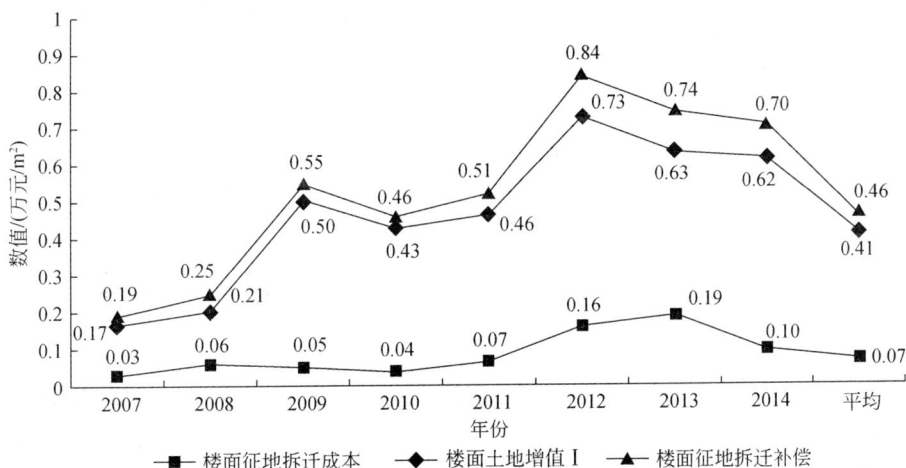

图 7-1 2007~2014 年征地拆迁补偿与土地增值变化状况

经测算，在征地拆迁环节，原权利人所获得的全部收入中，土地原值及"砖瓦钱"等成本占全部收入的比重平均约为 11%，土地增值部分占全部收入的比重平均约为 89%，成本与增值平均约 1∶8，即被征地拆迁人在该环节中获得了较大幅度的土地增值。图 7-2 表明，尽管各年度征地拆迁补

偿水平存在波动与差异，但是增值幅度基本在 83% ~ 89%。

在现行拆迁补偿政策下，该部分增值取决于征地拆迁时点的市场水平，是前一阶段的房地产市场运行价格（即各阶段成本及土地增值）的体现，也是政府指导价格（公共政策指导因素）的结果，现实中已成为保障甚至提升被征地拆迁人生产生活水平的主要支撑，但往往不单独列示。

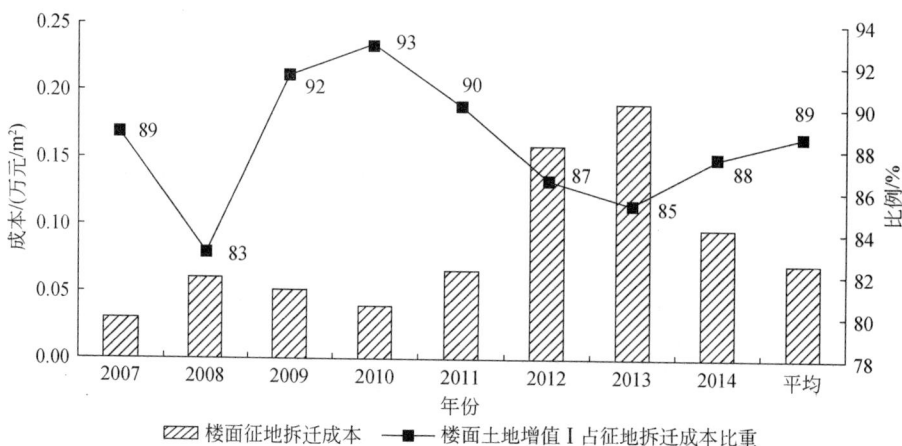

图 7-2　2007 ~ 2014 年楼面土地增值收益 I 占征地拆迁补偿比重示意图

（2）土地增值 I 持续上涨，既是历史价格上涨的结果，也是未来补偿变化的基点

随着近年来征地制度改革的推进、城市国有土地上房屋拆迁补偿新政的出台、社会物价总体水平的上升、农居民维权意识的不断加强以及拆迁补偿预期的不断攀升，被征地拆迁人获得的土地增值整体呈现稳定上升的态势，即土地增值 I 持续上涨，成为当前拆迁补偿直接比准的同时，也构成了土地开发、房地产开发成本持续上升的主要因素之一，进而影响着后续征地拆迁补偿水平。客观说，"拆一补一"的政策背景，房价持续上涨的市场环境，决定了土地增值 I 水涨船高。

（3）土地增值Ⅰ直接表现在征地拆迁补偿中，在一级开发成本中占比高、影响大

征地拆迁补偿以及其他必要支出构成了土地一级开发总成本。经测算，一级开发成本平均约为 0.59 万元/m²，其中，征地拆迁补偿平均约为 0.46 万元/m²，占一级开发成本比重约为 79%，是一级开发成本的主要构成。随着历年的征地拆迁补偿的上涨，土地一级开发成本也呈现上涨趋势（图 7-3）。因此，征地拆迁补偿既是土地增值Ⅰ的直接体现，也是一级开发成本的晴雨表，决定着一级开发成本的规模体量。

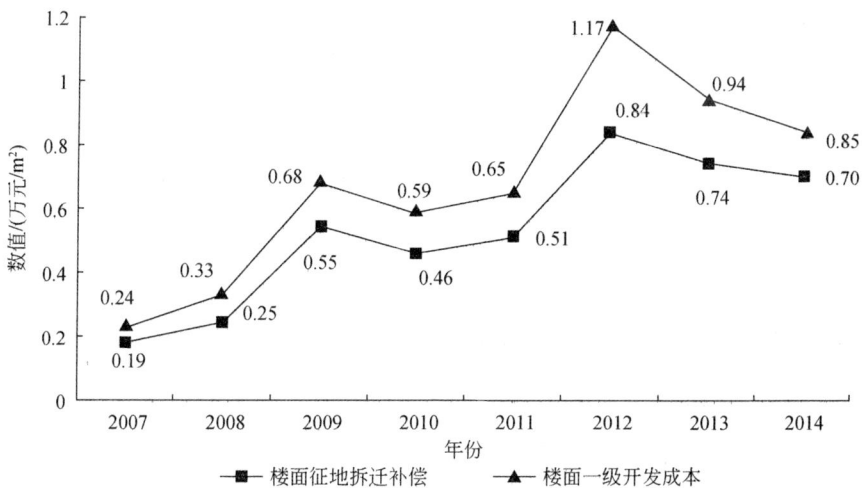

图 7-3　2007～2014 年楼面一级开发成本与楼面征地拆迁补偿成本变化状况

7.3　土地出让阶段的土地增值Ⅱ测算与分析

土地出让阶段，土地增值是相对于土地一级开发成本而言。根据理论分析公式，该环节土地增值为土地出让价款扣除一级开发所有成本之后所剩余的土地出让收益。

在实际测算中，该环节的土地一级开发成本主要为前期费用、征地补偿与拆迁费用、市政基础建设费用、财务费用、开发回报、委托入市交易费、地价评估费等，具体数值以最终核定的一级开发成本数据为准。本研究按照土地出让成交价扣除一级开发成本测算出政府总增值收益，进而根据规划建筑规模测算单位面积增值收益，即楼面土地增值收益Ⅱ。

$$土地增值Ⅱ=土地成交价-一级开发成本 \tag{7-13}$$

$$楼面土地增值Ⅱ=（土地成交价-一级开发成本）÷规划建筑面积 \tag{7-14}$$

需要特别说明的是，在选取的案例中，部分案例存在通过土地开发建设补偿费的形式，将土地增值Ⅱ定向用于区域重大公共设施等支出。例如在"148公顷"项目中形成的收益，用于平衡奥运森林公园的建设资金，支持奥运；CBD核心区项目中形成的收益，用于区域市政综合管廊和地下公共空间建设。考虑到该类资金虽纳入开发建设补偿费管理，但用途与土地一级开发成本有所不同，且全部为政府专项公益性支出，因此，本研究将该类资金纳入土地增值收益Ⅱ进行核算。

（1）土地增值Ⅱ与土地开发成本在出让收入中比重基本持平

经测算，样本点平均楼面出让地价约为1.16万元/m²，其中，楼面土地一级开发成本平均约为0.59万元/m²，占土地出让收入的比重约50%；楼面土地增值Ⅱ平均约为0.57万元/m²，占土地出让收入的比重约50%（图7-4）。成本与增值比重约为1∶1，即政府在该环节获取了较大比重的土地增值收益。

（2）土地增值Ⅱ主要受政策和市场影响，呈现弹性、显性的特质

从图7-4可以看出，政府土地出让收入中土地增值Ⅱ与一级开发成本占比并无明显规律。一级开发成本与前一阶段的征地拆迁补偿及基础设施建设投资正相关，属于"刚性"，即政府必须保障的必要投入，历年整体

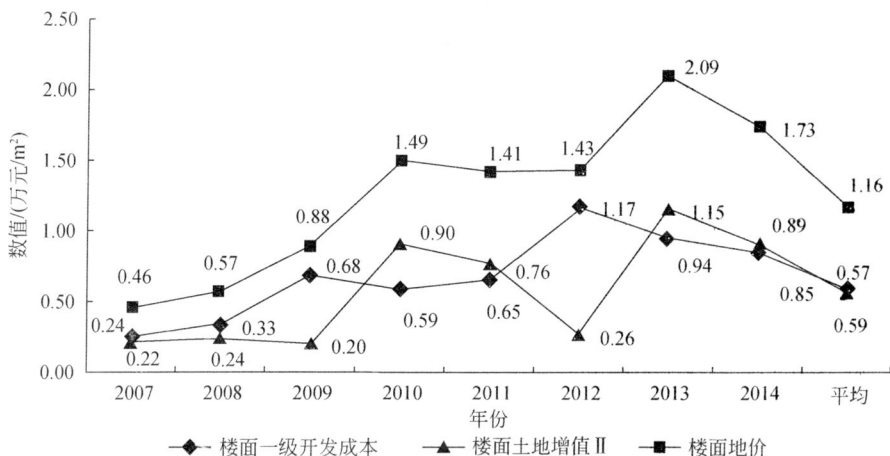

图 7-4　2007～2014 年土地一级开发成本与土地增值 II 变化状况

呈上涨趋势；而土地出让地价则主要受政策变动、市场波动等影响。相应地，土地增值 II 则在二者综合作用下呈现波动状态。

具体从样本层面分析各年度的变化，2012 年土地增值占土地出让收入比重为 18%，该部分增值为纯地租，是土地有偿使用制度产生的增值；2010 年、2013 年、2014 年土地增值占收入比重分别为 61%、55%、51%，该部分增值是市场化的结果，政府增加的增值收益是房地产开发企业减少的超额利润，该部分是政府调节增值收益的结果，增值 II 的显现也体现了要素市场体系逐步成熟的效果；同时，土地"招拍挂"制度实行以来，政府收益情况逐渐透明化、市场化。因此，土地增值 II 呈现弹性、显化的特质，并成为社会关注的焦点。

（3）土地增值 II 变化取决于土地出让价格水平变化

图 7-5 表明，土地增值 II 在土地出让收入中所占比重大多数年份在 50% 左右，最低的 2012 年仅占 18%，最高的 2010 年达到 61%。由于土地一级开发成本主要由征地拆迁补偿构成，呈现刚性特质，而土地出让收入

则受市场供求关系、政策变化影响比较明显。从结果来看，土地增值Ⅱ主要取决土地出让价格水平的变化，呈现弹性特质。

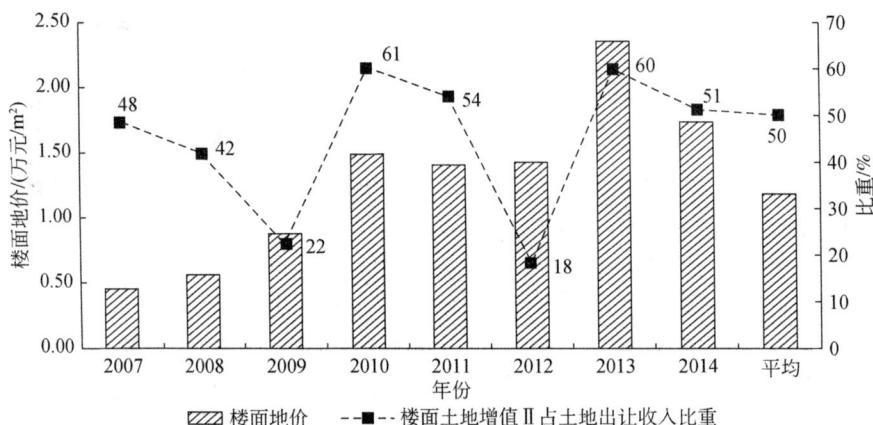

图 7-5　2007～2014 年土地增值Ⅱ占土地出让收入比重变化状况

7.4　房产开发租售阶段的土地增值Ⅲ测算与分析

　　房地产开发与租售阶段土地增值获得主体主要为开发企业，其所获得的土地增值，是指房产租售收入相对于开发成本和平均利润而言。可按照房地产销售价款扣除正常开发建设成本及企业的社会平均利润，测算出开发企业总土地增值收益，进而根据规划建筑规模测算单位面积土地增值，即楼面土地增值Ⅲ。

　　在实际测算中，住宅类项目往往以出售模式为主，该环节的增值收益为出售收入扣除成本。其中，收入为房屋出售收入，成本主要为购地成本、建安成本、建设相关税费、财务等费用以及企业社会平均利润。公式如下：

$$土地增值Ⅲ = 房屋销售价款 - 土地成本 - 建安成本 - 建设相关税费$$

$$- 财务费用 - 企业社会平均利润 \tag{7-15}$$

$$楼面土地增值Ⅲ = (房屋销售价款-土地成本-建安成本-建设相关税费$$
$$-财务费用-企业社会平均利润) \div 规划建筑面积$$

$$(7\text{-}16)$$

需要说明的是，随着多年来房价持续快速上涨，调控政策不断加码在实施招拍挂出让过程中，土地竞得人的确认由"高地价"向"保民生"发生了倾斜，评标方式也由"价高者得"向"社会贡献"逐步转变。特别是住宅类项目，近年来通常会将宗地出让与保障性住房建设挂钩，在土地出让文件中约定宗地内需配建保障性住房的规模，当竞价达到合理价格上限后，再通过配建宗地内保障性住房面积或竞配宗地外保障性住房建设指标的方式确定最终土地竞得人。因此，为使增值收益测算与分析更为准确，研究中对上述情形进行了分类处理。其中：对于宗地内配建面积，开发商完成保障性住房建设后，按照宗地出让文件要求的房屋价格或其他有关文件要求的房屋价格出售。因此，研究中将保障房土地成本和建设费用纳入开发成本，销售收入按标定售价核算。结合普通商品房成本与收入情况，该类情形土地增值Ⅲ测算公式为

$$土地增值Ⅲ = 普通商品房销售收入+保障房销售收入-购地成本-建安成本$$
$$-建设相关税费-财务费用-社会平均利润 \qquad (7\text{-}17)$$

对于宗地外竞配建指标，开发企业按照标定建设单价竞配建指标，并按照竞报结果单独向保障房管理部门缴纳相应的建设资金，专项用于保障性住房建设。因此，本研究中将保障房建设资金纳入开发成本。同时，考虑到该笔资金虽用于政府公用支出，但单独缴纳、定向用途、不纳入土地出让收入管理，因此将该笔资金界定为政府专项收入，不属于土地增值范畴。结合普通商品房成本与收入情况，该类情形的测算公式为

$$土地增值Ⅲ = 房屋销售收入-保障房建设资金-购地成本-建安成本$$
$$-建设相关税费-财务费用-社会平均利润 \qquad (7\text{-}18)$$

在实际测算中，公建类项目往往以出售出租相结合的运营模式为主，该环节的增值为出售部分增值与出租部分增值之和，其中，出售部分增值为销售收入扣除成本，其成本为按照规划建筑规模所应分摊的所有客观物质成本及社会平均利润；出租部分增值为出租收入扣除成本，其收入为按照收益还原法测算的折现价值，成本为按照规划建筑规模分摊的土地取得成本、建安成本等。

考虑到公建类项目往往是混合商铺和写字楼，在实际交易过程中，商铺租金水平平均约为写字楼租金的 3 倍，售价约为写字楼售价的 1.5 倍，因此，在测算中，按照一定比例的规划建筑规模，分别测算二者的价值，进而测算增值收益。

$$土地增值 \text{Ⅲ} = 出售部分增值收益 \text{Ⅲ} + 出租部分增值收益 \text{Ⅲ} \qquad (7\text{-}19)$$

$$出售增值 \text{Ⅲ} = (商铺出售收入 + 写字楼出售收入)$$

$$- (土地成本 + 建安成本 + 税费 + 财务费用$$

$$+ 维修维护费用 + 企业社会平均利润) \qquad (7\text{-}20)$$

$$出售收入 = 售价 \times 规划建筑规模 \qquad (7\text{-}21)$$

$$出租增值 \text{Ⅲ} = (还原后的商铺价值 + 还原后的写字楼价值)$$

$$- (土地成本 + 建安成本 + 税费 + 财务费用) \qquad (7\text{-}22)$$

$$还原后价值 = ((年收入 - 维修维护费 - 平均利润) /$$

$$还原利率 + 年租金上涨额 / 还原利率^2)$$

$$\times [1 - 1/(1 + 还原利率)^{收益年限}]$$

$$+ 年租金上涨额度 / 还原利率$$

$$\times 收益年限 / (1 + 还原利率)^{收益年限} \qquad (7\text{-}23)$$

$$楼面土地增值 \text{Ⅲ} = (出售增值 \text{Ⅲ} + 出租增值 \text{Ⅲ}) \div 规划建筑面积$$

$$(7\text{-}24)$$

具体测算参数如下：

　　结合公建类项目商铺、写字楼混合，租售结合运营的实际情况，测算中按规划建筑规模 20% 为商铺，80% 为写字楼，同时规划建筑规模 50% 为出售，50% 为出租进行测算，其中，商铺及写字楼租售价格为项目周边类似房地产市场价格。

　　土地成本为具体地块的土地成交价格，建筑安装成本住宅按照 3500 元/m²、公建按照 8000 元/m² 进行测算。

　　建设相关税费按租售收入 15% 进行测算。

　　财务费用以购地成本、建安成本、建设相关税费之和为基数，按照 70% 的自有资金、利息率为土地出让当年基准利率上浮 10%，贷款期限按 5 年计算。

　　维修维护费用按照建安成本的 30%，约 8 年一次（4 次）进行计算。

　　社会平均利润按照前期成本的 20% 进行测算（根据《2013 中国房地产上市公司 TOP10 研究报告》，大陆在港上市房地产公司 2009～2013 平均净利润可达 21.93%）。

　　经调查与分析，写字楼、商铺的还原利率普遍在 6%～8%，本次测算按 6% 计算。

　　年租金上涨幅度按 4% 计算；收益年限为土地使用权出让期限减去项目建设期（建设期按 5 年计算）。

　　测算结果表明：

　　（1）土地增值Ⅲ在房屋租售收入中占比较低，房屋成本及合理利润占比较高

　　经测算，样本平均楼面房屋租售收入约为 4.12 万元/m²，其中，土地成本、房屋建设成本、建设税费、财务费用等成本以及社会平均利润（合理回报）折合楼面约为 2.71 万元/m²，占收入的比重约为 66%；楼面土地增值Ⅲ平均约为 1.20 万元/m²，占收入的比重约为 34%（图 7-6）。成本及

合理利润与增值比重约为 2：1。该环节测算的土地增值Ⅲ已经剥离了开发企业的社会平均利润，若要综合考虑开发企业的全部收益，则为增值及合理平均利润之和，平均约为 1.69 万元/m²，占收入比重约为 41%。

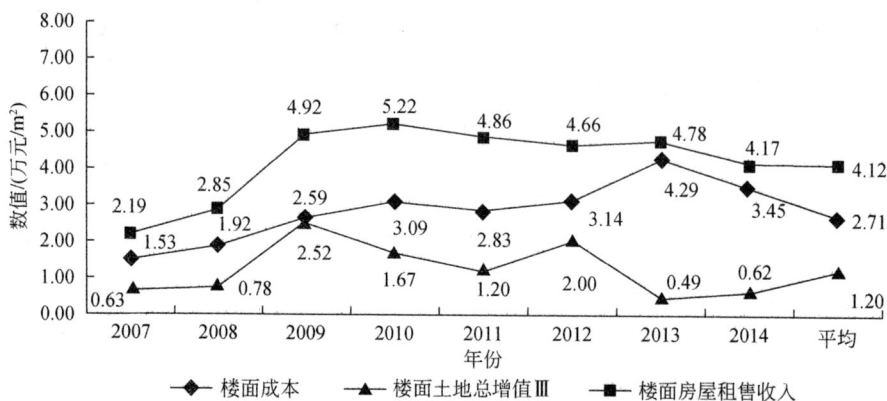

图 7-6　2007～2014 年土地增值变化状况

（2）土地增值Ⅲ主要受政策、市场影响，呈现弹性、隐性的特质

从图 7-6 可以看出，开发企业获得的全部收入中包括土地增值Ⅲ与成本两部分。其中，投入的成本包括土地取得成本、建安成本及建设税费、财务费用等，属于刚性，整体呈现上涨趋势；但除地价外的其他成本公开透明程度不够，呈现隐性。房屋售价主要受市场供求关系、宏观政策等因素影响而波动，最终由市场决定，价格相对公开。因此，土地增值Ⅲ整体呈现弹性、隐性的特质。

（3）土地增值Ⅰ、土地增值Ⅱ是土地增值Ⅲ的基点，增值ⅠⅡⅢ共同凝结于房价

测算结果表明，历年房屋租售收入与成本呈正相关，而成本主要受征地拆迁补偿、土地取得成本影响；增值Ⅲ与历年租售收入呈正相关，而增值Ⅲ主要受政策效果、市场预期等因素影响。因此，从征地拆迁到房屋租售这一整个房地产开发过程中，土地增值Ⅰ、土地增值Ⅱ成为土地增值Ⅲ

水平的基点，构成了房价"滚雪球"的基础，并形成征地拆迁补偿—地价水平—房屋租售水平互相影响的价格关系。

7.5　土地增值收益分配特征

通过上述分别针对征地拆迁、土地出让、房地产开发租售三个环节基于样本的测算，定量分析了各环节土地增值收益分享状况。归纳分析各环节土地增值及其分享关系，主要特征表现在：

（1）在房价持续上涨背景下土地增值收益总量较大

以在售房屋单价为基本研究对象，可将房价构成分为固定物质成本与非物质成本两部分，其中，物质成本包括房屋"砖瓦钱"、土地前期开发成本、建安成本；非物质成本包括税费、财务费用、企业平均利润（企业前期投入的20%），以及土地增值收益等。鉴于房价中的固定物质成本价格相对稳定，有客观建造成本的约束，仅与新建房屋建造性质的造价（公建或住宅的建安成本）相关。

因此，根据测算结果可以得出如下结论（表7-1和表7-2）：对于住宅类房屋，其固定物质成本约为 0.54 万元/m²，非物质成本约为 3.45 万元/m²，再扣除税费、财务费用及企业平均利润共计约 1.23 万元/m²，剩余部分 2.22 万元/m² 基本可确定为土地增值；对于公建类房屋，其固定成本约为 1.91 万元/m²，非物质成本约为 3.90 万元/m²，扣除税费、财务、运营维护、社会平均利润共计约 1.73 万元/m²，剩余 2.17 万元/m² 基本可确定为增值收益。无论住宅类项目还是公建类项目，土地增值都通过房价得到明显体现。

表 7-1　住宅类房屋价格结构表

分类	客观成本			二类费用		合理报酬	增值	房屋单价 /（万元/m²）
科目	房屋砖瓦钱	土地前期开发成本	建安	税费	财务费用	社会平均利润	土地增值收益	
价格/（万元/m²）	0.06	0.13	0.35	0.60	0.20	0.43	2.22	4.00
比重/%	1.6	3.3	8.8	15.0	5.0	10.7	55.6	
小计	0.54 万元/m²，13.6%			1.23 万元/m²，30.7%			2.22 万元/m²，55.6%	

表 7-2　公建类房屋价格结构表

分类	客观成本				二类费用	合理报酬	增值	收益还原折现后的房屋单价 /（万元/m²）
科目	房屋砖瓦钱	土地前期开发成本	建安	翻修维护费用	税费及财务费用	社会平均利润	土地增值收益	
价格/（万元/m²）	0.03	0.11	0.80	0.96	1.13	0.60	2.17	4.31
比重/%	0.6	1.9	13.8	16.5	19.4	10.4	37.4	
小计	1.91 万元/m²23.8%			1.73 万元/m²29.8%			2.17 万元/m²37.4%	

注：公建类项目固定成本及增值收益折合至楼面单价约为 5.81 万元/m²，按照收益还原法折现后的房屋单价约为 4.31 万元/m²。还原后的收益相对较低，源于公建类项目主要通过出租获取，存在资金的时间价值差异。

事实上，由于房价的持续上涨，无论公建还是住宅类项目，一定程度上已经造成其价格超出社会可承受能力。

对于住宅类，结合家庭可支配收入，测算居民的房屋购买能力，可以发现，当前房屋价格已经超出可支配收入水平，购房人可负担的房屋类型主要为保障性住房，以及大兴、顺义、昌平等新城区域商品住房，该类区域普遍具有产业氛围尚未形成的特点，且往往与工作区域相距较远，长途通勤将不可避免加重职住失衡等"大城市病"问题，同时也将导致生产、

生活成本的增加。

对于公建类项目，假设投资回收期为 15 年，结合当前地价、建造成本等前期投入成本，测算其租金保本点，约为市场平均租金水平的 1.7 倍，意味着若保持当前的市场水平，则开发企业需要增加 0.7 倍的时间才能回本；若抬高租金水平，会直接影响入驻企业的经营成本和承受力，进而影响着社会总产品价格，且过高的入驻门槛也会制约区域竞争力。

（2）土地增值Ⅰ、Ⅱ、Ⅲ之间比较，被征地拆迁人＜政府＜开发商

对于住宅类项目，平均楼面增值Ⅰ约为 0.41 万元/m²，平均楼面土地增值Ⅱ约为 0.54 万元/m²，平均楼面土地增值Ⅲ约为 1.28 万元/m²（图 7-7）。对于公建类项目，平均楼面增值Ⅰ约为 0.42 万元/m²，平均楼面土地增值Ⅱ约为 0.69 万元/m²，平均楼面土地增值Ⅲ约为 1.07 万元/m²（图 7-8）。总体来看，原住民最少、政府次之、开发商取得最多。

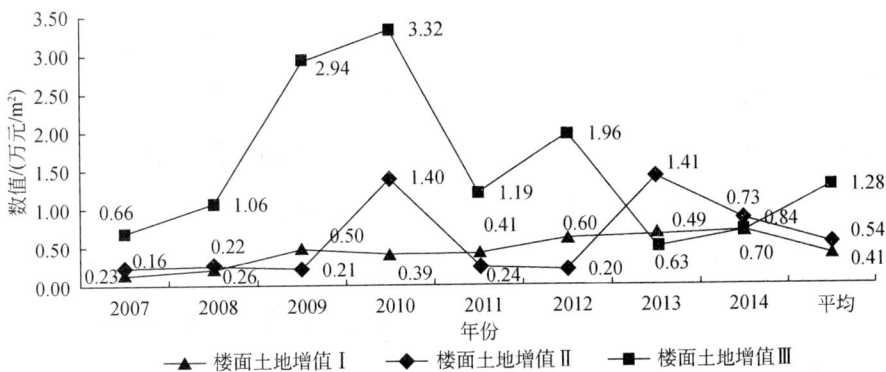

图 7-7　住宅类项目三次土地增值比较

（3）从各利益主体所得报酬与实际投资比值来看，被征地拆迁人＞政府≥开发商

所谓各利益主体所得报酬，即前文所测算的土地增值；而实际投资就

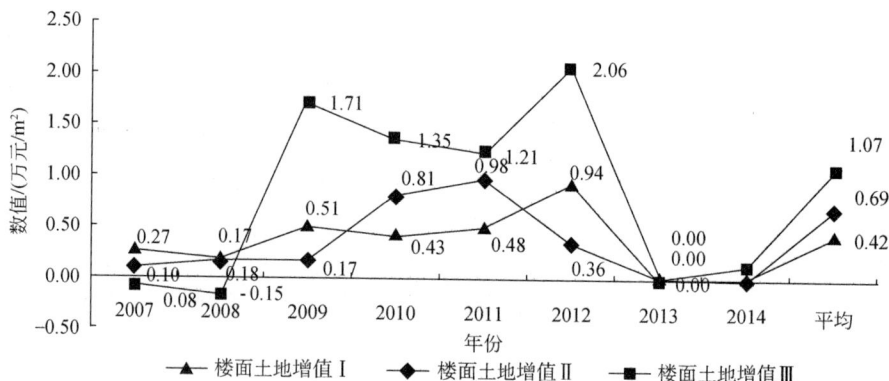

图 7-8　公建类项目三次土地增值比较

是相关利益主体所持有的原始土地资产价格，如被拆迁房屋本身的价格，政府出让土地所付出的征地拆迁费及一级开发成本等。这二者相比，相当于投资回报率。比较这二者关系，可以从投资经济学角度进一步看出投资增值率，有利于判断公平回报状况。

　　测算结果表明，对于住宅类项目，被征地拆迁人的报酬与实际投资的比值约为7.4，政府的报酬与实际投资的比值约为1.9，开发商的报酬与实际投资的比值约为1.5。公建类项目，各利益主体的报酬与实际投资比值分别为12.9、2.2、0.91。总体看，被征地拆迁人的回报率最高。与被征地拆迁人获得最少的增值相比，其获得了最高的增值率。当然，这一方面反映其原始价值偏低，另一方面也与当前保障被征地拆迁户利益、实施"拆一补一"政策有关。因此，增值收益分配的研究需要站在房地产生产全流程上进行整体考虑。

　　综上所述，三次分配的价值量显著，但尚无清晰的分配规则，站在不同的角度分析，不同的利益主体有追求经济公平、社会公平等不同的利益诉求。

　　对于增值Ⅰ而言，从不同的视角来看，增值Ⅰ可能占比大或小。在增

值Ⅰ中存在农村多种补偿性质不清晰的问题，造成农民诉求期望往往还要更高。从三个环节的纵向来看，增值Ⅰ处于最低水平；但从增值Ⅰ本身的投入产出来看，又处于最高水平。这也表明，我们必须综合考察土地增值分配关系的重要性。

对于增值Ⅱ而言，由于征地拆迁成本和基础设施建设成本具有刚性，而出让价格则受市场供求关系、政策变化等影响存在较大波动，因此增值Ⅱ的高低与变化更多取决于出让价格的变化。

对于增值Ⅲ而言，问题本质在于房价持续上涨，房地产的投资品属性得到了明显的强化，造成房地产成为暴利行业，在经济结构中无法有效发挥基本品的支撑作用，产业产品不对位（表现为大户型、高端产品越来越普遍），更严重后果是挤压实体经济、创新产业的投资机会。

（4）土地区位差异对房价及增值的影响逐步弱化，外部性因素对增值影响增强

我们结合调查样本的位置进行分析，按照中心城区向城市边缘地区的城市布局，即二环—三环、三环—四环、四环—五环、五环外的布局进行分类汇总，分析不同区位样本的增值变化。

结果表明（图7-9和图7-10），无论住宅还是公建类项目，从市区向外围区域延伸，土地增值Ⅰ、土地增值Ⅱ均呈现下降趋势，但趋势较为平缓，说明增值受土地区位的影响逐步缩小；对于土地增值Ⅲ，由于其直接受房价影响，较高区域处于三环—五环，这也表明该时期正是这些区域房价快速上涨时期，相应的增值额度较大。由此可见，房屋、土地的自身价值规律所形成的影响正在缩小，整体价格水平的上涨，似乎可以更多地归结为外部因素的影响。

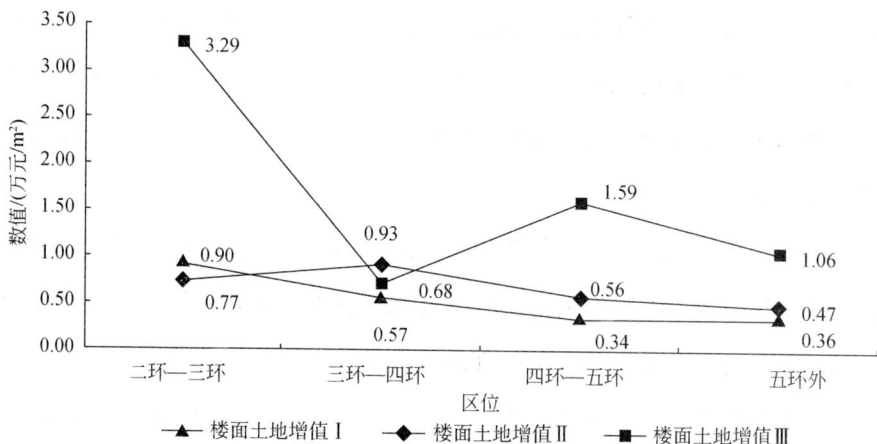

图 7-9　不同区位住宅类项目增值比较

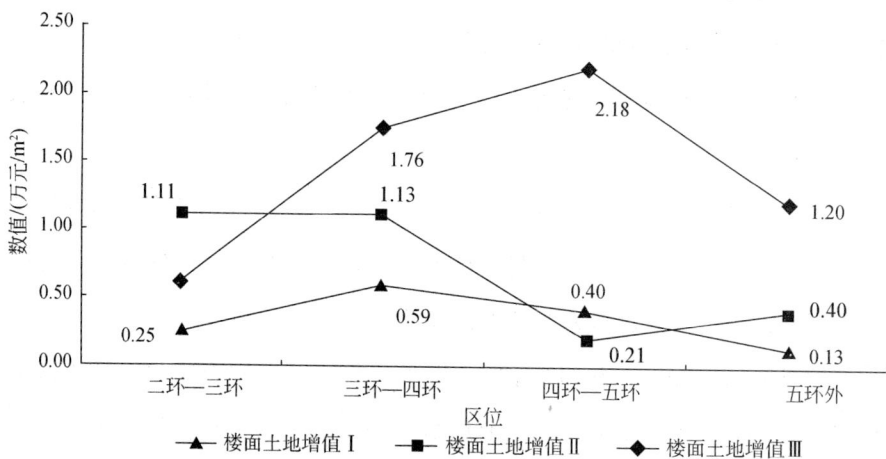

图 7-10　不同区位公建类项目增值比较

（5）土地增值收益随时间呈现加大和固化的趋势

我们按时间序列，将历年各环节的增值收益加总，得出土地增值总规模随时间变化状况（图 7-11）。该增值总规模同时包含了自然增值和人工增值的部分，没有考虑不同主体的分成比例。

结果表明，2007～2014 年土地增值收益整体呈现加大的趋势，其中：

2007～2010年楼面增值收益规模呈上涨趋势，2010年达到顶峰，随后有所回落。这一变化，与房地产市场投资、政策变化具有高度吻合。2008年底、2009年初，中期国家宏观调控政策对房地产市场整体处于刺激状态，2009年底至2014年，国家宏观调控政策整体处于抑制状态，相应时期的增值变化与国家调控政策呈正相关。此外，从土地增值收益规模变动幅度可以看出，刺激类的调控政策效果显现较快，抑制类调控政策效果显现呈滞后性，土地增值收益呈现固化的趋势，增值已经成为常态，调控的难度会越来越大，控制总量、调节分配已经成为当务之急。

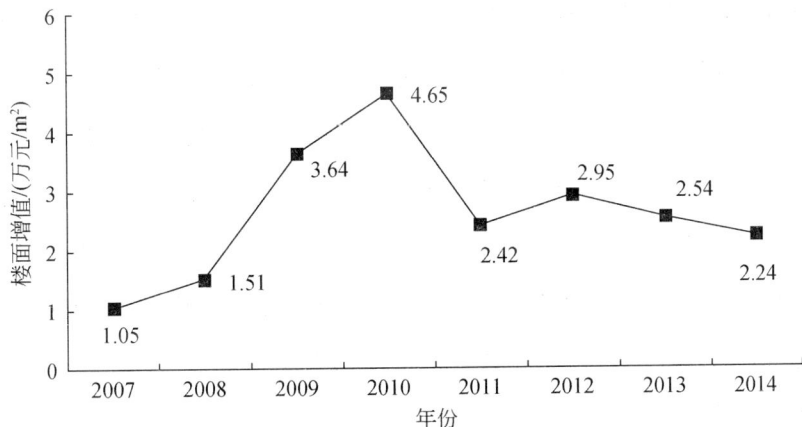

图7-11　2007～2014年土地增值总规模变化状况

　　纵观北京的情况，2004年"8.31大限"以后，土地出让方式由协议出让为主转变为招标、拍卖、挂牌的公开出让方式，土地出让制度的变化对增值收益的形成与分配产生了一定的影响。"8.31大限"之前，土地出让以协议出让为主，绝大多数是毛地出让。现行的招拍挂出让方式，基本为净地出让、三通一平。招拍挂出让与协议出让方式相比，土地增值收益总量方面，因征地、拆迁环节逐步规范，基础设施建设、投资力度逐步增大，经济社会的发展及通货膨胀等多种因素，土地价格、房屋价格逐步上

涨，土地增值收益总量也随之上涨；土地增值收益分配方面，毛地出让的方式必然存在开发商挤占被征地拆迁人利益的现象，招拍挂出让的全面实施使得被征地拆迁人所得的增值收益逐步增加，得到保障；开发商所得的超额利润更多依赖市场价格的变化。

7.6 土地增值收益的市场承受能力分析

尽管土地增值可以为相关产权主体和地方政府带来较高的增值收益，但是土地增值并不是越高越好，地价上涨所引起的土地增值最终要由相关的经济和生产过程承担。因此我们在研究过程中，通过调查相关数据，分析市场主体的经营行为对土地增值的承受能力，进而判断土地增值的合理空间。

在整个征地拆迁、土地出让、房地产开发及租售过程中，每个环节的增值是相互促生和衔接的，原权利人的增值收益由政府支付，政府实施一级开发投入的成本及增值（溢价）以土地出让价款的形式由开发商支付，开发商的购地、建安、财务、销售等成本及利润、增值等以房地产价格进行体现，最终由购房者承担。

因此，在整个过程中，土地增值收益分配高预期—高土地出让价—高房价层层传导，房价属于整个过程中的"开口"环节，也是增值分配的最终环节。如果在一个"没有封顶"的增值空间里，任何一方获取过高收益，客观上会刺激增值收益主体中的另外两方；各方都希望自己多分得一些，结果会造成房价"封不了顶"，从而使房价迅速从"需求拉升型"转化为了"成本推动型"。如果超过了房价的社会承受能力，会造成较大的经济风险，以及较高的社会生产生活成本，甚至影响社会、经济健康发展。此外"拆迁暴发户"的存在，形成新的"食利族"，降低被拆迁人积

极参与生产的积极性，同样不利于经济和社会的可持续发展。

因此，高房价、高租金是否能够被社会所承受，这是分析土地增值收益是否合理的基本出发点和最终落脚点。站在城市化和产业发展的角度来看，房屋是城市化主体（居民）安居乐业的基础和产业发展的基本场所，过高推动其升值无异于"杀鸡取卵"。

基于此，本研究通过进行市场调查和数据测算，结合当前市场可承受的房地产租售水平，反向评估增值收益规模及分配的合理性。

（1）写字楼租金承受力分析

为更清晰地反映土地价格对未来实体经济的影响，即按一定价格供地后，未来建成楼宇租售价格能否被实体经济所承受，特对楼宇运营商的租金保本点进行基本测算。通过对开发商购地、建房以及楼房出租过程中的要素成本投入进行详细核算，在一定的投资回收期假定下，推算开发商能够承受的最低租金水平（开发商租金保本点），进而结合当前北京市（主要是 CBD）的写字楼租金市场情况，分析开发商在一定的正常经济利润范围内可以承受的最低租金水平，对比说明当前的地价水平与理论值的差值，进而反向判断土地出让价格的合理水平，最终追溯到拆迁补偿的合理水平。

当然，考虑到这是一种匡算分析，在考虑符合基本的理论逻辑和实践逻辑前提下，采取推算的方式进行分析。基本的分析计算公式为

土地取得成本+开发建设成本+运营及其他必要成本=租金水平×投资回收期

$$(7\text{-}25)$$

具体参数：假定开发商投资回收期为 15 年，楼房建设期 3 年，且预售回收资金以及租金收入先偿债再回本，考虑到 CBD 区位市场良好，因此本次测算采取悲观统计，在保证开发商资金安全的前提下，预设以下参数：

开发商自有资金比率 30%；毛地价 3000 元/m²；建造成本等 10 000 元/m²；招商预售比例 30%；定制销售价格系数 1；投资回收期为 15 年；建设期 3

年；建设期税费率 5.5%；建设期贷款利率 7%；运营期 12 年；运营期季还款利率 2.5%（运营期年还款利率 10%）；综合运营费率 22.70%；管理费率 2%；销售费率 2%；其他费率 2%；写字楼出租率 80%；得房率（使用面积在建筑面积的占比）0.75。在预设了这一系列的参数后，通过下面的系列公式推算出当前开发商地成本的前提下，其可以承受的最低租金水平。

具体公式：

市场起租价（使用面积）= 市场起租价（建筑面积）/得房率

$$(7-26)$$

市场起租价（建筑面积）= 季还款额/（出租率×（1−招商预售比例））

$$(7-27)$$

式（7-27）中，季还款额 = 本金（法人按揭贷款额）×运营期季利率×[（1+运营期季利率)^n/（1+运营期季利率)$^{n-1}$]；法人按揭贷款额 = 待收回债息+运营费用

其中：待收回债息 = 开发期总成本−开发成本×招商预售比例×定制销售价格系数−开发成本×自有资金比率；运营费用 = 建造成本等×综合运营费率。

其中：开发期总成本 = 开发建设成本+开发期税费 = 开发建设成本×（1+建设期税费率）

其中：开发建设成本 = 开发成本+开发期期间费用；开发成本 = 土地出让底价+建造成本等；开发期期间费用 = 财务费用+管理费用+销售费用+其他费用。

其中：财务费用 = [（土地出让底价−开发成本×（自有资金比例+定制销售影响）] ×建设期利率×建设期+建造成本等×建设期利率×（1+建设期）/2；管理费用+销售费用+其他费用 = 建造成本等×（管理费率+销售费率+其他费率）；土地出让底价 = 最高一级成本+毛地价；定制销售影响 = 招商预售比例×定制销售价格系数。

按照上述分析框架和相关参数，测算出北京 CBD 区域写字楼的租金承受能力结果如下。

第一，市场租金水平——搬迁补偿标准理论值。

CBD 区域 43 个写字楼监测样本点长期监测的数据结果显示，2014 年 9 月~2015 年 9 月写字楼租金约 8.4 元/（m² · d）。假设投资回收期为 15 年，土地入市交易底价最高为 11 000 元/m²，测算出区域搬迁补偿标准约为 3 万元/m²。

第二，市场评估的搬迁补偿标准——租金保本点理论值。

结合 CBD 区域 46 个二手房监测样本点长期监测的结果，搬迁补偿标准市场水平为 4.4 万元/m²，通过对 CBD 区域规划储备资源进行成本统筹测算，住宅补助为统筹区域楼面成本约 2.6 万元/m²，假设投资回收期为 15 年，租金保本点为 14.2 元/（m² · d）。

通过正反向的测算与对比，结合 CBD 区域二手房的市场价格水平，搬迁补偿标准约 4.4 万元/m²，租金保本点为 14.2 元/（m² · d）。当前的 8.4 元/（m² · d）的市场租金水平，开发商在 15 年的投资回收期内难以收回成本，即当前 8.4 元/（m² · d）是市场可承受的租金水平，不是开发商在社会平均投资回收期内可承受的租金保本点。如果假定写字楼租金水平为 14.2 元/（m² · d），开发商可以在投资回收期内收回成本，与当前 8.4 元/（m² · d）的市场水平相比，未来入驻的实体经济准入门槛较高，必然制约实体经济的发展。

上述测算体现了搬迁改造成本、土地成本、租金价格互相影响的价格关系，被征地拆迁人、政府（公共利益）、开发商（实体经济）三个利益主体之间的权属转移关系，深层次是土地增值 I、土地增值 II、土地增值 III 的增值收益分配关系。可以判断的是，未来房屋租售水平的上涨，其本质是各阶段增值收益无序、无节制地"争抢"，最终推高各环节的土地成本。

基于上述测算及价格关系情况，无论从经济长远健康发展的角度考虑，还是从开发商与未来实体经济运营的角度考虑，控制土地增值总规模

都是至关重要的。

表 7-3 和表 7-4 分别反映了所调查分析的北京大望京和 CBD 核心区的租金承受力测算结果。

表 7-3　不同项目租金承受力测算结果表

土地储备项目名称	分地块信息	规划用途	单地块成交价/万元	单地块规划建筑面积/m²	土地出让底价/（元/m²）	最高一级成本/（元/m²）	市场起租价（建筑面积）/（元/m²）	市场起租价(使用面积)/（元/m²）
朝阳区大望京项目	大望京1号地	住宅混合公建用地、医院用地、居住区配套教育用地	408 000	169 500	24 071	21 071	14.86	19.82
	大望京4~5号地	公建混合住宅用地、住宅混合公建用地、托幼用地	504 000	280 800	17 949	14 949	12.47	16.63
	大望京3号地	商业金融用地	258 445	335 838	7 696	4 696	8.62	11.49
	大望京2号地	商业金融用地、文化娱乐用地	304 097	391 878	7 760	4 760	8.64	11.52
朝阳区CBD核心区二期	Z14地块	商业金融用地	411 400	220 000	18 700	15 700	12.76	17.02
	Z15地块	商业金融用地	630 000	350 000	18 000	15 000	12.49	16.65
	Z3地块	商业金融用地	252 000	120 000	21 000	18 000	13.66	18.22
	Z4地块	商业金融用地	299 600	140 000	21 400	18 400	13.82	18.42
	Z5地块	商业金融用地	252 000	120 000	21 000	18 000	13.66	18.22
	Z6地块	商业金融用地	380 703	190 000	20 037	17 037	13.29	17.71
	Z8地块	商业金融用地	288 000	150 000	19 200	16 200	12.96	17.28
	Z9地块	商业金融用地	229 200	120 000	19 100	16 100	12.92	17.23
	Z10地块	商业金融用地	345 000	150 000	23 000	20 000	14.44	19.26
	Z12地块	商业金融用地	308 000	140 000	22 000	19 000	14.05	18.74
	Z13地块	商业金融用地	265 628	120 000	22 136	19 136	14.11	18.81
	Z1a地块	商业金融用地	120 100	60 000	20 017	17 017	13.28	17.70
	Z2a地块	商业金融用地	187 200	90 000	20 800	17 800	13.58	18.11
	Z2b地块	商业金融用地	253 320	120 000	21 110	18 110	13.71	18.27
	Z1b地块	商业金融用地	93 058	120 000	7 755	4 755	8.64	11.52

表 7-4　CBD 典型写字楼租金水平调查结果表

典型写字楼	典型分割面积/m²	租金水平/（元/m²·d）	年租金/万元
富尔大厦	50～150	6～10	15～50
	70～180	7～10	20～60
中国中期大厦	400～500	6	90～100
数码 01 大厦	186～298	6.5	40～70
通用国际中心	100～200	7	25～50
泰康金融大厦	200～400	8～10	70～130
京汇大厦	400～500	8	100～130 万
国贸二期	140～240、1500	18～20	100～160、1000
国贸一期	150～350	15～20	90～200
CBD 国际大厦	250～410	7～10	70～130
汉威大厦	100～250、1200、2000	7	25～60、300、500
金地中心	300～500、850、1700	9～11	100～180、300、600
光华路 SOHO	200～350	5～7	45～75
泰达时代中心	220、440～670	7～9	63、130～190

结合项目层面租金承受能力测算结果，以及北京市当前的租金水平进行分析，当前北京市 4～16 元/（m²·d）的平均租金水平无法满足开发商 15 年还清债务的最低租金水平 [8.65～19.82 元/（m²·d）]，表明在当前租金水平下，开发商承担了过高的成本，难以如期获得收益。从另一个角度看，开发商在写字楼建成后投向市场时，在弥补成本为基本前提条件的情况下以利益最大化为目标导向，因此其制定的租金水平必然会高于其保本租金水平 [8.65～19.82 元/（m²·d）]，而这要高于当前北京市的平均租金水平 [4～16 元/（m²·d）]。在这种情形下，开发商虽然能够收回成本并获取一定的收益，但是实体经济需花费更高的租金，这必然会

对其造成不利影响，很多企业会由于成本的上涨，将办公地点迁到租金水平相对较低的地方，无论是哪一种情形都会对实体经济的承受能力提出新的挑战。

（2）住宅购买力分析

结合不同家庭的购买能力及其对贷款的依赖程度，通过数据对比，推导出社会一般可接受的房屋市场价格，并最终与土地一级开发工作相结合，为制定合理的征收拆迁补偿标准提供分析依据。

研究中需要梳理购房家庭的经济实力，包括现有存款、可借用资金、每月可用于买房的家庭收入以及最高可贷款的额度，结合上述条件，按照购买力分析模型，测算家庭可承受的最高购房价格和面积。这里依然属于匡算。具体匡算分析公式为

购房费用（当前存款+月可支配收入×可用于购房比例+无息价款+贷款等费用）

$$= 拟购房屋单价×拟购房屋面积 \tag{7-28}$$

具体公式为

1）购房总费用=房屋总价款+预留装修及置物款+购房相关税费+购房相关费用。其中，房屋总价款=拟购房屋单价×拟购房屋面积；预留装修及置物款=房屋总价款×装修及置物比例；购房相关税费及手续、中介等相关费用=房屋总价款×税费及相关费率。

2）最低购房首付=房屋总价款×最低首付比例；可承受购房首付额度=当前存款+无息借款-装修购置及相关税费等。

可承受购房首付额度≥最低购房首付，即购房人具备支付首付的能力；反之则无。

3）月用于购房资金=家庭月可支配收入×还款比例+月缴存公积金额度；月还款资金=公积金最低月供+商业贷款最低月供。

月用于购房资金≥月还款资金，即购房家庭具备按期偿还各项借款的

能力，反之则不能。

具体参数为

1）公积金及商业贷款利率暂按照 5～30 年利率计，商贷利率 6.85%；

2）相关税费包括契税、印花税，为 1.55%，相关费用包含中介费 3%、委托办理产权手续费、公证费等 1.0%；装修及置物比例为 10%；

3）根据北京市相关政策，首次购房房屋的，房屋面积小于或等于 90m² 的最低首付按 20% 计，房面积大于 90m² 的按 30% 计；为两次或多次购房的，最低首付按 60% 计；

4）参考公积金管理相关条例，公积金最高贷款额度为家庭月可支配收入除以每万元贷款月均还款额（暂按 51.83 计）的所得，同时，额度最高值不超过 80 万元；

5）贷款年限暂按最大贷款年限计，其中，公积金贷款和商业贷款均需满足房龄+贷款年限<50 年，此外，公积金贷款还需满足购房人年龄+贷款年限<70 年；

6）为便于计算，公积金贷款、商业贷款月供均按等额本息方式进行测算；

7）考虑到亲友借款不同于商业贷款，暂按零利率、5 年期进行计算。

根据北京市统计局公布的数据，2014 年北京市城镇非私营单位就业人员两人家庭可支配收入为 1.7 万元/月。结合购买力分析模型的测算结果，购房面积在 60～0m²，购房人最高可承受的房屋均价为 3.87 万元/m²。据不完全统计，2014 年北京市商品住宅成交均价约为 2.7 万元/m²，2015 年北京市商品住宅成交均价约为 2.9 万元/m²。

表 7-5　北京地区普通住宅房屋购买能力综合分析模型

（单位：万元/m²）

房屋单价 ＼ 购房面积 家庭月可支配收入	30m²	40m²	50m²	60m²	70m²	80m²	90m²	100m²	110m²	120m²
0.8 万元	3.44	2.58	2.06	1.72	1.47	1.29	1.15	0.79	0.72	0.66
1.0 万元	4.30	3.23	2.58	2.15	1.84	1.61	1.43	0.99	0.90	0.82
1.2 万元	5.16	3.87	3.10	2.58	2.21	1.94	1.72	1.18	1.08	0.99
1.4 万元	6.02	4.52	3.61	3.01	2.58	2.26	2.01	1.38	1.26	1.15
1.6 万元	6.88	5.16	4.13	3.44	2.95	2.58	2.29	1.58	1.44	1.32
1.8 万元	7.74	5.81	4.65	3.87	3.32	2.90	2.58	1.78	1.62	1.48
2.0 万元	8.60	6.45	5.16	4.30	3.69	3.23	2.87	1.97	1.79	1.65
2.2 万元	9.46	7.10	5.68	4.73	4.06	3.55	3.15	2.17	1.97	1.81
2.4 万元	10.32	7.74	6.19	5.16	4.42	3.87	3.44	2.37	2.15	1.97
2.6 万元	11.18	8.39	6.71	5.59	4.79	4.19	3.73	2.57	2.33	2.14
2.8 万元	12.04	9.03	7.23	6.02	5.16	4.52	4.01	2.76	2.51	2.30
3.0 万元	12.90	9.68	7.74	6.45	5.53	4.84	4.30	2.96	2.69	2.47
3.2 万元	13.76	10.32	8.26	6.88	5.90	5.16	4.59	3.16	2.87	2.63
3.4 万元	14.62	10.97	8.77	7.31	6.27	5.48	4.87	3.36	3.05	2.80
3.6 万元	15.48	11.61	9.29	7.74	6.64	5.81	5.16	3.55	3.23	2.96
3.8 万元	16.34	12.26	9.81	8.17	7.00	6.13	5.45	3.75	3.41	3.13
4.0 万元	17.20	12.90	10.32	8.60	7.37	6.45	5.73	3.95	3.59	3.29

注：收入用于可购房比例设定为50%。

　　从成交均价进行比较分析，当前北京市房价水平整体处于市场可承受范畴。但房屋价格因受区位影响差异较大，购房能力也有所差异。其中，北京市中心城区（东城、西城、朝阳、海淀、丰台、石景山）房价普遍在4万元/m²以上（图7-12），通过数据对比可知，月可支配收入为1.7万元的两人家庭不具备购房能力；而北京市五环外的自住型商品房、近郊区县、远郊区县房屋价格相对较低，如自住型商品房价格在2.2万~2.8万

元/m² 之间，天通苑、回龙观、通州、大兴新城、房山长阳等大型居住区房价在 1.7 万~3.0 万元/m² 之间，购房人具备一定的购房能力，但该类居住区域往往与工作区域相距较远，加大了通勤时间和生活成本，不是购房人的最优选择。

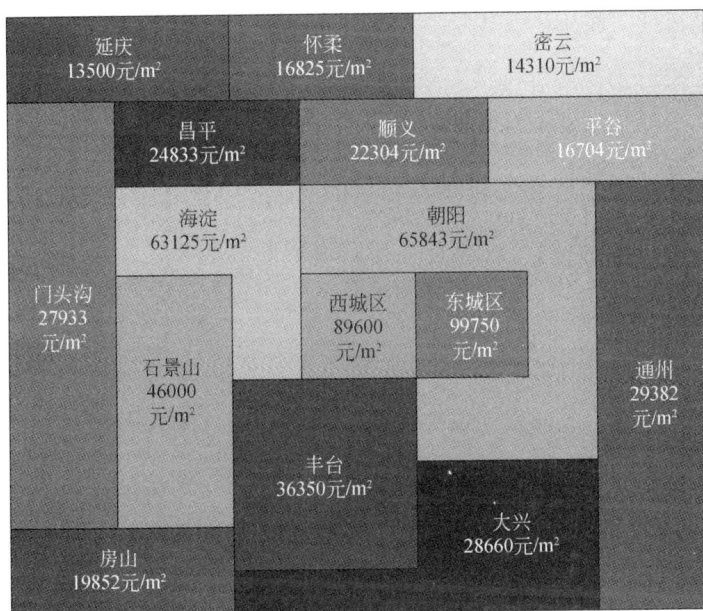

图7-12　北京各区新房均价（引自房天下，截至 2015 年 12 月 16 日）

　　基于上述测算分析，当前房屋价格整体已经呈现高于市场可承受水平的态势，而且 2016 年继续出现快速上涨现象。同时，鉴于城市改造过程中，搬迁改造补偿标准参照市场价格进行估价补偿，在"拆一补一"的规则下，高房价会带来高补偿预期，加大土地成本和房屋销售价格，高房价、高补偿、高地价互为影响，导致恶性循环。同时，购房家庭每月定期偿还大量的购房贷款，无疑会造成消费性需求降低，加之收入水平增幅较慢，因此高房价会推高居民的生产生活成本，长远来看，不利于社会、经

济的健康发展。

7.7 结论与讨论

通过对北京市 101 个土地收购储备和出让样本进行定量分析，所得的基本结论是：①在房价持续上涨背景下土地增值收益总量较大，一方面房价的持续上涨为土地增值的实现提供了空间，另一方面房价上涨幅度决定了土地增值的幅度。②土地增值Ⅰ、Ⅱ、Ⅲ之间比较，被征地拆迁人<政府<开发商，这一结论与之前省级与城市层面的测算完全吻合。③从各利益主体所得"报酬"占"实际投资"比重来看，被征地拆迁人>政府≥开发商，这一结论的重点在于农民和集体尽管所获增值规模较小、占比较少，但是其增值率、回报率最高。④土地区位差异对房价及增值的影响逐步弱化，外部性因素对增值影响增强，客观地说，增值的变化取决于房价的变化，房价的变化取决于流动性的变化。⑤土地增值收益随时间呈现加大和固化的趋势，当然这是基于当前房价处在持续上涨通道下的定量分析结果，如果房价发生转折性变化，增值自然无法自保。

在房地产开发整个过程中，土地增值收益的分配表现出"三分天下"（开发企业、政府和被拆迁原住民）的格局，并不是仅被地方政府和开发商攫取。当然，在具体的分享关系上，各方所获得份额存在差异，这是由于在当前制度安排和实践中内藏一种增值"争抢"机制，缺乏抑制手段乃至规则。被征地拆迁户获取了较高额的土地增值，这一方面是因其有区位优势，能够获取高额的征地拆迁补偿，另一方面也有其原住民与拆迁方之间的博弈获利。正是这种原住民为了分享增值而必然进行的争抢，再加上房地产开发商可以转嫁成本的自信，以及追逐超额利润的本能，加之地方

政府要履行维护土地资产保值增值的预期，开展城市建设需求，以及获取土地财政的冲动，共同构成了当前高房价—高增值—高房价恶性循环。

在储地—供地—建设与售房三大环节中，实现了三次明显的土地增值分配，最终集中到房产销售价格中，并层层转嫁由购房者承担。被拆迁户（农民）所获得的土地增值Ⅰ由政府支付和承担，而政府将其作为成本转移到土地出让价款中，成为土地出让价款的一部分由开发商承担，同时政府所得的土地增值Ⅱ亦由开发商支付和承担，而以上转嫁给开发商的所有土地增值都变为其房产销售价格的一部分，再加上其追逐利润的本能、市场房价持续上涨的配合，开发商同样获得了可观的土地增值Ⅲ。而作为储地—供地—建设与售房三大环节末端的购房者，是各种土地增值的最终承担者。因此，任何一方获取过高的土地增值收益，客观上都会刺激这种增值机制中的另外两方，在当前制度环境背景下，各方都希望自己多分得一些，从而实现各方的土地增值收益。在此过程中，使得房价从需求拉动型转为了成本推动型。

另外，从房价的构成来看，房价基本由四部分构成，分别是土地取得成本（含土地拆迁改造成本和政府土地收益）、建安成本、国家税费和企业利润（含合理利润和超额利润）。但究其本质，建安成本在经过多年来房地产产业化的规范后，已基本趋于稳定；税费则属于从动因素，已通过制度固化为明确的税率；而企业家投入资本、善加管理并取得相应的经济利润，在当前完全可以按照目标利润率得到落实；甚至房屋拆迁的砖瓦补偿等都是基本有数的。因此，变动最大的，牵动房屋价格的核心成本是各方所获得土地增值收益，土地增值已经成为房价的重要甚至主要构成。倒过来说，在房价持续上涨的背景下，在土地成本、建安成本、国家税费相对稳定的情况下，开发商所获得的高房价，在扣除基本稳定的成本和正常利润后，那么剩余的超额利润就是土地增值。

　　然而，各方都在为获得了高额的土地增值而兴高采烈的时候，总有人忧伤失意，甚至受到伤害。我们通过进一步调查分析写字楼的租金和普通居民的购房承受能力，发现无论是写字楼的租金，还是房价水平，都超出了实体经济和购房者的实际承受能力，所产生的直接影响是，要么增加实体经济的经营成本，普通居民为购买房屋而节衣缩食；要么用脚投票，企业退房搬迁、居民远郊买房。这两种结果都将直接危害城市经济、社会的健康发展。因此，高房价—高增值的盛宴不可持续。

8

基于土地征收样本的测算与分析

安居乐业；长养子孙；天下晏然；皆归心于我矣。

——《后汉书·仲长统传》

土地征收是土地增值收益产生与分配的主要环节之一。土地征收过程通常伴随着用途转变，由农用地转变为建设用地，乃至基础设施改善等，均会引起土地价值上升。同时，土地征收过程也是土地权利转移过程，土地所有权由集体所有转变为国家所有，相应使用土地的农民失去土地使用权。因此，土地征收过程中的土地增值及其分配关系会直接影响被征地农民的利益，其征地过程能否顺利实施也直接影响相应建设过程，如何合理、科学地处理土地征收过程中增值收益分配关系是征地制度改革必须要解决的问题。

本章利用对一个县级市的调查数据，对其在 2010～2015 年发生的土地征收样本进行测算，从项目和地块层面定量化分析征地—出让过程中的土地增值收益分享状况。

8.1 测算区域及样本概况

根据该市 2010～2015 年期间实施的征地项目，分别选取城中村改造

101 项目区、南环改造项目区和工业园区项目（以下分别简称 101 项目、南环项目、工业区）三个区片进行定量测算。其中，101 项目、南环项目是该市近年来城中村改造的重点区域和新增城市建设用地的核心区域，涵盖了征地拆迁、道路改造、绿化、排水、安置小区建设、公园等基础设施，通过项目实施，重点在于改造和完善城市基础设施功能，提升基础设施的供给效率，并满足城市建设、区域商业设施和住宅开发的用地需求。工业区项目是该市为适应产业发展要求设置的工业园区，主要用于工业用地。

101 项目片区总面积 150.98hm²，涉及道路 101 省道 1150m，石凤街 1270m，解放南路 1475m，站南路 309m，古城街道路 400m，项目区内已出让土地面积约 45.36hm²，未来可出让土地面积约 65.04hm²。用于项目区道路改造、征地拆迁等前期投入费用约 30 761 万元。主要用于道路工程、排水工程、绿化工程、安置区建设工程及征地补偿等。

南环项目区片总面积 139.56hm²，涉及道路通衢路 935m，南环路 1700m，王电街 1035m，花昊路 580m。项目区内已出让土地面积约 78.61hm²，未来可出让土地面积约 32.14hm²。用于项目区道路改造、征地拆迁等前期投入费用约 42 727 万元，主要用于道路工程、排水工程、绿化工程、安置区建设工程及征地补偿等。

工业园区项目片区总面积为 2000hm²，截至调查日，前期基础设施共投入 154 000 万元，主要用于道路工程、排水工程、绿化工程、安置区建设以及土地平整等工程费用。项目区已出让土地面积 329hm²，未来可出让土地面积 1671hm²。

土地出让成交价款采用 2010～2015 年土地出让统计数据，分年度、分土地用途计算单位面积土地出让价款；土地出让成交价款采取该市总出让价款除以土地出让总面积进行计算。

测算范围内共 74 宗出让地块，其中 101 项目 17 宗，南环项目 16 宗，

工业区项目 41 宗。经统计分析，三类用地的单位面积出让价款在时间序列上趋势存在较大差异，其中住宅用地最高，工业用地最低。项目区范围内住宅用地在时间序列上土地出让价款呈现出逐年上涨的趋势，2010 年为669 万元/hm²，到 2014 年住宅用地平均价格达 1277 万元/hm²，上涨 91%；而项目区范围内商服用地则在 2011 年出现下降，其后开始上涨；工业用地出让成交价则波动不大，2011 年平均价格为 172.63 万元/hm²，到2014 年为 201.34 万元/hm²，上涨 17%，2015 年工业用地价格出现下降（图 8-1）。

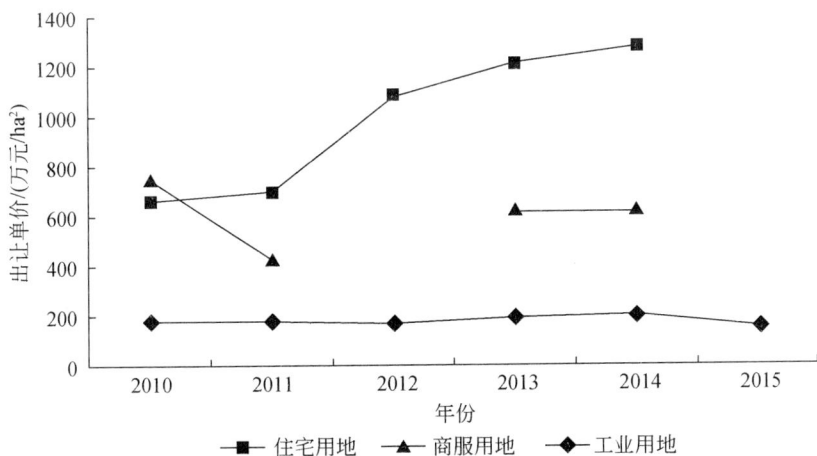

图 8-1　测算范围内三类用地单位面积土地出让价款对比图

根据当地政府发布的征地补偿标准，征地区片综合地价 I 区为 66 万元/hm²，Ⅱ 区为 60 万元/hm²，Ⅲ 区为 54 万元/hm²，全市征地补偿标准平均水平为 60 万元/hm²。另外，比较当地住宅用地和工业用地单位面积出让价格与征地补偿标准二者比例发现，2010~2014 年，住宅用地二者的比例从11.04 提高到 23.51，意味着单位面积出让价款是征地补偿标准的 23.5 倍（图 8-2）。而工业用地的二者比例从 2010 年的 3.71 下降到 2014 年的

2.06，期间 40 个地块的平均比例为 2.85，即对于工业用地而言，单位面积出让价款是征地补偿标准的 2.85 倍（图 8-3）。商服用地单位面积出让价款与征地补偿标准的平均比例为 12.47。2009～2016 年，当地征地区片综合地价共调整 3 次，最高补偿标准从 60 万元/hm² 调整到 87 万元/hm²，增长幅度 45%（表 8-1～表 8-3，图 8-4）。因此，总体上征地补偿标准是在不断提升的。

表 8-1　2009～2012 年征地区片综合地价

区片编号	区片价		区片面积/hm²	区片范围
	万元/hm²	万元/亩		
I	60	4.0	—	老城街—迎宾路东 300 米—彭南路—迎宾路—洛北干—文化街—津浦铁路—徒骇河所围成的封闭区域
II	54	3.6	—	101 省道—津浦铁路—徒骇河围成的封闭区域；迎宾路—彭南路—东外环—南外环路围成的封闭区域
III	49.5	3.3	—	北环路—JF 高速公路—赵牛河—津浦铁路—文化街—洛北干—南环路—东环路—彭南路—迎宾路东 300 米—老城街—徒骇河所围成的封闭区域
IV	46.5	3.1	—	上述 I、II、III 级区片以外范围
平均	52.5			

注：当地省级政府于 2009 年发布。

表 8-2　2012～2015 年征地区片综合地价汇总

区片编号	区片价		区片面积/hm²	区片范围
	万元/hm²	万元/亩		
I	66	4.4	3435.53	徒骇河—老城街北延长线北 500 米—高津路—禹王路—北外环路—316 省道—JF 高速—南外环路—徒骇河所围成的封闭区域
II	60	4.0	5079.55	规划西外环路—津浦铁路—北外环路—316 省道—中心城区规划范围东北边界线—中心城区规划东界线—赵牛河—津浦铁路—石凤街—禹往路—徒骇河—规划西外环路所围成的封闭区域（不含 I 级范围）
III	54	3.6	90 724.92	除 I、II 级别外的范围
平均	60			

注：当地省级政府于 2012 年 12 月 27 日发布。

表 8-3　2016～2019 年征地区片综合地价

区片编号	区片价		区片面积/hm²	区片范围
	万元/hm²	万元/亩		
I	87	5.8	1816.47	徒骇河—北外环路—迎宾路洛北干渠—南外环路—JH 铁路—徒骇河所围成的封闭区域
II	81	5.4	9973.68	尚务头村基本农田边界—普天河—尹庄村、刘庄村、张王芦村基本农田边界线—JH 铁路—大王楼、郝庄村—司庄村等村庄基本农田边界—徒骇河—市县边界—中心城区规划范围东南边界线—洛北干渠—西郭辛村南沟渠—赵牛河—西于庄村、孙庄村基本农田边界所围成的封闭区域
III	75	5.0	87 449.85	除 I、II 级别外的范围
平均	81			

注：当地省级政府发布，自 2016 年 1 月 1 日起实行。

根据当地土地征收管理办法规定，实行被征收农民社会保障制度，即在征地过程中由政府补贴资金为被征地农民购买社会保险。具体标准为：征地区片综合地价标准为每亩 5 万元以下的，政府补贴资金不低于每亩 1 万元。按这一标准计算，被征地农民可获得社会保险补贴资金为 1 万元/亩（15 万元/hm²）。

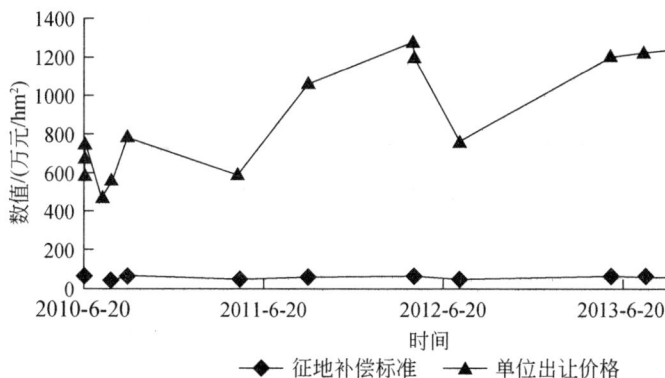

图 8-2　住宅用地单位出让价格及征地补偿款比较

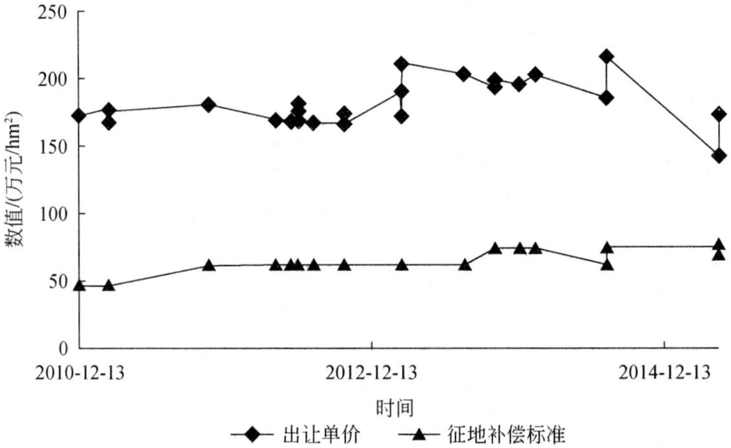

图 8-3　工业用地单位出让价格及征地补偿款比较

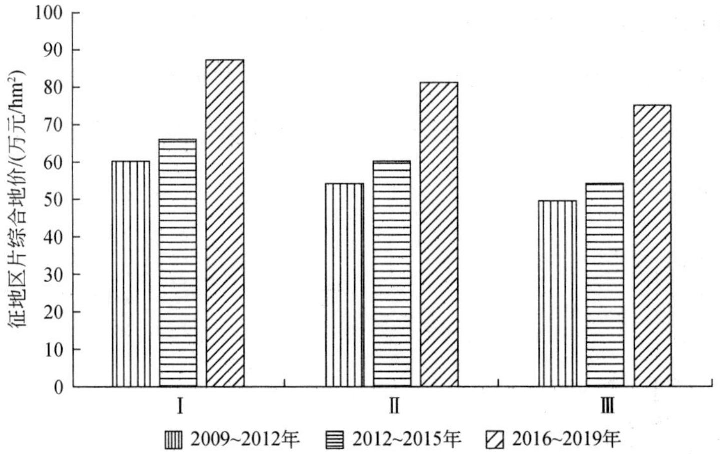

图 8-4　2009～2016 年征地区片综合地价示意图

综上分析，在征地过程中，当地被征地农民、集体获得 69 万～81 万元/hm² 的征地补偿和社保补贴，平均 75 万元/hm²，且 2012～2015 年保持同一水平。

该市的供地及地价情况：2010～2015 年全市供地总面积 1265.68hm²，其中

新增建设用地面积 535.07hm^2。有偿出让方式供地面积为 1112.53hm^2，出让总价款达到 85.99 亿元，平均出让价格 772 万元/hm^2。商服用地平均出让价格为 1718 万元/hm^2，住宅用地平均出让价格 1124 万元/hm^2，工矿用地平均出让价格为 141 万元/hm^2。2010～2015 年商服、住宅和工业用地平均出让价格增长率分别为 78.92%、60.88% 和 3.51%（图 8-5～图 8-7）。

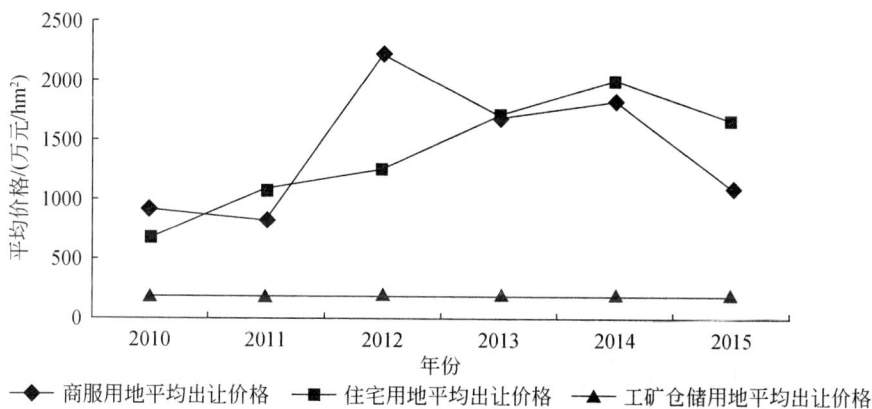

图 8-5　2010～2015 年不同地类平均出让价格示意图

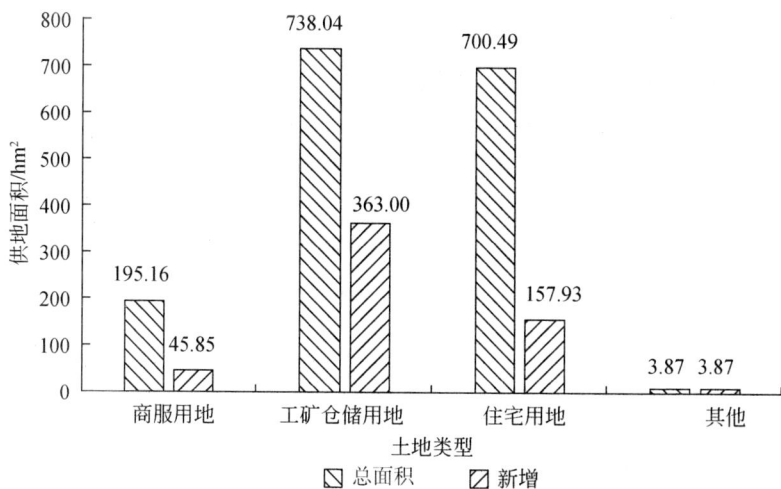

图 8-6　2010～2015 年有偿出让土地及面积

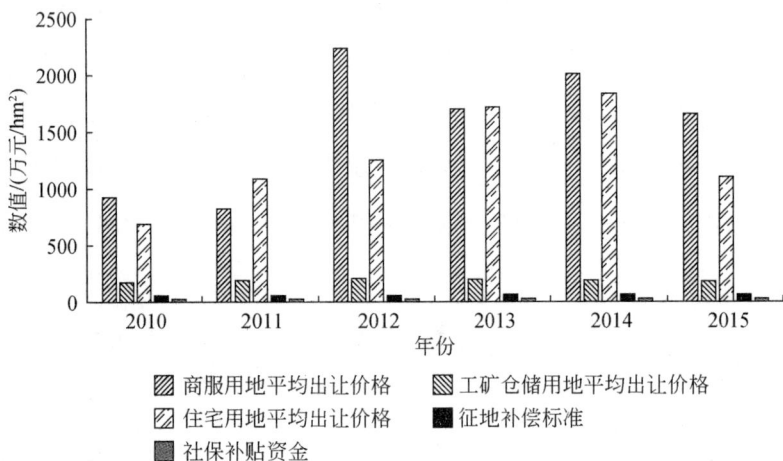

图 8-7　2010～2015 年各用途土地出让价格与征地补偿及社保补贴比较

8.2　测算方案及相关指标说明

（1）测算方法

单位面积上农民获取的土地增值收益（土地增值Ⅰ）是指征地补偿收入及其他相关收入相对于原农用地价格的收益。具体来讲，即征地补偿费与社保补贴资金之和扣除农用地价格。近年来按照国家及各级政府保障被征地农民利益的要求，实行被征收土地农民社会保障制度，被征收土地农民社会保障资金由政府、集体、个人共同出资，政府所支付社保，实际构成了被征地农民的征地补偿的一部分。即

土地增值Ⅰ =（单位面积征地补偿费+单位面积社保补偿）−农用地价格

(8-1)

土地增值收益Ⅱ为土地出让价款扣除征地补偿成本、前期基础设施开发成本及相关税费。具体计算公式如下：

土地增值Ⅱ = 土地出让价款－（征地补偿成本+前期开发成本+相关税费）

$$(8\text{-}2)$$

其中：土地出让价款为实际发生的土地出让总价款；前期基础设施开发成本主要是指用于土地平整过程和基础设施建设过程中，政府投入的成本；征地补偿成本即在第一阶段支付给被征地农民的征地补偿款（包括土地补偿费、青苗补偿费和地上附着物补偿费）与社保补贴资金之和；相关税费主要包括耕地开垦费、管理费。

按照土地出让相关规定，土地出让过程中发生的税费还包括新增建设用地有偿使用费、耕地占用税、印花税、契税等税费，但这几项税费最终需上交地方或中央财政，对于政府来说属于收益，不属于成本范畴。

（2）数据来源与处理

征地补偿款及社保补贴资金与土地出让价款：以具体地块为单元，来源于土地市场监测与监管系统。并包含出让地块面积，能够计算出单位面积土地出让价款及单位面积征地补偿成本。

基础设施开发成本：以区片为单元，收集了101项目、南环项目及工业区项目基础设施开发投入的成本以及区片总面积，计算出单位面积基础设施开发成本。

测算过程中，土地前期开发费用以项目运行过程中实际发生的费用为准，选取101项目、南环项目和工业区三个项目的单位面积基础设施建设开发费用进行计算。

通过测算，101项目区单位面积基础设施开发平均成本为164万元/hm²，南环项目单位面积基础设施开发平均成本为284万元/hm²。工业区项目单位面积基础设施建设开发平均成本为77万元/hm²。在实际测算中，商业用地和住宅用地单位面积基础设施开发成本取101项目和南环项目成本平均值，为 224 万元/hm²；工业用地单位面积开发成本采用工业区的单位面积开发成本 77 万元/hm²（表 8-4）。

表 8-4　土地前期开发费用表

项目名称	出让后主要用地类型	基础设施建设投入成本/万元	项目区总面积/hm²	已出让土地总面积/hm²	已出让土地面积获取土地出让价款/万元	单位面积基础设施建设开发成本/（万元/hm²）
101 项目	住宅用地	24 760.95	150.98	45.36	25 335.75	164
南环项目	住宅用地	42 727.04	139.56	78.61	66 182.11	284
工业区	工业用地	154 000	2 000	—	—	77

相关税费：主要包括耕地开垦费和征地管理费。按照当地相关规定，耕地开垦费收费标准为 1 万元/亩，管理费按照出让价款的 2.8% 提取。

（3）农用地价格调查与测算

根据《农用地估价规程》（GB/T 28406—2012），农用地价格采用收益还原法进行计算，公式为

$$V_a = A/r \qquad (8-3)$$

其中：V_a 为农地市场价格；A 为单位农地年净收益；r 为还原率。

还原率（r）采用安全利率加风险调整值方法计算。安全利率取中国银行一年期定期存款利率（表 8-5）；风险调整值取中国银行公布的长期贷款利率（5 年以上）当年平均值的中值。

单位农地年净收益（A）＝单位农地年产值×净收益占比

农地年平均产值＝农业年产值/农作物播种面积

2014 年，当地小麦、玉米两季每亩纯收益仅为 349 元①，再加上 125 元的粮食直补资金和农资综补资金，一亩粮食的净利润为 474 元，另外，小麦、玉米每亩秸秆收购价格约 200 元/亩②，故当地耕地年纯收益为 474×2+200+200＝1348 元/亩（20 220 元/hm²）。

2014 年农地价格为 20 220/5.83%＝346 827 元/hm²，合 34.68 万元/hm²。根据当地居民消费物价指数（表 8-6）修正得出 2010～2013 年及 2015 年农用地价格。

表 8-5　折现率计算表　　　　　　　　　　（单位:%）

年份＼科目	2006	2007	2008	2009	2010	2011	2012	2013	2014	2015
一年期存款利率	2.52	4.14	2.25	2.25	2.75	3.50	3.25	3.25	3.00	2.5
长期贷款利率	6.62	7.49	6.89	6.89	6.27	6.82	6.68	6.15	5.65	5.15
中值	3.31	3.74	3.45	3.45	3.14	3.41	3.34	3.08	2.83	2.58
折现率	5.83	7.88	5.70	5.70	5.89	6.91	6.59	6.33	5.83	5.08

表 8-6　2010～2015 年农用地价格修正结果表

项目	2010 年	2011 年	2012 年	2013 年	2014 年	2015 年
居民消费物价指数（上年=100）	102.9	105	102.1	102.2	101.9	101.2
居民消费物价指数（2010 年=100）	100	105	107.2	109.6	111.7	113
农用地价格/（万元/hm²）	31.05	32.60	33.29	34.03	34.68	35.09

---

①　数据来源于《2014-2105 年山东农业与农村经济发展形式分析与对策》，山东省社会科学研究所

②　依据当地征地区片综合地价测算报告中数据

（4）土地出让价格数据

土地出让成交价款采用 2010～2015 年土地出让情况统计数据，分年度、分土地用途计算单位面积土地出让价款；土地出让成交单价采取总出让价款除以土地出让总面积进行计算（图 8-1）。

8.3 测算结果分析

（1）各区片增值收益总体情况分析

101 项目基础设施建设及征地拆迁安置等总投入 30 760.95 万元，通过出让土地已实现土地收入 25 335.75 万元，但未来可出让土地面积 65.04hm²，按照已出让土地 579.01 万元/hm² 的平均出让价格，未来可出让土地面积最少还可取得 37 658.81 万元土地出让收入。从项目层面讲，土地全部出让后，可实现土地增值 II 达 32 233.61 万元，单位面积增值 213.49 万元/hm²。

南环项目基础设施建设及征地拆迁安置等总投入成本 42 727.04 万元，通过出让土地已实现土地收入 66 182.11 万元，未来可出让土地面积 74.52hm²，按照已出让土地 972.02 万元/hm² 的平均出让价格，未来可出让土地面积最少还可取得 72 434.93 万元土地出让收入。从项目层面讲，土地全部出让后，可实现土地增值 II 达 95 890 万元，单位面积增值 687.09 万元/hm²。

工业区项目的道路建设、绿化建设、排水工程以及安置小区建设成本 154 000 万元（不包含征地补偿）。通过出让土地已实现土地出让收入 36 190 万元，已出让 329hm²，未来可出让土地面积 1671hm²，按照已出让土地 177.79 万元/hm² 的平均出让价格，未来出让土地可获得 297 087.09

万元出让收入，预计土地增值Ⅱ可达 20 087.09 万元，单位面积增值 10.04 万元/hm²。因此，从该片区土地出让总收入来看，总体可实现较为可观的土地增值收益。

（2）单位面积出让价格与单位面积征地补偿关系

土地出让收入是政府所得土地收入的经济形态，而征地补偿是被征地农民和集体所得土地收入的经济形态。比较单位面积出让价与单位面积征地补偿，可直观地反映政府所得土地出让收入与失地农民所得土地补偿价款的差距。通过对样本区住宅用地、商服用地以及工业用地单位面积出让价格和征地补偿进行比较发现，三类用地的土地出让价款均远高于土地征收补偿标准。住宅用地 2010～2014 年出让价格是平均征地补偿标准的 5.6 倍（图 8-8）；商服用地 2010～2014 年单位面积出让价格是单位面积征地补偿水平的 9.4 倍（图 8-9）；而工业用地从 2010～2015 年二者的平均比例 2.8 倍（图 8-10）。

从这些数据来看，实际上不同类型项目的征地补偿是有差距的，即与"同地同价"的要求并不一致。2004 年《国务院关于深化改革严格土地管

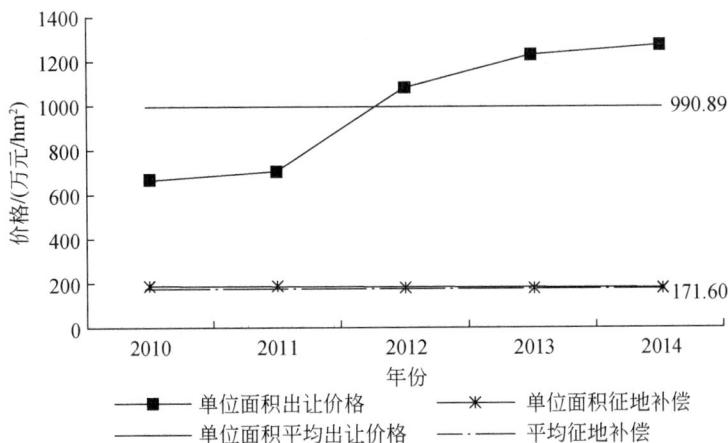

图 8-8　住宅用地单位面积出让价格及征地补偿比较

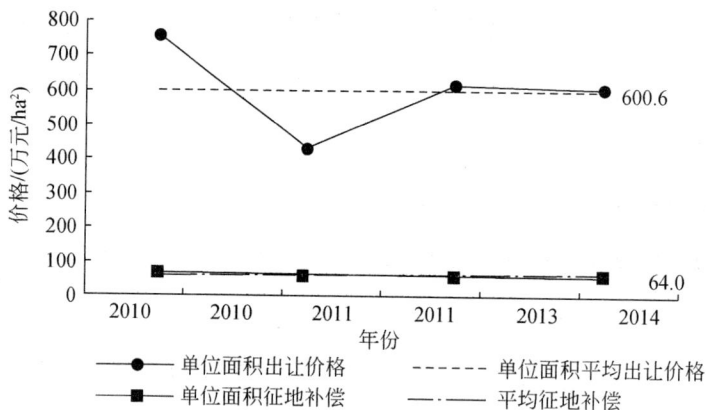

图 8-9 商服用地单位出让价格及征地补偿比较

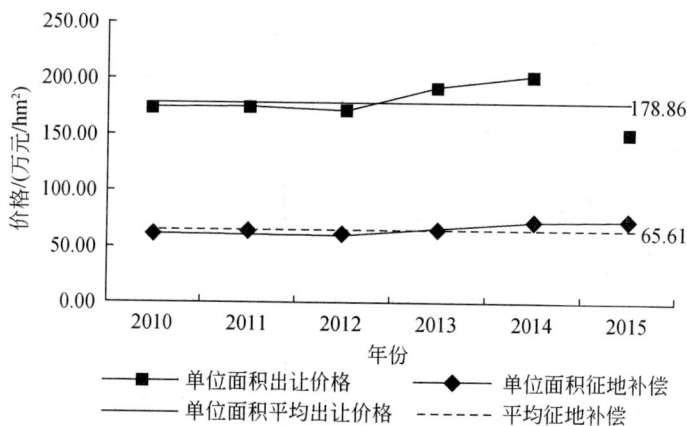

图 8-10 工业用地单位出让价格及征地补偿比较

理的决定》（国发〔2004〕28 号）发布，要求"省、自治区、直辖市人民政府要制订并公布各市县征地的统一年产值标准或区片综合地价，征地补偿做到同地同价"，这是国家文件第一次提出征地补偿应实施"同地同价"，解决不同项目征地补偿标准差异过大所导致的不公平问题。按照这一文件精神，2005 年国土资源部发布了《关于制订征地统一年产值标准和征地区片综合地价工作的通知》（国土资发〔2005〕144 号），具体规定了

实施征地补偿"同地同价"的基本原则和技术细则，包括征地统一年产值标准测算指导性意见、征地区片综合地价测算指导性意见，并推动了全国各省级政府组织制定并发布征地统一年产值标准或者征地区片综合地价标准，随后开展了全国范围内的征地补偿标准测算与平衡等工作。为全面推动实施新的征地补偿标准，国土资源部于2008年6月发布了《关于切实做好征地统一年产值标准和区片综合地价公布实施工作的通知》（国土资发〔2008〕135号），要求"原则上全国从2009年1月1日起实施新的征地补偿标准"。且"新的征地补偿标准公布后，要坚持同地同价、协调平衡、公开透明的原则实施征地补偿，不得随意改变和降低补偿标准"。因此，2009年以后的征地补偿实际是按照"同地同价"的原则确定的新的征地补偿，即在同一区片内，不同宗地的征地补偿标准应相同，不因征地目的及土地用途不同而有差异。

但是，从实际的补偿结果来看，往往存在经营性的项目征地补偿标准依然较高，而基础设施等公益性项目、工业用地等开发区项目征地，实际补偿基本遵循"不低于"发布的征地补偿标准。比如，住宅用地实际补偿标准往往远高于征地区片综合地价。因此，尽管实施了"同地同价"，但实际征地补偿还是存在差异。当然，基本没有出现实际征地补偿低于政府发布的征地补偿标准的现象。

（3）增值收益及分配现状

通过直接对比土地出让价款与征地补偿款得出政府所得土地出让收入规模较高，但分析不同主体所得增值收益，还需将各主体投入成本进行扣除。

根据前面测算的2010~2014年各项目的单位面积征地补偿、单位面积土地出让价格、政府前期开发成本等数据资料，将各年度各批次征地、出让项目分土地用途进行统计，根据增值收益测算公式分别计算各项目中农民集体和政府获取的单位面积土地增值收益。按年度、分用途的土地增值Ⅰ、土地增值Ⅱ及总增值测算结果见表8-7。

表8-7 各地类不同年份土地增值规模表 （单位：万元/hm²）

年份	住宅用地			商服用地			工业用地		
	增值Ⅰ	增值Ⅱ	总增值	增值Ⅰ	增值Ⅱ	总增值	增值Ⅰ	增值Ⅱ	总增值
2010	152.70	242.27	394.97	37.95	445.235	483.19	30.45	14.30	44.75
2011	132.03	298.11	430.14	28.9	130.23	159.13	28.76	15.58	44.34
2012	148.21	647.48	795.69	—	—	—	28.21	12.67	40.88
2013	160.97	763.71	924.68	27.47	316.15	343.62	31.15	28.95	60.1
2014	142.32	840.32	982.64	26.82	307.48	334.30	35.82	33.01	68.83

从土地增值总规模（土地增值Ⅰ和土地增值Ⅱ之和）来看，住宅用地规模高于商服用地和工业用地，其中住宅用地土地增值总规模呈现出逐年上升的趋势，这与近年来持续走高的住宅用地价格以及房地产价格有关。商服用地土地增值总规模整体低于住宅用地，但高于工业用地（图8-11）。工业用地的土地增值总规模与前两者间的差别较明显，这主要是由于工业用地出让价相对较低。

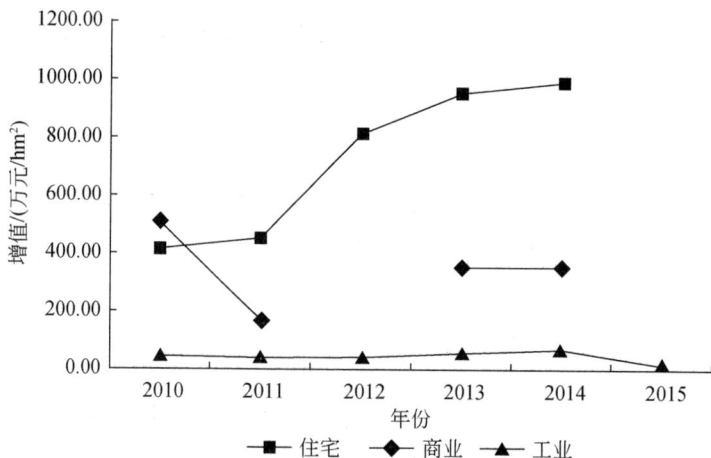

图8-11 三种用途土地增值总规模对比图

总体来看，住宅用地和商服用地政府获取的土地增值均高于农民获取的土地增值，但差距大小有所不同。其中住宅用地政府获取的土地增值（土地增值Ⅱ）是农民获取的土地增值（土地增值Ⅰ）的 3 倍，2010 ~ 2014 年住宅用地土地增值Ⅰ平均水平为 149 万元/hm²，土地增值Ⅱ平均水平为 448 万元/hm²（图 8-11、图 8-12）。

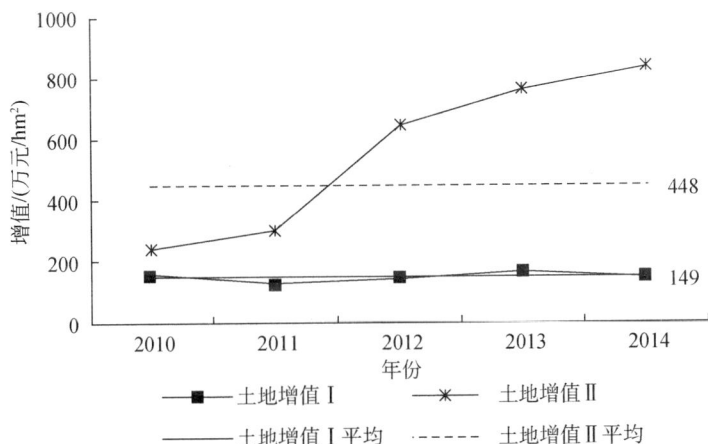

图 8-12　住宅用地增值Ⅰ与增值Ⅱ趋势对比图

商服用地土地增值Ⅰ平均水平为 31 万元/hm²，土地增值Ⅱ平均水平为 314 万元/hm²，政府获取的土地增值（土地增值Ⅱ）是农民获取的土地增值（土地增值Ⅰ）的 10 倍；而工业用地上政府获取的土地增值（土地增值Ⅱ）要整体低于农民获取的土地增值（土地增值Ⅰ），土地增值Ⅰ平均值 31 万元/hm²，而政府获取的土地增值Ⅱ平均值为 16.2 万元/hm²（图 8-13、图 8-14）。

另外，住宅用地实际征地补偿标准一般高于征地区片综合地价，且往往也高于商服、工业用地的补偿标准。即在地方征地实践中，并未能严格按照"同地同价"的原则给予补偿。根据测算结果，住宅用地的农民和集体与政府之间的平均分配结构为 24：76，商服用地的分配结构为 11：89，工业用地的分配结构为 84：16（图 8-15 ~ 图 8-17）。

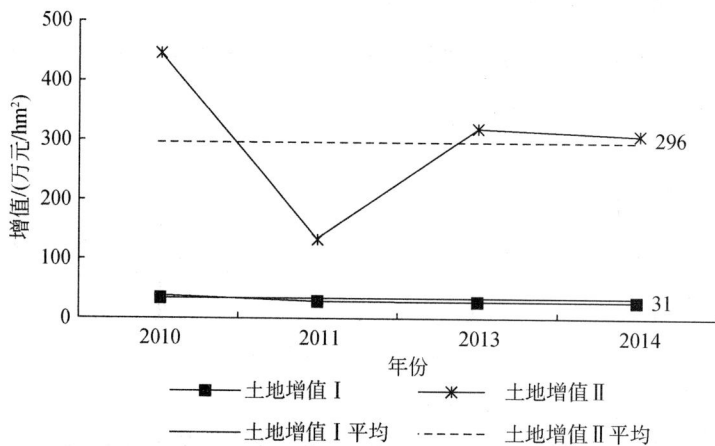

图 8-13　商服用地增值Ⅰ与增值Ⅱ趋势对比图

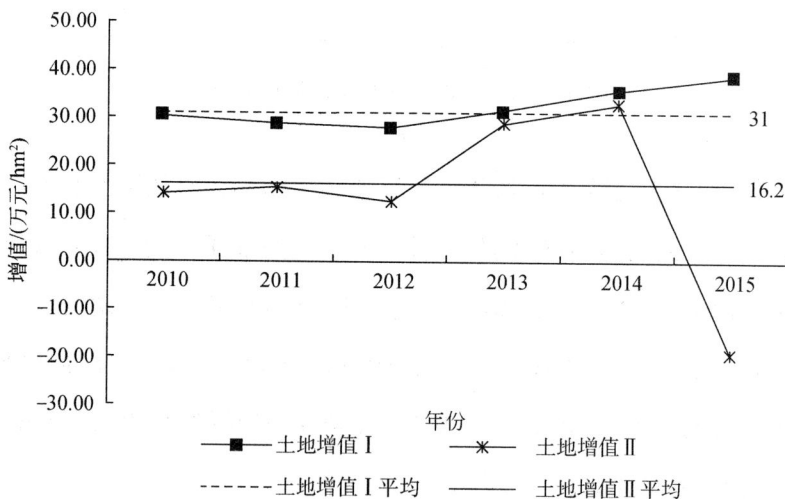

图 8-14　工业用地增值Ⅰ与增值Ⅱ趋势对比图

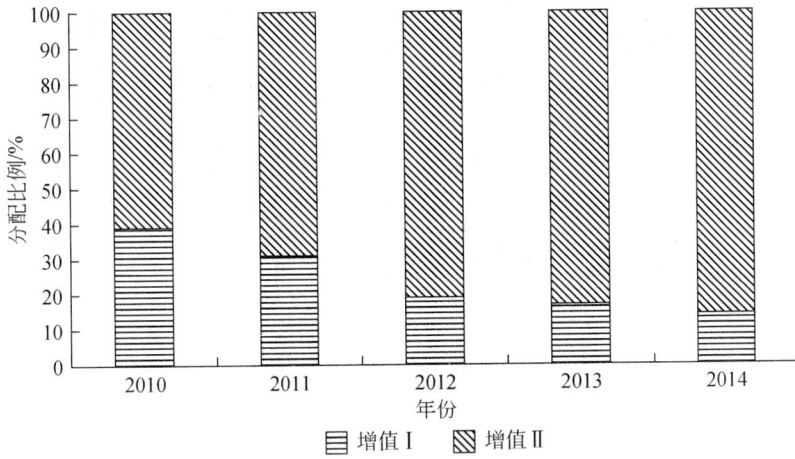

图 8-15　住宅用地增值收益分配比例

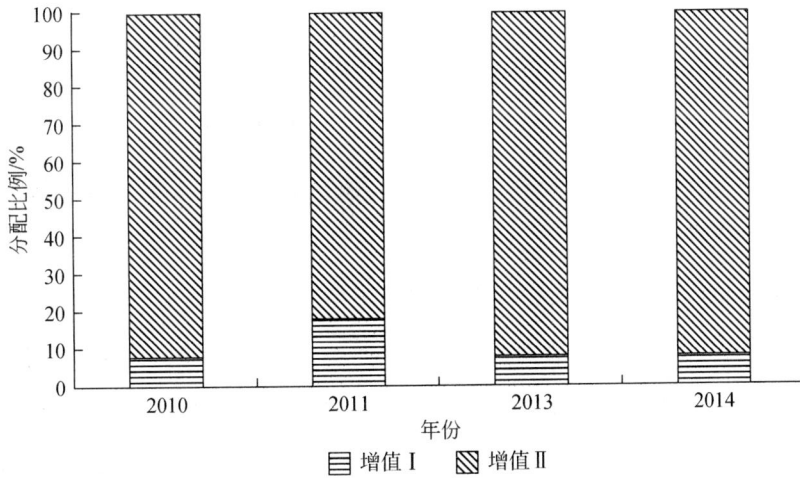

图 8-16　商服用地增值收益分配比例

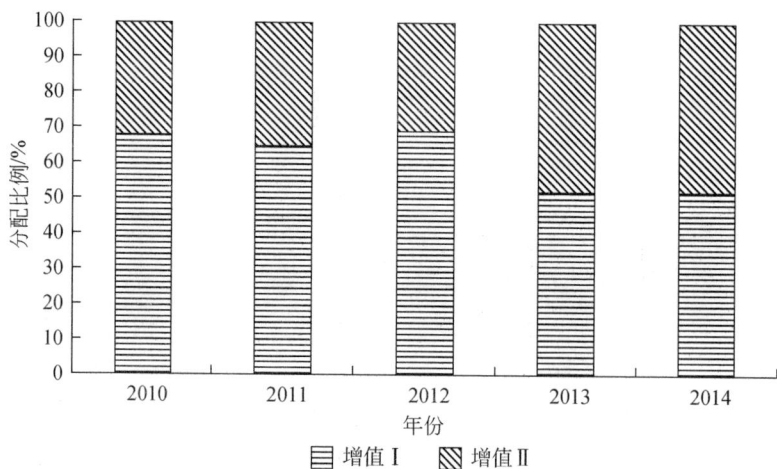

图 8-17　工业供地增值收益分配比例

8.4　研究结论

归纳本章的研究，主要有以下结论：

（1）从参与分配主体获取增值收益绝对值看，政府所得大于农民集体，从参与分配的利益主体所得的"报酬"与"实际投资"的比例来看，农民集体大于政府

从增值收益绝对值看，相对于农民集体，政府获得了较高的土地增值收益规模，但不同用途地类表现出不同特征。住宅用地增值Ⅰ平均值149万元/hm²，增值Ⅱ平均值448万元/hm²；商服用地增值Ⅰ平均值为31万元/hm²，增值Ⅱ平均值为296万元/hm²；工业用地增值Ⅰ平均值为31万元/hm²，增值Ⅱ平均值为16.2万元/hm²。

但从投入产出比角度分析，农民增值收益率高于政府增值收益率。2010～2015年农地平均价格为33万元/hm²，对于被征地农民来说，住宅、

商服、工业用地的增值率（所获得增值与实际投入的比重）分别为 4.52、0.94 和 0.94。政府在住宅、商业和工业用地平均投入成本为（包括基础设施建设成本及征地补偿）406 万元/hm²、288 万元/hm² 和 137 万元/hm²，对于政府来说，住宅、商服和工业用地增值率分别为 1.10、1.03 和 0.11。整体看，农民所获增值与投入比为 2.13，政府所获增值与投入比为 0.75。因此，从投入产出角度看，农民获取的土地增值收益率高于政府。即从参与分配的利益主体所得的"报酬"与"实际投资"的比例来看，农民集体大于政府。这与第 7 章基于收购储备项目的研究结论也是一致的。

（2）不同用途的增值规模存在明显差异，住宅用地最高，商服用地次之，工业用地最低

从土地增值总规模来看，住宅用地远高于商服用地和工业用地，这与近年来持续走高的房地产价格有着密切的关系。工业用地的土地增值总规模与前两者间的差距明显，这主要是由于工业用地出让价相对较低。究其本质，土地规划决定土地用途，不同用途的投入产出差异决定土地出让价格的差异，在土地征收补偿标准不因土地用途有差异的背景下，不同用途的增值规模出现较大的差异。

（3）从时间序列变化来看，三种用途土地上农民集体获取的土地增值变动幅度均不大，而政府获取的土地增值收益变化受土地价格影响变化较大

通过数据分析发现，2010～2015 年 6 年三种用途土地上农民集体获取的土地增值为 62 万～75 万元/hm²，且年间变化幅度有限，主要是由于征地补偿标准相对稳定，一般 3 年做一次调整。政府获取的土地增值变化则表现出了较大的差异，这主要受房地产市场变化影响，5 年间住宅用地政府获取的土地增值从 330.65 万元/hm² 增长到 1065.74 万元/hm²，增长幅度较大，且呈现出逐年稳定增长的趋势。而商服用地政府获取的土地增值

从 528.34 万元/hm² 降到 189.36 万元/hm²，而后又增长到 398.56 万元/hm²，表现出了波动上涨的趋势。工业用地政府获取的土地增值从 45.86 万元/hm² 增长到 81.47 万元/hm²，而后在 2015 年出现大幅度下降，但整体上还是呈现出有波动上涨的趋势。总体来看，地价的增长速率大于征地补偿标准的提高速率，相应地决定了政府所得土地增值收益的增长幅度大于农民集体所得土地增值收益的增长幅度。土地出让价格变动是增值收益尤其是政府所得土地增值收益变化的主要因素。

9

集体土地入市流转增值收益测算与分析

子贡曰："如有博施于民而能济众，何如？可谓仁乎？"
子曰："何事于仁，必也圣乎！尧舜其犹病诸！夫仁者，己欲
立而立人，己欲达而达人。能近取譬，可谓仁之方也已。"

——《论语·雍也》

正是由于征地—出让模式在征地环节存在强制性、补偿标准规定性
等，有人认为这是引起土地增值收益分配（分享）不平衡（不公平）的主
要原因。因此，必须进行征地制度改革被很自然地提出来，要求缩小征地
范围，并同时允许集体土地直接入市，通过市场机制实现集体土地资源配
置和土地收益分配。近年来国家全面推进集体土地制度改革，正在努力探
索解决这一问题的方案和具体做法。

那么，如果集体土地直接入市，其土地增值状况及分配关系又如何
呢？为了跟踪分析集体土地制度改革实践在土地增值产生及其收益分配方
面的成效，我们通过对实践中集体经营性建设用地流转试点的样本进行调
查与分析，比较各地的改革做法与效果，分析改革措施在处理土地经济关
系及土地资源配置效率方面的作用。

9.1　集体经营性建设用地入市交易分析

自 2015 年初国家启动农村土地制度改革试点以来，农村集体经营性建设用地改革在所确定的试点县市有序推进。在具体操作上先后有贵州湄潭、浙江德清、山西泽州、广东南海、北京大兴等试点县成功挂牌出让集体经营性建设用地，反映了各试点地区结合本地实践正积极推进改革试点工作，同时也反映了改革试点得到了市场主体的认可，各地挂牌交易地块均成功成交也证明了这一点（表 9-1）。尤其处在东部地区的集体经营性建设用地流转交易更加迫切，如浙江德清，据中国国土资源报报道，截至 2016 年上半年，德清共完成了 66 宗农村集体经营性建设用地入市交易，超过全国试点地区已入市土地宗数的 40% 以上，面积达 511.79 亩，总金额 12 889 万元，涉及 33 个集体经济组织，共增加集体收益 10 317 万元[①]。

总体来看，各试点地区坚持国家关于集体土地制度改革的基本要求，即"在符合规划和用途管制前提下，允许农村集体经营性建设用地出让、租赁、入股，实行与国有土地同等入市、同权同价"，但在具体做法上也存在一些差异。主要体现在：

一是规划用途基本属于集体经营性建设用地，且均为非住宅用地，但在具体用途上也存在一定差异，有的比较具体，如湄潭和德清均为商业服务业用地，泽州为工业用地，而北京大兴为绿隔产业用地。

二是对于原用途是否有限制，即是在存量集体建设用地范围内试点，还是可以扩大到新增集体建设用地？按照国家对试点的要求，"试点行政

---

① 周怀龙，陈玉杰．改革试点浙江德清县农地入市的权威解读．中国国土资源报，2016-8-16

区域只允许集体经营性建设用地入市，非经营性集体建设用地不得入市。入市要符合规划、用途管制和依法取得等的条件。入市范围限定在存量用地"。从几个试点地方来看，广东南海地块现状是菜地，且地块周边主要为居住区，那应该是符合规划的新增建设用地。

表9-1　各试点地区集体土地交易地块情况

地区	交易时间	地块基本情况	规划用途	出让或挂牌价格
贵州湄潭	2015 年 8 月 27 日完成交易	位于湄潭县茅坪镇土槽村向阳村民组，总面积3332m²	规划用途为商业和服务业用地，40 土地使用权，拟建集餐饮、住宿、加油为一体的服务区	交易起始价 75 万元，成交总价 80 万元，折合 240 元/m²
浙江德清	2015 年 9 月 8 日完成交易	位于德清县洛舍镇砂村村，地块面积20亩（13 295.35m²）。原为村里 4 元/m² 出租给矿企堆场，2013 年后闲置	规划用途商贸服务业，40 年使用权	起拍价 957 万元，成交总价 1150 万元，折合 865 元/m²
山西泽州	2015 年 12 月 1 日完成交易	位于泽州县金村镇金村村，地块面积为23.5亩	规划用地性质为工业用地	入市方式为租赁，租赁期限 20 年，年租金 11.75 万元，折合 7.5 元/m²
广东南海	2015 年 11 月 27 日挂牌	位于南海区大沥镇博爱东路与富康路交汇处，土地面积 28.93 亩，现状为菜地	土地用途为科教用地（拟建幼儿园），土地出让年限 30 年	交易起始总价 5786 万元，折合 3000 元/m²
北京大兴	2016 年 1 月 1 日完成交易	位于西红门镇，总用地面积 2.67 公顷（40.05亩）	规划用途绿隔产业用地，规划建筑面积 ≤ 53 400m²，出让年限 40 年	交易起始价 45 428 万元，成交总价 80 500 万元，折合 15 075 元/m²

资料来源：根据各试点地区网上公告资料整理。

三是交易价格存在很大差异，这主要受地块所处区位条件决定，也跟地块交易后的规划用途有关。比如贵州湄潭、山西泽州价格均较低，这主要跟两区域社会经济发展条件有关，且山西泽州交易后为工业用地，又采用租赁方式，价格自然相对较低。而广东南海、北京大兴的地价水平相对较高，尤其是北京大兴的楼面地价高达 15 075 元/平方米，这与其地处西

红门这类城乡结合部地区有关，价格水平相对较高。

而我们进一步将集体土地价格与同区域国有土地价格进行比较发现，并没有明显的高低关系规律（表9-2）。究其原因，一方面可能受调查案例和土地条件差异性制约，调查对象之间本身就不可比；另一方面恐怕也说明集体土地和国有土地仍然处于两个市场，价格本身并不可比。具体结论还有待进一步的深入调查与分析。

表9-2 各试点地区集体土地价格与国有土地价格比较

试点区县名称	流转后用途	集体土地成交价格 /（万元/hm²）	国有土地出让价格 /（万元/hm²）
广东南海区	科教用地	3000	4197（批发零售用地） 8793（商服用地）
贵州湄潭县	综合用地	240	796
	工业用地	231	149
	商服和工业用地	270	817
四川郫县	村庄产业用地	1100	355
浙江德清县	商业服务用地	865	5434
山西泽州县	工业用地	150	326
甘肃陇西县	工业用地	802	227

资料来源：集体土地交易地块及价格资料根据各地公告资料整理；国有土地出让价格按照相近原则，根据中国土地市场网2014～2015年度相应地区土地出让公告整理。

从各地的做法来看，广东南海的做法更加全面、成熟。主要体现在：一是广东南海以区政府文件的形式出台了《佛山市南海区集体建设用地使用权流转实施办法》（南府〔2014〕72号），尽管这一文件早在国家此次深入推进改革之前的2014年9月就发布实施，但是文件的整体思路、改革做法等，基本符合此次改革的方向和原则。二是在集体经营性建设用地流

转的监管方面进行了更细致的规定，这也是在当地多年实践探索的基础上不断完善的结果。三是南海办法中还对集体土地流转的利益调节进行了规定，即第43条规定"开发集体土地商服产业载体项目须缴纳集体建设用地流转城乡统筹提留金，统筹用于道路、给排水、供电等城乡公共基础设施的建设维护，社会保障、医疗卫生、教育文体等城乡公共服务的建设支出"，这实际上体现了对于商业性开发用地流转收益的再分配。在国家层面随后也相应地对集体土地流转的"收益再分配"进行了规定。

9.2 集体土地增值分配之收益调节金

由于集体经营建设用地直接入市，其土地增值收益首先体现在入市交易价格中。前文已经分析，不同区域的集体土地交易价格与国有土地交易价格尽管存在差异，但从"同地同权同价"的角度，基本实现了集体土地在规划用途下的价格水平，一定程度上也就实现了增值。那么问题来了，这种土地增值是否存在再分配的问题呢？从各地的试点来看，一些地方都探索了再分配的做法，如广东南海的"城乡统筹提留金"。随后，国家也针对试点地区提出了试点办法，即2016年4月18日，财政部、国土资源部联合印发《农村集体经营性建设用地土地增值收益调节金征收使用管理暂行办法》（财税〔2016〕41号）（以下简称"41号文"），对农村集体经营性建设用地土地增值收益管理做出规范，规定农村集体经营性建设用地入市或再转让须征收20%～50%的土地增值收益调节金。调节金全额上缴试点县地方国库，纳入地方一般公共预算管理。

那么，为什么征收收益调节金，收多少，实践中和学界也存在着争议。下面我们对此进行分析与探讨。

目前基于公开报道的资料，先后有广东南海和浙江德清能够比较明确地看出试点过程中征收收益调节金的具体做法。

广东南海是在其发布的《佛山市南海区集体建设用地使用权流转实施办法》（南府〔2014〕72号）第43条规定，"开发集体土地商服产业载体项目须缴纳集体建设用地流转城乡统筹提留金，统筹用于道路、给排水、供电等城乡公共基础设施的建设维护，社会保障、医疗卫生、教育文体等城乡公共服务的建设支出。"这一规定反映，一是针对"集体土地商服产业载体项目"，大概应该是指"商服用地"才征收，其他用地不征收；二是征收的名称是"城乡统筹提留金"，与国家规定中"收益调节金"叫法上不一致，但本质上基本是一致的（这大概是由于南海的规定发布在前，国家规定发布在后）；三是规定了资金用途，即"统筹用于道路、给排水、供电等城乡公共基础设施的建设维护，社会保障、医疗卫生、教育文体等城乡公共服务的建设支出"。

浙江德清基于"建立兼顾国家、集体、个人的土地增值收益分配机制是这轮全国试点的核心任务之一"，以"同权同价同责"为出发点，也确定了土地增值收益调节金的收取要求和比例。根据国土资源报的报道①，德清县土地增值收益调节金的收取比例通过3个步骤测算确定：首先，参考征地区片综合地价为集体经济组织的投入成本；其次，按照德清县国有土地市场平均价（工业25万元/亩、商服业80万元/亩），测算集体经营性建设用地入市后的亩均增值收益；最后，明确以政府投入的基础设施配套费用（4万~8万元/亩），以及参照国有土地出让提取用于社会公共利益的社会保障、教育、农业发展、生态补偿等7项基金（约占出让总价的16%），作为收取调节金的主要依据。

---

① 周怀龙，陈玉杰. 改革试点浙江德清县农地入市的权威解读. 中国国工资源报，2016-8-16

德清采取按规划用途和区位差异，差别化收取增值收益调节金的方式。经过综合测算，工业用地按土地级差区域位置不同分别按16%、20%、24%收取增值收益调节金，商服用地按土地级差不同分别按32%、40%、48%收取增值收益调节金。

德清同样明确规定了资金用途：政府收取的土地增值收益调节金，用于农村基础设施建设、环境建设、土地前期开发等支出。

从集体经营性建设用地流转收益的整体分配关系上，德清县基本按照三级集体经济组织差别化落实农民和集体收益。德清试点明确规定，属乡镇集体经济组织的土地入市的，收益不直接分配，主要用于辖区内农村基础设施建设、民生项目等支出；属村级集体经济组织的土地入市的，农户通过股权增厚（入市收益追加量化成员股权）的形式，享受分红权益；属村内其他集体经济组织（村民小组）的土地入市的，收益的10%应作为村集体提留，归村集体所有，用于村内公益事业，其余可在该集体经济组织成员之间公平分配。

9.3 传统征购模式与集体土地流转模式的收益分配比较

（1）传统征购模式下土地增值收益测算

为比较传统征收—出让模式和集体经营性建设用地入市流转模式在土地增值收益的总规模及分配现状等方面的差异，针对集体经营性建设用地入市试点地区，通过调查收集两种模式下的土地成交样本数据和征地区片价数据，进行测算比较，结果见表9-3。

总体来看，虽然不同用途土地政府取得的增值收益表现出一定的差异，但与农民集体相比，政府获取的土地增值收益更高，分析政府增值与农民集体增值比发现，广东南海、四川郫县、浙江德清、甘肃陇西、山西泽州、贵州湄潭、河南长垣、广西北流、北京大兴的政府增值与农民集体增值比分别为35.51∶1、15.21∶1、15.06∶1、9.64∶1、3.84∶1、5.94∶1、7.10∶1、7.14∶1、4.72∶1，政府获取的土地增值收益平均约是农民集体土地增值收益的11.57倍。再看两者在土地增值总收益中所占的比例（图9-1），农民集体土地增值收益约占总增值收益的23%，政府土地增值收益占了土地增值总规模的77%，政府获取的土地增值收益远远高于农民集体所得的土地增值收益。

表9-3　传统征购模式下土地增值收益测算结果表

区县	土地用途	土地出让成交单价/（万元/hm²）	农民集体收益/（万元/hm²）	政府收益/（万元/hm²）	政府增值/农民集体增值
广东南海	工业用地	610.65	74.10	446.56	35.51
	仓储用地	637.53	74.10	473.43	
	商服用地	8792.86	74.10	8588.77	
	批发零售用地	4197.28	74.10	4008.19	
四川郫县	工业用地	355.02	61.95	243.07	15.21
	其他商服用地	1977.80	61.95	1840.86	
浙江德清	工业用地	410.43	68.25	277.19	15.06
	住宿餐饮用地	930.33	68.25	777.09	
	其他商服用地	5434.42	68.25	5281.18	
甘肃陇西	工业用地	226.55	32.10	164.45	9.64
	仓储用地	349.80	32.10	287.71	
	其他商服用地	4106.53	32.10	471.67	
	批发零售用地	25.48	32.10	372.90	
山西泽州	工业用地	325.62	71.70	218.93	3.84
	公共设施用地	321.32	71.70	214.63	
	其他商服用地	493.30	71.70	366.60	

续表

区县	土地用途	土地出让成交单价/(万元/hm²)	农民集体收益/(万元/hm²)	政府收益/(万元/hm²)	政府增值/农民集体增值
贵州湄潭	工业用地	148.63	63.75	54.89	5.94
	科教用地	438.95	63.75	345.20	
	住宿餐饮用地	795.56	63.75	701.82	
	其他商服用地	817.09	63.75	708.34	
广西北流	工业用地	169.33	66.45	57.89	7.10
	街巷用地	734.12	66.45	622.67	
	仓储用地	348.70	66.45	237.25	
	批发零售用地	1247.24	66.45	1115.80	
河南长垣	工业用地	193.73	66.60	92.14	7.14
	科教用地	315.00	66.60	213.40	
	其他商服用地	1212.66	66.13	1091.35	
北京大兴	工业用地	866.71	135.00	636.72	4.72

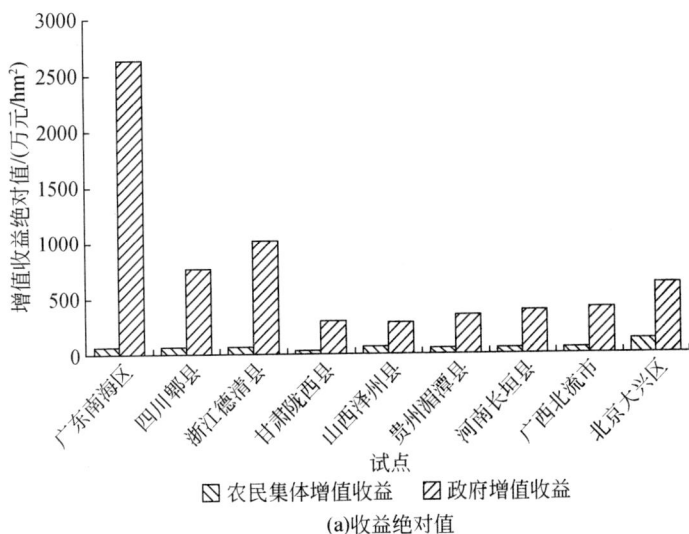

(a)收益绝对值

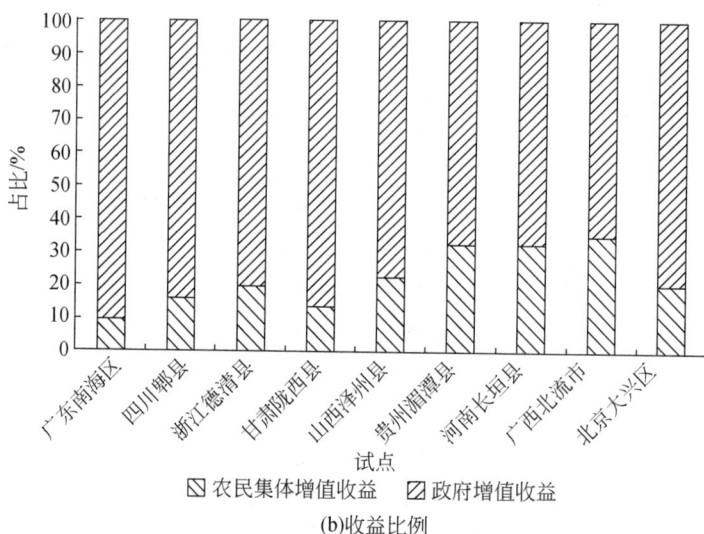

图9-1 传统征购模式下农民集体与政府所得增值收益绝对值以及比例关系

（2）基于土地增值收益调节金的土地收益分配关系

通过收集已发生入市流转成交项目的试点区县的入市管理办法以及土地增值收益调节金缴纳规定等信息可以发现，各地收取的调节金比例差异较大（表9-4）。从表9-4可以看出，调节金最低收取5%，最高达到80%，并没有形成较为统一的标准，也没有明确调节金的收取依据，表现出了很大的弹性。但从总体看来，各试点区县在按规定缴纳土地增值收益调节金后农民集体仍然获取了较高比例的土地增值收益。

表9-4 已入市试点区县土地增值收益调节金

试点区县名称	流转后用途	成交单价（万元/hm²）	最高调节金比例/%	最低调节金比例/%	农民集体最大增值/%	农民集体最小增值/%
广东南海	科教用地	3000	15	5	95	85

续表

试点区县名称	流转后用途	成交单价（万元/hm²）	最高调节金比例/%	最低调节金比例/%	农民集体最大增值/%	农民集体最小增值/%
贵州湄潭	工业用地	231	12	12	88	88
	商服和工业用地	270	12	12	88	88
四川郫县	村庄产业用地	1100	40	13	87	60
浙江德清	商业服务用地	865	48	16	84	52
山西泽州	工业用地	150	20	20	80	80
甘肃陇西	工业用地	802	80	30	70	20

具体来看，在政府收取较高的土地收益调节金时，农民集体获得的土地增值收益水平处于20%~85%，且除了甘肃陇西县收取80%的土地调节金使得农民集体增值偏低外，其余试点区县农民集体获得的土地增值收益均在50%以上，表明农民集体获取了一半以上的土地增值。而在政府收取较低的调节金时，农民集体获得的土地增值收益水平在70%~95%，获取了土地增值收益的绝大部分，有的试点区县农民集体甚至获取了几乎全部的土地增值收益。

按照收取高比例土地收益调节金和低比例土地收益调节金两种情形对已入市成交的土地项目进行进一步分析（图9-2和图9-3），在收取较高比例调节金时，农民集体获取的土地增值收益约占总增值规模的64%，而收取较低比例调节金时，农民集体获取的土地增值收益约占总增值规模的84%。从结果可以看出，农民集体和政府均参与了土地增值收益分享的过程，且农民集体获取的土地增值收益均高于政府取得的土地增值收益，实现了土地增值收益分配兼顾国家、集体和个人的改革目标。

(a)收益绝对值

(b)收益占比

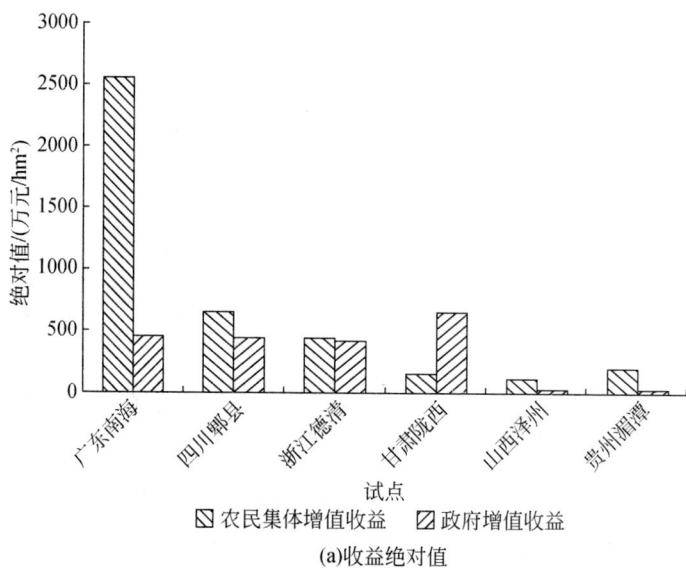

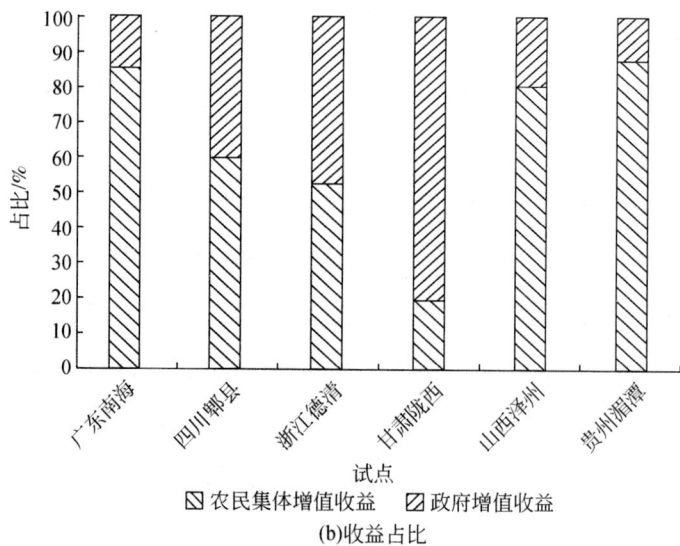

图9-2　直接入市流转的农民集体与政府所得增值收益比较（较高调节金情况）

(a)收益绝对值

(b)收益占比

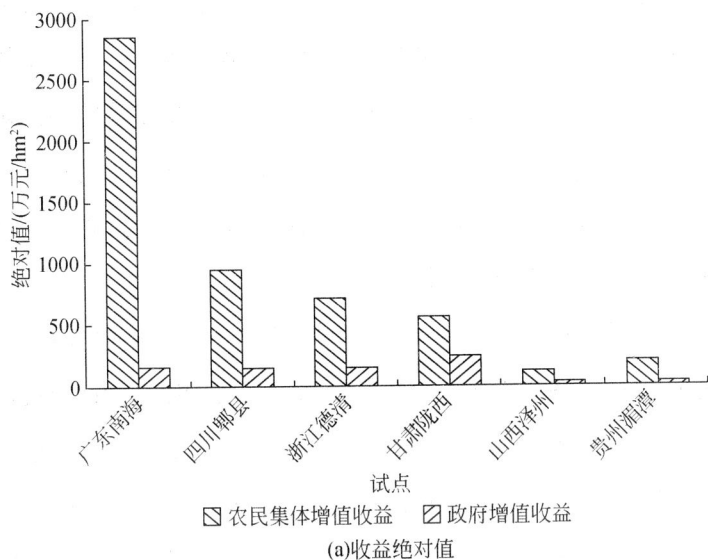

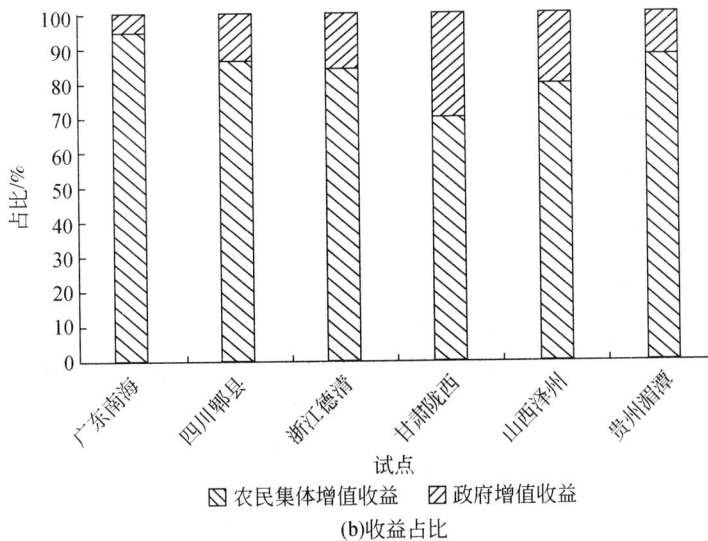

图 9-3　直接入市流转的农民集体与政府所得增值收益比较（较低调节金情况）

（3）两种模式土地增值收益分配的比较

对比分析传统征收出让模式和集体经营性建设用地入市流转情形下农民集体和政府间土地增值收益分配现状可以发现，各试点区县集体经营性建设用地入市流转模式下农民集体和政府获取的土地增值收益总规模与传统征收转用模式下两者的土地增值收益总规模大体相当，这在一定程度上能够反映各试点区县在集体经营性建设用地入市流转的过程中实现了集体建设用地与国有建设用地的同权同价。

进一步比较两种模式下农民集体和政府获取的土地增值收益占总增值收益规模的比例（图9-4和图9-5），各试点区县集体经营性建设用地入市流转模式下农民集体获取的土地增值收益在总土地增值收益规模中占的比例（高比例调节金情况下为64%，低比例调节金情形下为84%）要明显高于传统征收出让模式（23%），说明各试点区县经过集体经营性建设用地入市流转，提高了农民集体分享土地增值比例。

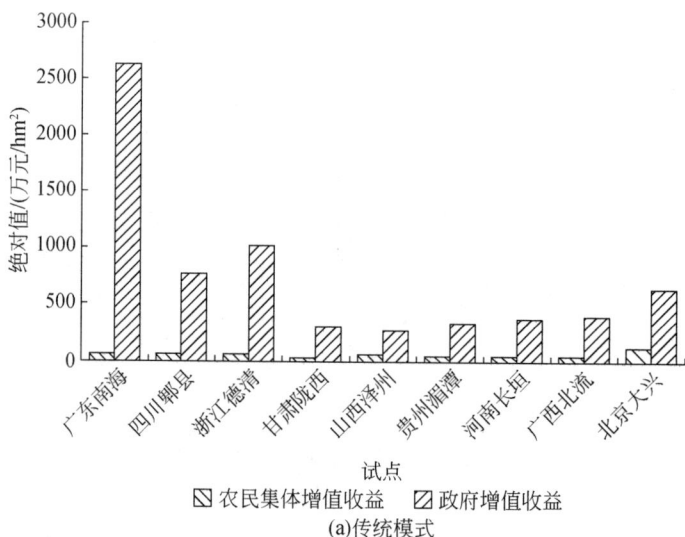

(a)传统模式

(b)入市流转模式

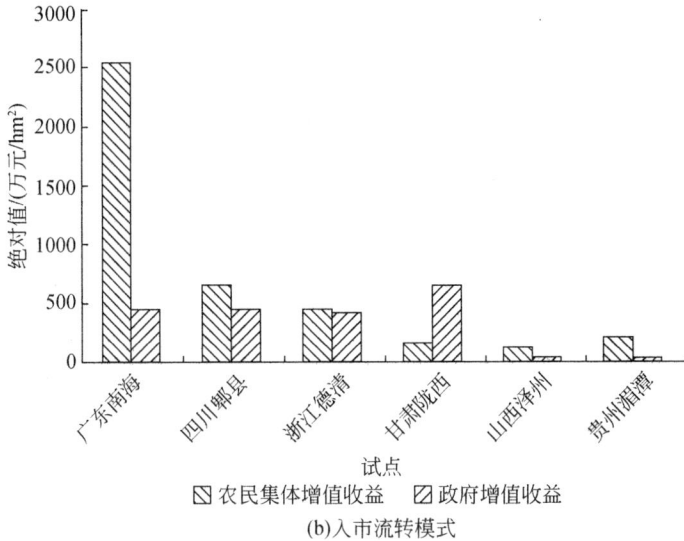

图9-4 两种模式下土地增值收益绝对值比较

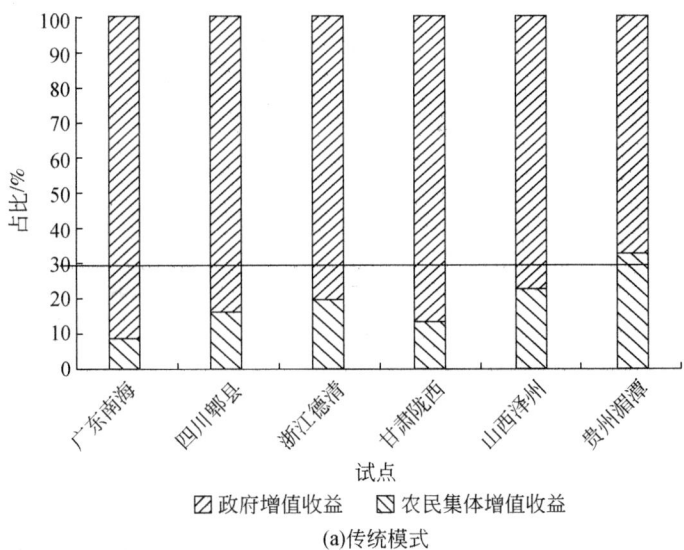

(a)传统模式

(b)入市流转(高调节金)模式

(c)入市流转(低调节金)模式

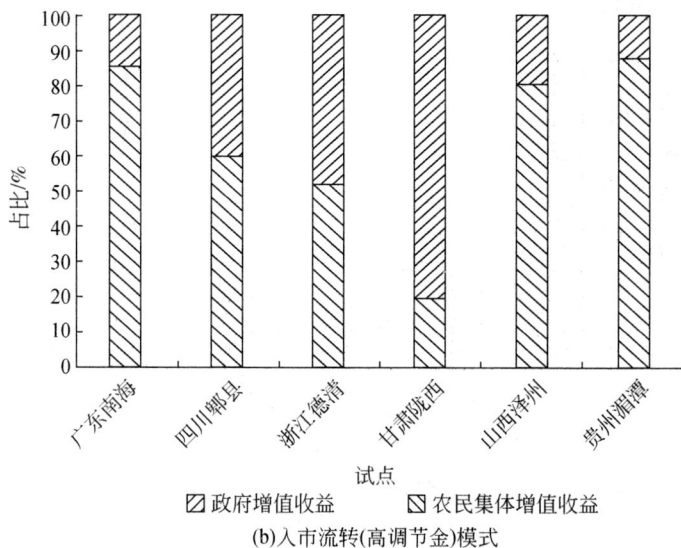

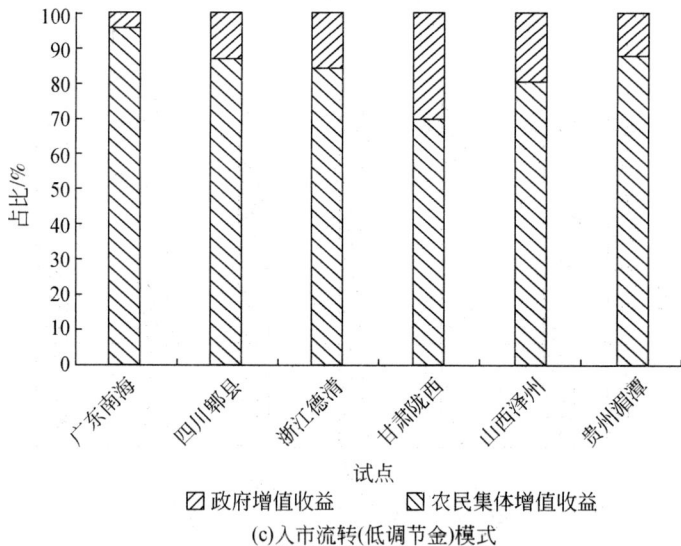

图9-5　两种模式下土地增值比例比较

9.4　结论与讨论

通过分析集体经营性建设用地入市流转的收益分配关系，并与传统征收出让模式进行比较，总体来看，与传统征收出让模式相比，集体经营性建设用地入市流转模式通过强化市场交易环节、建立市场竞争机制和市场价格形成机制，基本体现了价格机制和产权主体作为市场主体的市场交易规则，相应地实现了土地增值收益的市场化分配，也一定程度上提高了集体和农民的收益分配份额。同时，试点过程中，政府通过征收土地收益调节金的方式实现二次分配，体现了国家、集体、个人分享土地增值收益的基本框架。

从进一步推进改革，促进集体经营性建设用地合理配置，改革城乡二元制度的现状等方面考虑，笔者认为有以下问题值得进一步思考和讨论。

一是集体经营性建设用地试点范围问题，即能否由当初提出的仅针对存量建设用地扩展到新增建设用地？这需要从两个方面考虑：一方面，如果要解决城乡统一市场，那么新增与存量如果不同等对待实际上并没有从根本上解决城乡统一市场问题；另一方面，如果二者同等对待如何控制？根本的控制仍然是"符合规划、用途管制和依法取得"。因此，笔者认为只要控制住"符合规划、用途管制和依法取得"的监管，新增用地是可以与存量用地同等入市的。

二是"集体经营性建设用地与宅基地、征地"三块地如何联动？在这次国家推动的试点中，是采取三块地分别试点，而实际上三块地是相互联系的，尤其是集体经营性建设用地改革与征地制度改革实际是一个问题的两个方面，缩小征地范围就要放开集体建设用地流转，二者之间如何衔

接？因此，建议进一步针对比较成熟的试点地区进行三块地改革的综合试点。

三是收益再分配问题。从目前已经实施挂牌交易的情况看，各地交易价格差异非常悬殊，尤其是北京大兴挂牌地块信息公布以后，很多人担心是否价格过高？其实根本的问题不在于价格高低，而在于两个方面：第一，同地（同权）是否同价？这是市场机制的客观要求，价格水平必须遵循市场机制，否则改革很难成功，假如集体土地流转价格低于政府征地补偿或者收购储备的补偿价格，集体经济组织乃至农民会愿意接受改革吗？假如集体土地流转价格远高于同等国有土地的价格，会有人愿意买吗？答案都一定是否定的。因此，根本的不在于价格高低，而在于要让市场机制发挥作用，市场决定价格。那么，第二个方面就很重要，如何建立收益再分配的机制，即应该对增值收益进行再分配。那么，关键问题是如何进行收益再分配？尽管南海提出了收取"统筹提留金"的做法，国家层面财政部、国土资源部也联合印发了"41号文"，采取征收"收益调节金"的方式。但是，国际上通行的做法是征收增值税，我国城镇国有土地转让也有《土地增值税暂行条例》的规定，要征收土地增值税。因此，进一步改革过程中应城乡统一征收"土地增值税"。当然，有人会担心对农民和集体征税很难做到，那至少应跟所在区域的基础设施建设、公共品投入挂钩，否则就是新的不公平。

另外，从直接经济比较来看，似乎集体土地流转与农民自主开发中，农民和集体获得了更高的直接经济收益，但是相应的区域基础设施建设、公共设施建设等则可能成为薄弱环节，如果处理不好，要么设施缺乏，要么设施条件较差，最终直接影响所处区域的城市建设水平，乃至影响生产与生活质量。其实大家关注的"小产权房"问题就在此，更多人关注的是其价格低，但是实际上其建筑质量参差不齐，水电设施标准低、容量不

足，物业管理混乱等，都是难以避免的，最终影响住户的居住质量和生活状况。当然，产权不完善也将引起一系列的后续问题。

因此，从土地资源市场化配置和土地增值收益合理分配角度，应该放开集体建设用地市场；但是从城市化"质量"来说，集体建设用地区域的基础设施、公共设施建设要实现同等标准、同等要求。一方面要从规划上同等布局，另一方面要在制度上落实基础设施、公共设施建设与投资主体责任，要让集体土地增值收益尽量用于当地的基础设施和公共设施建设，取之于地、用之于地。只有这样，才不会出现新的"城中村"，才能真正实现集体土地制度改革的预期目标。

+-+

专栏：同地同价与同权同价

同地同价与同权同价两个词简单从汉语意思表达上来说，如果"地"是指土地，"权"是指相应土地的权利，那意思应该是基本接近的，甚至可以说应该是一致的，一个意思两种说法而已。

但是，由于它们产生的政策背景不同，或者在相关文件中正式使用的场合的差异，决定了两者分别有不同的针对对象和意思表达，也就决定两两者分别有各自的使用场合和意思所指。这大概就是汉语的丰富性吧，也反映了所要表达与解决的问题的复杂性。

"同地同价"是2004年10月21日发布的《国务院关于深化改革严格土地管理的决定》（国发〔2004〕28号）提出的，要求"省、自治区、直辖市人民政府要制订并公布各市县征地的统一年产值标准或区片综合地价，征地补偿做到同地同价"，这是国家文件提出征地补偿应实施"同地同价"，主要是为了解决不同项目征地补偿标准差异过大所导致的不公平问题。按照这一文件精神，2005年7月23日国土资源部发布了《关于开

展制订征地统一年产值标准和征地区片综合地价工作的通知》（国土资发〔2005〕144号）文，具体规定了实施征地补偿"同地同价"的基本原则和技术细则，即采取征地统一年产值标准，或征地区片综合地价实现征地补偿的"同地同价"。因此，从文件语言来说，"同地同价"主要是征地补偿的相同区域与条件的土地应相同补偿标准。

"同权同价"则是《中共中央关于全面深化改革若干重大问题的决定》（2013年11月12日中国共产党第十八届中央委员会第三次全体会议通过）提出的，"建立城乡统一的建设用地市场。在符合规划和用途管制前提下，允许农村集体经营性建设用地出让、租赁、入股，实行与国有土地同等入市、同权同价。"即同权同价主要是指要实现集体经营建设用地使用权在权能上与国有建设用地使用权相同，进而达到价格水平接近乃至一致。

因此，同地同价与同权同价的说法在实践中是有区别的，或者说在适用对象上是有区别的。当然，在理论上完全可以不用区别，因此也有认为说全了应该是"同地同权同价"，这就是不区分对象的说法。

地票交易模式及其收益分配关系

哀公问曰："何为则民服？"孔子对曰："举直错诸枉，则民服；举枉错诸直，则民不服。"

——《论语·为证》

重庆地票制度自建立与实施以来，一直得到社会各界的广泛关注。有人认为重庆地票代表了农村土地制度改革的方向，是农村土地使用权流转的探索，有利于建立城乡统一的土地市场；也有观点认为，地票交易是农村发展权转移的交易，农村发展权过渡转移不利于城乡统筹发展；还有观点认为地票交易尽管解决了农村闲置建设用地的再利用与变现的问题，但也为城市建设用地过度扩张提供了途径。本书并不讨论地票制度本身的问题。由于本书所讨论的土地增值收益分配问题与现行农村土地制度、征地制度具有密切关系，那么重庆的地票交易制度是否真正探索了农村土地制度改革问题？形成了什么样的收益分配机制？本章通过梳理与分析，希望得到答案。需要说明的是，重庆地票制度设计非常严谨，各环节也非常复杂，鉴于有关地票交易的介绍与研究文献已经非常多，限于篇幅，在此不详细介绍地票的具体做法，只针对地票的形成与交易关系、收益分配关系等本质问题进行梳理与分析。

10.1　重庆地票的产生背景及其交易本质

我国在快速城市化、工业化过程中，各种建设大量占用耕地，为了控制城市建设用地规模，防止建设过度占用耕地，保障粮食安全，采取了对耕地进行严格保护的制度，具体通过控制城市建设用地规模和建设占用耕地规模指标的双重控制方式予以落实。因此，地方政府进行城市建设必须要有两方面的指标：一是城市建设用地规模指标，二是新增建设用地指标，其中更严格的是建设用地占用耕地指标。

问题的另一面，在城市化过程当中，随着农村人口进入城市，由于城市建设用地效率要高于农村，那么，随着人口城市化城乡建设用地总规模应该减少才对，但实际情况却恰恰相反，不仅城市建设用地规模在增加，农村建设用地规模也在增加。因为国家规定城市居民人均用地 $100m^2$，而农村则在 $200 \sim 300m^2$，农村人均用地量约为城镇的 2.5 倍。理论上讲，一个农村居民进城后，可节约用地 $150m^2$ 左右，如果将其复垦，耕地必然增加。而实际的情况却相反。统计数据表明，$2000 \sim 2011$ 年期间，全国 1.33 亿农民进城，城镇建成区面积增长 76.4%，而农村建设用地也增加了 3045 万亩，同期全国耕地年均减少约 1000 万亩。导致这种现象的原因是多方面的，既有制度层面的问题，如在城乡二元制度下，农民进城后留在农村的建设用地难以退出，甚至不愿退出，城市又不得不为其匹配建设用地，结果就是"两头占地"，导致城市建设用地刚性增加，农村建设用地闲置浪费；也有操作层面的问题，如由于受到利益的驱使，城市和农村都只愿增加建设用地，不愿减少建设用地，城乡建设用地总规模增加就成为必然的了。为此，国家提出实施"城乡建设用地增减挂钩"的政策，进一步控制

了城乡建设用地总规模。正是这一政策激发了地方政府开展农村建设用地
整治、复垦，以满足城市建设用地规模增加的需求。

在这个过程中，全国各地做了许多探索，其中比较典型的是重庆探索
的地票模式。2008 年，重庆正式成立了农村土地产权交易所，启动了地票
交易试点。具体做法是，将农村闲置的宅基地以及附属的设施用地、乡镇
企业用地、公共设施用地等集体建设用地复垦为耕地，经过验收以后，建
设用地指标形成地票。所形成的地票，经过审批，通过农村土地交易所的
平台进行交易，通过购买获得地票者，就可以在重庆市域内申请占用相应
面积的符合城乡规划和土地利用规划的农用地，转为建设用地，实现耕地
和建设用地的占补平衡。

重庆通过实施地票交易，在解决城乡建设用地规模、实施农村建设
用地整治复垦，乃至增加农村农民收益和闲置宅基地退出等方面都发挥
了明显作用，在创新城乡建设用地置换模式、建立城乡统一的土地要素
市场、显化农村土地价值、拓宽农民财产性收益渠道及优化国土空间开
发格局等方面，都产生了明显效果。据公开资料显示（表 10-1），2008～
2014 年，重庆累计交易地票 15.26 万亩，成交额 307.59 亿元，成交均价稳定
在 20 万元/亩左右①。

表 10-1 2008～2014 年重庆地票交易概况

年份	2008	2009	2010	2011	2012	2013	2014
交易场数	1	7	11	6	3	5	4
交易宗数	2	52	86	80	40	66	51
成交面积/万亩	0.11	1.24	2.22	5.29	2.23	2.05	2.05
成交金额/亿元	0.90	11.99	33.30	129.18	46.65	45.24	39.17

① 黄奇帆. 土地改革的重庆样本. http://www.vccoo.com/v/a389b7，2015-05-06

续表

年份	2008	2009	2010	2011	2012	2013	2014
成交均价/(万元/亩)	8.18	9.67	15.00	24.42	20.92	22.07	19.13
累计成交面积/亩	0.11	1.35	3.57	8.86	11.09	13.14	15.26
累计成交金额/亿元	0.90	12.89	46.19	175.37	222.02	267.26	307.59

注：数据来源于重庆市农村土地交易所。

从本质上看，地票并不是指土地的票据化，而是指标的票据化。地票交易的对象不是具体的复垦土地，也不是其落地时的建设用地，而是建设用地指标。地票交易制度，是在推进城乡建设用地增减挂钩、逐步建立城乡统一的建设用地市场中，通过利用农村闲置的集体建设用地复垦指标置换城市建设用地指标的方式。

地票的运行机制可以看成是土地发展权空间转移，而支撑这一机制运行的制度基础是我国土地利用规划制度（具体说是土地分区与用途管制制度）。土地利用规划制度实际限制了特定区域在特定时期内非农化的数量、位移等，就是一种指标制度，而实行城乡建设用地总量控制和土地利用年度计划管理实际上就是对农地发展权总量（以指标来体现）的控制。因此，地票交易的实质是土地发展权的交易，即将一块土地乃至一定区域进行非农开发的权利通过市场机制转移到另一块土地，实际也是另一个区域（城市规划建设区域）。

10.2　地票交易价格及其增值

（1）地票的成本与价格

重庆市对地票交易制度进行了严格的设计。从农村建设用地复垦，经验收、审查形成地票，再到地票在农村土地交易所挂牌交易的整个过程

中，形成三种地票价格表现形式，一是地票的基础价格，即基于土地发展权的地票价格，是一种理论价格；二是地票起拍价格，通常根据地票投入成本人为确定；三是地票的交易价格，是由参与地票竞买的用地单位通过公平的市场竞争而形成的，是一种市场价格。

地票的基础价格，是对失去农地发展权地块的补偿。具体而言，土地在不同用途下的收益水平不同，能够产生的租金收入也就不同，因此作为建设用地用途的土地价格和作为农业用途的土地价格之间存在差额，这种差额是由于土地用途的差异造成的，就是地票的土地发展权价格。

根据地票补偿与收益分配机制，地票在复垦过程中会支付给失地农户土地使用权补偿费、房屋及地上附着物补偿费及农户购房补助等费用，这部分费用即是对土地由建设用地转化为农业用地产生收益差异部分的土地发展权价格的补偿；另外，《重庆市地票管理办法》对收益分配进行了规定，要求地票交易所产生的收益全部返还给农民及集体经济组织，这部分收益返还即体现了地票落地后产生的收益中所包含的土地发展权价格。所以，地票基于土地发展权的基础价格是农村集体建设用地转用前后土地效益差额与地票落地使用后收益中包含的土地发展权价值之和。

地票起拍价格是指政府在综合考虑农户补偿、复垦成本等费用以及地票打包方式、市场状况等因素的基础上制定的地票竞拍起始价。政府在地票起拍价格的确定过程中，首要考虑的是地票的生产成本，即从土地复垦、验收到打包形成地票的过程中所产生的成本。其次还要综合考虑各种内外部因素的影响与各方的收益，从而更好地保障交易参与各方的利益。

地票的生产成本主要包括：土地使用权补偿、房屋及地上附着物补偿费用、失地农户的安置补助费、农村经济组织补助费用、建设用地复垦费、地票生产过程中的管理费用、地票生产过程中的融资成本等。

地票的交易价格就是地票公开交易过程中形成的成交价格。从 2015 年的地票成交价格来看，基本稳定在 20 万元/亩。图 10-1 反映了重庆市地票成交价格基本呈上升趋势。

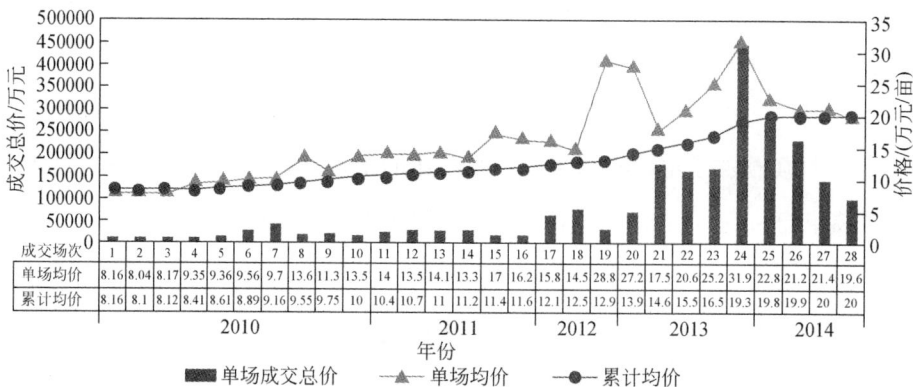

成交场次	1	2	3	4	5	6	7	8	9	10	11	12	13	14	15	16	17	18	19	20	21	22	23	24	25	26	27	28
单场均价	8.16	8.04	8.17	9.35	9.36	9.56	9.7	13.6	11.3	13.5	14	13.5	14.1	13.3	17	16.2	15.8	14.5	28.8	27.2	17.5	20.6	25.2	31.9	22.8	21.2	21.4	19.6
累计均价	8.16	8.1	8.12	8.41	8.61	8.89	9.16	9.55	9.75	10	10.4	10.7	11	11.2	11.4	11.6	12.1	12.5	12.9	13.9	14.6	15.5	16.5	19.3	19.8	19.9	20	20

图 10-1　重庆地票交易价格变动趋势

数据来源：重庆市农村土地交易所

（2）地票交易中的增值

增值收益是交易过程中由于空间规划变化导致土地区位改变而产生的土地价格的差异。因此，城市区位级差地租是地票客体（农地发展权）增值的基础。加上公开交易产生了竞争形成的价格，更好地发现和体现了转换后的发展权价格。充分反映了原有农地发展权的价值，地票交易中土地增值收益是农地发展权的增值收益。

地票交易的本质是土地发展权的交易，通过地票（土地发展权）交易，级差地租低的地块置换到级差地租高的地块，实现了城乡级差地租的价值化，从而产生增值，并通过城市土地增值收益返还远郊农村。正是由于区位级差地租的存在，释放了从农村建设用地到城市建设用地的土地区位级差地租的差额，即地票交易中的增值收益。

2015 年，重庆市地票成交价格基本稳定在 20 万元/亩，根据地票成本价格构成，平均土地使用权补偿费为 1.485 万元/亩，平均房屋及地上附着物补偿费为 2.125 万元/亩，平均安置补助费（农户购房补贴）为 2.52 万元/亩，平均农村经济组织补偿费为 1.7 万元/亩，复垦费、管理费和融资成本为 3.93 万元/亩。地票总成本即起拍价为 11.76 万元/亩。据此测算，地票交易的增值收益额为 8.24 万元/亩，增值率 70%。

在地票交易过程中，不同地区的复垦指标，均可以享受同一个指标价格，越是偏远地区享受的指标溢价收益越高。不同地区土地使用权补偿费不同，复垦成本不同。因此，重庆地票的这种定价机制可实现城市、近郊农村对远郊农村的经济外溢，达到促进农民增收和改善农村生产生活条件，发达地区支持落后地区发展的目的。

10.3　地票收益分配主体及分配关系

地票从产生、挂牌交易到最后落地，所涉及的利益主体众多，主要包括地方政府、专业复垦机构、农村集体经济组织、农村建设土地使用权人、地票持有人、地票竞购者。考虑到地票交易涉及的主要经济主体，这里重点分析农村集体经济组织为复垦主体情况下的地方政府、集体经济组织及农村建设用地使用权人（农户）等主体的收益分配关系。

（1）农民个体（农户）

根据重庆地票交易制度，农民个体和农村经济组织拥有农村土地的使用权和所有权，是地票交易过程中的生产者和供给者。

目前，地票成交单价稳定在 20 万元/亩左右（19.6 万元/亩）。根据《关于规范地票价款，促进农村集体建设用地复垦的指导意见》以及重庆市相关文件规定，相关费用标准详见表 10-2。根据相关规定和测算，地票平均生产成本约 11.76 万元/亩，因此，地票交易的增值收益额为（20 - 11.76 = 8.24）万元/亩。

根据《重庆地票管理办法》，地票产生的增值收益全部返还农户和集体经济组织，其中集体按总增值收益的 15% 计提，农户个体按 85% 计提。因此，农民个体和集体获取土地收益额分别为 7.004 万元/亩和 1.236 万元/亩。

表 10-2　重庆地票的成本构成

成本构成项目		费用/（万元/亩）	获得主体	测算依据
土地使用权补偿费		1.485	农民个体	根据《关于规范地票价款使用促进农村集体建设用地复垦的指导意见》的规定，依据征地补偿标准确定
房屋及地上附着物补偿费		2.125	农民个体	
安置补助费（农户购房补贴）		2.52	农民个体	
农村经济组织补偿费		1.7	集体	
复垦成本	复垦费用	1.54	复垦主体	
	管理费用	1.29		
	融资成本	1.1		
总成本		11.76		

同时，房屋和地上附着物、农村宅基地及其附属设施用地使用权补偿费，农户购房补贴，农户所得宅基地及其附属设施用地转化为农用地补偿也属于农民（农户）所得收益。

综上，农民个体获得的总收益包括获取的地票增值收益额（地票增值收益额的 85%）、土地使用权补偿费、房屋及地上附着物补偿费、按照补助费（农户购房补贴）共 13.134 万元/亩。相比传统征收转用模式，高于农民获取土地使用权补偿费（1.458 万元/亩）和安置补助费（2.52 万元/亩），通过地票交易，农民获取了 9.129 万元/亩的超额收益。地票交易产

生的增值收益额是征收模式增值收益额的 6.26 倍。因此，相对于传统征收
—出让方式，地票制度一定程度上提高了农村土地资产价值，尤其是偏远
农村地区。

（2）集体经济组织

对于农村集体经济组织来说，在集体经济组织为土地复垦主体的情况
下，集体经济组织投入的成本包括复垦成本及相关的资金管理成本。其中
复垦成本包括复垦过程中产生的工程费用，包括工程施工费、前期工作
费、竣工验收费、工程监理费等。投入成本共 3.93 万元/亩。

而农村集体经济组织所得的收益包括：宅基地及其附属设施用地转化
为农用地补偿、复垦形成的耕地以及集体经济组织应得地票交易收益（地
票增值收益额的 15%）。总额为 6.866 万元/亩，扣除投入成本，集体获取
增值收益 2.936 万元/亩。同时，复垦后的耕地归集体所有。

因此，集体获得的土地增值收益总额为耕地经济价值、集体获得增值
收益部分以及农村经济组织补偿费总和。相对于传统征收转用模式，获取
了较高的土地增值收益，但复垦后的耕地其发展权受到限制。

根据《重庆市国土房管局关于调整地票价款分配及拨付标准的通知》
规定，要保障农户的地票收益不低于每亩 12 万元，集体的收益不低于每亩
2.1 万元。经过测算，农户和集体获得的收益分别为 13.134 万元/亩和
2.936 万元/亩。总体来看，地票制度的实施，让农民个体和集体均获得比
传统征收模式更多的土地增值收益。

（3）地方政府

地方政府是地票生产和交易过程中另一个重要的主体，是交易平台的
提供者，交易规则的制定者，地票交易的组织者。

根据重庆的地票交易制度设计，地方政府在地票交易中并不获取任何
经济利益，无论是地票产出方的地方政府还是地票落地方的地方政府，地

票交易价款全部返还集体和农户。但在地票交易后，购买者在购得地票后要在城市规划建设区取得城市建设用地时，需要落地方地方政府通过征地—出让方式提供建设用地，这就回到了传统的征地—出让模式，严格来说其经济关系已与地票交易无关。

10.4　结论与讨论

重庆通过设置地票制度，解决了农村闲置建设用地的再利用和建设用地指标的再利用问题，实现了全市范围内的"城乡建设用地增减挂钩"，比其他地方仅仅停留在项目层面挂钩更具有灵活性和统筹意义。在运行机制上，基于建设用地指标在城乡配置的供求差异，通过地票的形式显化农村闲置建设用地指标的市场价值，既为城市建设用地增加解决了新的渠道，也充分利用市场机制实现了农村建设用地的减少，增加了耕地，使农村建设用地复垦的成本和收益同步实现，可以说在规划实施的公共政策应用与充分发挥市场机制促进资源（建设用地指标）再配置两个方面均体现了高效率。

在经济关系上，利用地票制度使农村闲置建设用地指标的市场价格得到显化，而且将地票所实现的价值，一是用于解决复垦过程中的成本问题，二是将增值收益全部分配给地票的供给者农户和集体经济组织，既实现了农村要素价值留在农村的利益机制，也体现了政府作为公共政策的制定者和执行者与利益脱钩的行政原则。

当然，地票在本质上是解决城乡建设用地增减挂钩问题，交易的实质是建设用地指标，而不是建设用地本身。因为从建设用地本身来看，农村闲置的建设用地被整理成耕地，继续留在农村使用；地票落地新增的建设

用地区，属于规划确定的城市建设区，需要继续采取征收–出让的模式进行使用。因此，地票交易在本质上没有解决现阶段征收–出让模式中的问题，但是其为充分发挥市场机制实现农村闲置建设用地的退出、建设用地指标市场化等，提供了新的思路和探索。

11

政府之间的土地收益分配

> 世上没有任何政府是值得歌颂的，哪怕它是个好政府！因为政府是纳税人养活的，为纳税人把事情办好本来就应该，还需要歌颂吗？而公民应该做的则是瞪大自己的眼睛，发现并阻止政府的恶行，及时批评它的不足。真正值得歌颂的是那些历史上和当下，不懈地争取和守护着人的自由、权利和尊严的人们。
>
> ——萧伯纳

自实行国有土地使用权有偿出让以来，在土地资产价值得以显化的同时，各级政府由此获得大量土地收益，加之在房价持续上涨背景下，土地价格也得到持续上涨，为地方政府获取持续增加的土地出让收益提供了可能，且收益稳定，因此其对各级政府财政状况具有重要影响，因此有"第二财政"、"土地财政"之称。

但是，随着土地出让收益的增加，对地方政府的重要性日益加大，中央和地方政府关于收益分配的矛盾也开始显化。调查表明，在地方政府土地收益逐年提高的情况下，中央政府收益并没有相应增加，由此引起中央政府政策的调整。本章通过回顾中央政府和地方政府土地收益分配政策的

变化过程，运用委托－代理理论分析中央政府与地方政府间经济关系的特点，并探讨其对土地利用的影响。

11.1 中央与地方政府土地收益分配政策变迁

在土地出让收益分配问题上，以中央政府颁布的政策为依据，可以划分为四个阶段。

（1）中央和地方"四六分成"

1989 年 5 月 12 日，国务院颁发的《关于加强国有土地使用权有偿出让收入管理的通知》（国发〔1989〕38 号）规定："土地使用权有偿出让收入，40% 上交中央财政，60% 留归地方财政。"地方政府认为正是由于自己对土地进行了开发建设，才使得城市土地具有巨大价值，此分成方案将自己的投资成本也算进分成，并不认同此方案。这样中央不得不对地方作出妥协，1989 年 9 月 26 日，财政部颁发了《国有土地使用权有偿出让收入管理暂行实施办法》（财综字〔1989〕第 94 号），规定："土地收益的 20% 留给地方政府作为城市土地开发建设费用，其余 80% 按'四六分成'"。中央实际上只收取了土地出让收益的 32%，其余 68% 都留给了地方政府。但实际上这一调整后的政策依然难以执行。

（2）中央对地方加大返还力度，调整上缴比例

面对一些城市政府仍采取各种措施逃避土地出让收益分成的状况，1990 年 9 月 26 日，财政部又采取了新的措施，颁发了《关于国有土地使用权有偿出让收入上缴中央部分有关问题的通知》（财综字〔1990〕第 111 号），规定："在 1990 年和 1991 年两年内，由地方上交中央国有土地使用权有偿出让收入后，我部将根据不同地区的收入上交情况，分批酌情

返还，在年终进行结算"，考虑到各地不同情况，返还采取以下办法："经国务院批准的沿海港口城市的经济技术开发区（大连、秦皇岛、天津、烟台、青岛、连云港、南通、上海、宁波、福州、广州、湛江），其上交中央收入的返还比例为95%至99%"，"经国务院批准的深圳市、珠海市、汕头市、海南省经济特区，其上交中央收入的返还比例为85%至90%"。这样计算，中央实际上只保留了土地收益的0.32%～4.8%。但因为返还时间是两年，并只针对部分地区，不能从根本上解决问题，也没有起到激励地方政府上缴土地出让收入的作用。1992年财政部不得不再次调整上缴比例，规定土地出让收益5%上缴中央财政，95%留归地方。1994年实行新的财政体制，来自土地的各种收益全部归地方所有，中央已没有任何土地收益了。

（3）新增建设用地土地收益全部上缴中央

1997年，中央政府再次改变土地收益金分配策略，在《中共中央、国务院关于进一步加强土地管理切实保护耕地的通知》（中发〔1997〕11号）中规定："今后，原有建设用地的土地收益全部留给地方，专款用于城市基础设施建设和土地开发、中低产田改造；农地转为非农建设用地的土地收益，全部上缴中央。"此举主要是为了促进地方政府进行城市建设过程中充分利用存量建设用地，减少新增建设用地，尤其要控制占用耕地。

（4）新增建设用地有偿使用费，中央和地方三七分成

1998年修订后实施的《土地管理法》将中央和地方政府的土地收益分配关系又进行了调整，"新增建设用地的土地有偿使用费，百分之三十上缴中央财政，百分之七十留给有关地方人民政府，都专项用于耕地开发"。

总的来看，在中央政府和地方政府土地收益分配问题上，前两个阶段中央政府对地方政府在收取出让收益比例上不断降低，希望通过降低收取比例实现总收益的增加，但是并没有如愿。在后两个阶段，中央政府开始

改变策略，放弃对存量建设用地出让收益的收取，转向征收新增建设用地有偿使用费的新策略，并将其与用地审批环节相挂钩，利用土地审批权实现土地收益的分配。

11.2 土地出让收益分配博弈产生的原因

（1）地方政府具有博弈动机

改革开放后，中央和地方政府间进行了财政体制改革，实行"划分收支，分级包干"，中央与地方"分灶吃饭"，并在 1994 年开始正式推行"分税制"，进一步明确中央和地方政府的财权。中央和地方政府关系的变化改变了以前地方政府完全依附于中央政府，没有自己独立意识的地位，强化了利益主体意识，地方政府开始具备自身的财产和收益，加快发展、扩张自己的财产和收益就成为地方政府的内在动力。从外部动力看，由于中国政府实行官员由上级任命且对上级负责的政治体制，地方政府的政绩考核指标在很大程度上依据地方的经济发展指标，这实际上也在激励地方政府官员重视一切经济发展的要素资源，把效率原则放在首位。

（2）地方政府具备博弈能力

在传统计划经济体制下，地方政府的职能只在于执行中央的决策，不能独立行使权力，在经济方面，资源由中央集中配置，地方政府没有或很少有自己可控制的资源。可控资源的严重缺乏，使地方政府失去了行为能力。在行为目标方面，由于地方政府必须绝对服从中央，不存在独立利益和行为目标，中央对地方政府官员工作的评价标准是看其是否认真执行了中央计划。这些因素导致计划经济时代的中央政府完全控制地方政府的行为空间、行为能力、行为权利和行为动机，地方政府不具备成为独立利益

主体的条件，地方政府和中央政府间是一种单向依赖的等级关系。

十一届三中全会（1978年）以后，为适应对外开放和经济建设的需要，中央政府向地方政府下放了部分政治和经济权力，在政治方面，地方政府有了一定的经济管理职权。在经济方面，随着中央政府下放计划管理权、国有资产投资权、物资分配权、财政税收权和信贷权等，地方政府有了可控制的资源，从而扩大了财权和事权。中央政府的某些职能开始由地方政府行使，地方政府有了自己的行为空间、行为能力、行为权利和行为动机，成为具有自己利益的独立主体。中央和地方关系演变为双向依存的委托代理关系。根据委托-代理理论，代理人会充分利用"代理资源"与委托人讨价还价，诱使其作出对自己有利的制度安排；或者利用委托人的授权，从自己的角度理解和贯彻上级要求实施的制度规则，以实现自身利益最大化。

（3）土地产权机制缺失使地方政府具备博弈的空间

发展经济必须要有相应的资本，但改革开放后地方政府已无法像中央政府那样通过直接占有农业剩余来完成资本的原始积累。土地具有资源和资产的双重属性，土地资源进行市场交换就能转变为资本，政府垄断了土地一级市场，具有将土地资源变现的能力。出让土地的产权归政府实施，但是，中国实行中央、省、地（市）、县、乡（镇）五级政府架构，各级政府拥有的土地产权边界界定不清，这就给地方政府留出了在土地收益上和中央博弈的空间，使其利用土地资源向土地资本转变，以地生财。

11.3 委托-代理的土地产权关系特点

中国地域辽阔，土地市场与地方经济社会区位关系密切，这两个条件决定中央政府必须将土地产权委托给地方政府，中央和地方政府间类似于

企业股东和经理人之间的委托代理关系，但和企业相比，这种中央和地方政府间的委托代理关系又具有其特殊性。

（1）作为委托人的中央政府不具有退出权

产权经济学认为，任何两个或两个以上经济主体之间可能发生的关系大都可以用一个（显明的或隐含的）合约（contract）来刻画，合约存在能否被有效履行的问题。当不能有效履行时，合约另一方所能实施的最佳的惩罚性对策被认为是中止合约关系，这种行为称为"退出"。在现代公司理论中，作为委托人的股东具有可转让的股权，可以用退出来保护自身财产权利和抑制公司代理人的发散行为。与此相比，中央政府作为土地产权关系的委托方，当发现地方政府在土地管理活动中损害了自己的利益时，却无法将自己的土地所有权转让给他人，退出和地方政府的委托-代理关系，这样就不能对地方政府的行为进行有效的惩罚，助长了其道德风险。

（2）地方政府没有代理人竞争的压力

在现代公司理论中，存在代理人市场，代理人面临着市场上其他代理人竞争的压力，这就促使其必须努力工作，约束了代理人道德风险。和公司所有者追求利润最大化的目标相比，中央政府的目标函数中包含社会的稳定性、政策的延续性等更多因素，决定了中央政府的行为方式不同于公司所有者，无法因为工作绩效问题随意撤换代理人，中国政治体制也不同于西方民选政府，因此地方政府没有其他代理人与其竞争土地管理权的压力，增加了道德风险的概率。

（3）委托-代理的产权界定不清

地方政府代理的土地产权可分为产权代理与经营代理两个层次。作为产权代理的政府机构是为行使国家权力而设置的，是借用政权组织管理产权事务，节约产权代理费用，要优先考虑政府政治目标。作为经营代理，

要保证土地资产的保值和增值。政治目标和经济目标不能完全兼容，产权代理和经营代理间也就存在着内在的矛盾性。

土地产权还存在着在各级政府间权限界定不清的问题。《土地管理法》规定，"国家所有土地的所有权由国务院代表国家行使"，强调了中央政府的统一所有，维护了一直以来坚持的土地公有制，在绕过所有权的情况下对使用权进行改革。土地出让体制就建立在所有权和使用权分离的基础上，但是随着改革开放和社会经济的发展，地方政府已成为和中央政府具有不同目标函数的独立利益主体，土地所有权的实际受益主体呈现出多元化的格局。国家回避土地所有权主体多元化的现实，在《土地管理法》中也没有考虑到在允许依法出让土地使用权的前提下，对国家所有的土地资源作进一步的权属划分，即哪些土地属于中央政府所有，哪些土地又属于地方政府所有。在市场经济体制中，中央和地方政府是两个不同的利益主体，他们共同拥有国家利益，又分别拥有不同的事权、财权以及因此带来的利益。

在各级政府各自具有自己的利益取向背景下，如果不对土地资源权属作明确划分，产生的权益矛盾就只能运用行政权力加以解决。这就使得中央和地方在土地出让收益分配的经济关系方面始终界定不清。地方政府认为自己是城市土地的实际所有者，拥有土地处置权，土地的巨大价值是由于自己对土地进行开发投资建设造成的，土地收益的分配关系要和处置权一致，土地资源要加快向土地资产的转化，服务于地方经济增长；中央政府则要求自己的所有权主体地位在经济上得到体现，要求兼顾土地资源与资产利益，确保可持续利用。土地产权的这种模糊界定决定了土地出让收益无法在中央和地方间分清。

（4）中央和地方政府的效用函数差别很大

中央和地方政府由于自己地位和所担负职责的不同，在土地出让问题

上的效用函数差别很大。要具体测算出中央和地方政府各自的效用函数是很困难的，因为土地是基本的生产和生活要素，一个地区出让土地的数量不但关系土地收益，还会间接关系到当地的企业用地、商业用地、住宅用地的数量，进而影响市民就业、住房等一系列问题。对于中央政府来说，在土地出让问题上要考虑的主要是土地所有权收益的实现、粮食安全和生态安全等。而地方政府的效用函数更加复杂，包括：①城市土地是政府财政收入的重要来源，获取城市土地出让收益增加当地政府稳定的财政收入，为城市建设提供重要的资金来源。②经济发展水平和城市面貌是衡量地方官员"政绩"的硬性指标，事关职位升迁，利用经营城市来取得政绩，包括用廉价的土地招商引资，同时又希望高价拍卖土地，大力进行城市建设等都是增加政绩的有效方式。对于不同时期、不同地方的政府，动机也各不相同。各级政府土地出让效用函数的不一致决定了在出让收益分配上不可能产生合作博弈。

11.4 中央与地方政府土地收益分配机制的理论模型

土地出让收益分配比例偏向中央政府，可使中央政府掌握较多财力，有利于宏观调控能力的加强。但是，实际的土地出让工作由地方政府来完成，分配比例过分偏向中央，会挫伤地方政府工作积极性，影响正常工作的开展，进而同样损害中央利益。如果分配比例偏向地方政府，会调动其开展出让工作的积极性，增加地方政府财力，但又会带来大量圈占耕地，引起粮食安全、生态安全等问题。

图 11-1 中纵坐标代表土地收益，横坐标代表土地收益在中央政府和地方政府间的分配比例，OO' 间的距离为 1。A_0 点是最初中央政府对土地出让

收益的需求曲线 D 和地方政府的需求曲线 D_0 的交点，和 A_0 点对应的土地出让收益和 OQ_0 分配比例分别是 P_0 和 Q_0，矩形 $P_0A_0Q_0O$ 是中央政府的土地出让收益。当中央政府采取扩大自己收益比例的做法时，将自己占用的收益比例从 OQ_0 扩大到 OQ_1，这种做法影响了地方政府开展土地出让工作的积极性，需求曲线由 D_0 下移至 D_1，此时中央政府的实际收益是矩形 $P_1A_1Q_1O$，当矩形 $BA_1Q_1Q_0$ 的面积小于 $P_0A_0BP_1$ 时，中央政府的实际收益就存在下降的可能。如果中央政府主动降低自己的收益分配比例，激励地方政府做好土地出让工作，使其需求曲线由 D_0 上移至 D_1，此时中央政府的实际收益就变成矩形 $P_2A_2Q_2O$，反而有可能在降低自己分配比例的情况下使实际收益有所提高。实际上，当中央政府采取不同的收益分配政策时，地方政府还会采取将减少土地出让金分成基数、转为实物地租收取等方式应对，在图中表现为地方政府需求曲线斜率的变动，导致结果就更加复杂。因此，土地出让收益分配比例政策的执行效果必须要根据中央和地方间实际博弈情况而定。

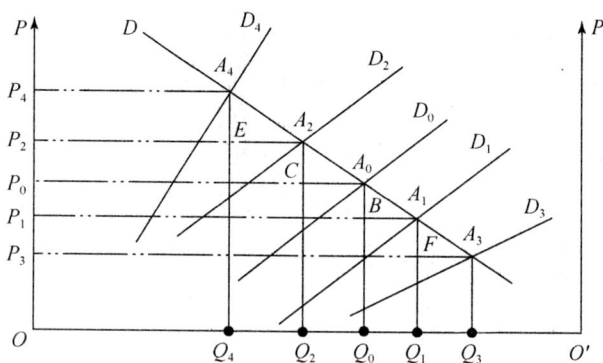

图 11-1　土地出让收益分配比例

11.5 研究结论

在传统计划经济体制向市场经济体制的转轨过程中，地方政府和中央政府间的关系由单向依赖的等级关系演变为双向依存的委托–代理关系。地方政府开始成为独立的利益主体，财政体制的改革，特别是"分税制"的实施更强化了这一趋势。地方政府具有了和中央政府博弈的动机和能力，中央政府和地方政府土地产权关系的现状又给予地方政府在土地出让收益问题上和中央博弈的空间。产权关系对双方竞争的方式进行限制和选择，决定博弈的结果。现有的土地出让收益分配政策是中央和地方政府在现有产权关系约束下为实现各自利益最大化进行博弈达成的均衡结果。产权关系的变化会改变各自的约束条件，引发新一轮博弈，达成新的均衡。因此，完善土地产权结构是解决目前地方政府大量征地、占地、出让土地等问题的关键。

第三部分 研究结论与政策建议

如果居住在这一地球上的人是真正的思想生物，那人们就不可能对各种各样，甚至是漫无目的和惊人的噪音坐视不理，听其为所欲为。如果大自然真的要人思考的话，她就不会给人以耳朵，她起码会给人配备一副密封的、可以关闭的耳朵，就像蝙蝠的那种我所美慕的耳朵。但是，人就像其他生物一样，究其实只是可怜的动物，人的能力配备也只是为刚好能够维持自己的生存而设。为此理由，人们需要随时张开着耳朵，自动自觉通知自己追捕者的到来，不管是白天还是黑夜。

——叔本华

土地增值收益分配的实践特征

在前两部分，我们分别按照征地（拆迁）、土地出让、房地产开发三个环节，在进行理论梳理的基础上，利用不同层面的实践数据分别测算了各个环节相应经济主体的土地增值收益分配（分享）关系，并考虑到不同区域、不同用地类型的差异，分别从区域层面、宗地或者项目层面，并区分用地类型，进行了定量考察，实证测算了实践中土地增值收益分配（分享）的客观状况，其最直接的价值是回答了土地增值收益分配的实际状况，回答了究竟各方主体各获得了多少增值收益，是一方独占还是多方共享，谁分享的多，谁分享的少等。在此基础上，我们更关心的是形成这种分配（分享）关系的体制与机制，通过对实际的分享状况分析，希望能够为分析土地增值收益分配与分享关系奠定基础，希望由此可以判断土地增值收益分配的合理性，探索分配机制，为进一步探讨影响土地增值的形成与分配的体制提供启发。

12.1 现阶段土地增值收益分配的主要特征

（1）总体来看，土地增值Ⅲ大于增值Ⅱ，增值Ⅱ大于增值Ⅰ

无论是分区域、分城市的测算，还是按项目、按宗地的分析，无论是住宅用地的房地产开发，还是商业、工业等产业部门用地，三个环节的土地增值均是开发环节的土地增值Ⅲ最大，农民和集体获得的土地增值Ⅰ最少，而且相互之间差异较大（表12-1）。从各自所占总的份额来看，土地增值Ⅰ在10%左右，土地增值Ⅱ在20%左右，相应的土地增值Ⅲ占据其余的70%~80%。

表12-1 不同类型项目土地增值收益测算结果

测算对象	土地增值Ⅰ 绝对值/（元/m²） （占比/%）	土地增值Ⅱ 绝对值/（元/m²） （占比/%）	土地增值Ⅲ 绝对值/（元/m²） （占比/%）	备注
省级面板数据	66（2）	486（14）	2 973（84）	
以城市单位	99.02（4.2）	777.17（26.0）	3 195.59（69.8）	
城市住宅开发项目数据	4 100（18.4）	5 400（24.2）	12 800（57.4）	单价为楼面单价
城市公建开发项目数据	4 200（19.3）	6 900（31.6）	10 700（49.1）	单价为楼面单价
征地样本住宅开发项目	149（25）	448（75）	—	
征地样本商业开发项目	31（10）	296（90）	—	
征地样本工业开发项目	31（66）	16（34）	—	

（2）房地产开发用地的增值规模较大，工业等产业用地增值有限

从不同类型用地的增值规模来看，存在着较大的差距，其中房地产开发用地的三个环节增值额度都较大，且三个环节的差距也更大，这应该与

近年来房地产价格持续快速上涨有关，高额的房价提供了土地增值分享的空间。而工业用地由于地价水平偏低、征地补偿基本按照刚性标准，因此其增值额度一般较小，且三个环节的增值差异也相对较小。

（3）旧城改造及城近郊区的拆迁开发项目增值规模远大于远郊区，大城市远高于中小城市

从项目区位和项目类型的增值差异来看（表12-2），旧城改造及城市近郊区的拆迁开发项目，其增值规模要远高于远郊区，尤其土地增值Ⅰ的占比要远高于郊区的征地补偿项目，导致这一结果的首要因素应该是区位差异，较好区位的高房价为高地价提供了空间，也为较高的拆迁补偿提供了可能，尤其在高房价背景下的"拆一补一"政策，决定了高拆迁补偿与高房价的"滚雪球"效应。

表12-2　不同类型项目土地增值率测算结果　　　（单位:%）

测算对象	土地增值Ⅰ的增值率	土地增值Ⅱ的增值率	土地增值Ⅲ的增值率
城市拆迁样本住宅开发项目	740	190	150
城市拆迁样本公建开发项目	1290	220	90
征地样本住宅开发项目	452	110	—
征地样本商业开发项目	94	103	—
征地样本工业开发项目	95	11	—

（4）第一环节土地增值率普遍高于第二和第三环节

通过对三个环节土地增值率（增值额与土地原始价值及投入成本的比值）的测算与分析，总体反映出第一环节增值率最高，尤其城市拆迁项目在第一环节的增值率高达7.4～12.9倍，征地的住宅开发项目增值率也达到44.5倍，工业开发项目就低的很多，仅95%。总体来看，所处区位及

后期开发价值决定了增值率的高低。第二环节和第三环节在不同类型项目和不同区域上互有高低，但增值率均普遍低于第一环节，这与增值规模及增值所占份额相比存在着差异。究其原因，主要是第一环节的土地原始价值一般较低，且基本没有投入成本，因此相比较而言，在增值规模不大的情况下，由于原始价值和投入成本较低，得到了较高的增值率。

（5）集体土地流转与自主开发的增值收益主要留在了集体和农户，但是存在着如何实行收益再分配问题

集体土地自主开发的增值规模同样取决于所处区位及开发类型，区位条件好的商业开发项目同样存在着较高的增值规模，当然存在着规划是否合理、基础设施谁来投资建设与维护等问题。集体土地流转与自主开发的增值收益分配，当然首先是通过流转交易与开发经营过程留在了集体和农民手中，但是存在着如何实行收益再分配的问题。当前在试点过程中国家提出采取征收"土地增值收益调节金"的方式，乃至部分试点地区采取的征收"城乡统筹提留金"等，都体现了土地增值收益的二次分配，然而对于实施二次分配的政府是采取征收"调节金"合适，还是采取收税的方式，存在着争议。

（6）集体土地开发权转让收益的实现取决于制度设计

重庆采取地票交易的方式实现了农村建设用地指标的退出与流转，并实现了城乡建设用地的再配置，有人称之为开发权转移，同时实现了退出开发权一方（对于重庆来说主要是农户，通过开发整理将其闲置的宅基地建设用地指标退出，并获得收益）经济利益。本质上说，重庆地票流转交易的并不是土地（因为闲置宅基地整理成耕地以后继续留在村里耕种），而是土地指标（准确说是建设用地指标）。地票的制度设计决定了农户闲置的宅基地除了其土地本身的价值以外，其传承而来的建设用地性质可以放弃，可以转化为指标，可以变卖实现收益。这是在城乡

建设用地总规模控制与规划用途管制的制度背景下，为解决城乡建设空间再配置的制度设计，其存在和发展有一定的制度与实践背景，无论今后如何发展，其将指标资源化并采取市场化配置的方式，是很有意义的一项尝试。

12.2　关于土地增值收益分配关系的基本结论

针对土地增值收益分配问题，通过理论分析和实证研究，我们所得到的基本结论有：

（1）土地增值客观存在，增值额主要受所处区位、后期开发价值等影响

总体来说，土地增值普遍存在，无论是城市还是郊区，无论是房地产开发用地还是工业用地，也无论是征地开发项目还是旧城改造项目，都存在着土地增值。当然，不同区域，不同类型的开发项目，不同利益主体，乃至不同时期，土地增值的幅度存在着较大差异，尤其不同主体所获得的增值收益差距较大，也正是由于这种差异，导致各利益主体之间在增值收益分配关系方面存在着尖锐的矛盾。

通过定量分析的结果总体表明，集体（农民）、地方政府、房地产开发企业三者所得土地增值呈"集体（农民）<地方政府<房地产开发企业"的规律，且土地增值区域差异较明显，呈现"经济发展水平高、土地增值高"的特征。

分析土地增值差异所得到的基本规律是，城市市区和近郊区的土地增值远高于远郊区，住宅和商业开发项目的土地增值远高于工业用地，房地产开发环节所获得的增值远高于原土地使用者和所有者。

这一收益分配格局的形成，根本上在于我国城乡二元土地所有制背景下逐步形成的集体土地征收征用制度和国有土地出让、开发制度；客观上

近年来房价快速上涨为房地产开发企业获取高额超额利润（即土地增值Ⅲ）提供了可能；同时房价高涨又为地价上升提供了空间，地价上升随之推高了地方政府获得的土地增值Ⅱ，因此过快上涨的房价成为土地增值收益严重失衡的现实根源。

当然，之所以说土地增值普遍存在，一方面是由于土地资源的稀缺性、位置固定性，乃至区位条件的改善等，都会引起土地增值，即土地增值存在着长期趋势，这是引起土地增值的长期因素。另一方面，我们所分析的这一时期，正处于房地产市场快速发展时期，房价高歌猛进，城市化和工业化过程中对土地需求也比较大，为短期持续实现土地增值提供了经济空间，这是土地增值的短期因素。

（2）土地增值分配并非一方独占，在不同环节均有分享，只是分享比例存在较大差异

在我国城乡二元制度背景下，征地（拆迁）、土地出让、房地产开发环节是实现土地增值收益分配的基本过程，现行制度体系下各环节的产权关系决定了土地增值收益分配的经济关系，其中在征地（拆迁）环节集体和农民（拆迁户）通过征地（拆迁）补偿获得土地增值Ⅰ，地方政府在土地使用权出让环节获得土地增值Ⅱ，房地产开发企业在房地产开发与销售环节获得土地增值Ⅲ。

从土地增值收益分配关系来看，土地增值并非哪一方主体独占，而是在土地征收（拆迁）、出让、开发等不同环节，由各相关利益主体所共同分享。只是在不同环节，各相关利益主体所获取的土地增值收益分配比例存在着较大差异，这是引起土地增值收益分配矛盾的关键。尤其是，在土地征收（拆迁）、出让、开发三个环节，原土地所有者和使用者（农户和集体，拆迁户）所获得增值通常低于实施征地（拆迁）的地方政府，而地方政府所获得的土地增值又低于房地产开发商，这也是普遍认为收益分配

不公平、不合理的关键所在。

那么，紧接着的问题是，究竟多少是多、多少是少？或者相关主体分享到多少是合理的？这是值得进一步研究的问题。

（3）土地增值分配主要靠各产权转移环节实现，缺乏再分配的手段

从土地增值分配的实现过程来看，在征地（拆迁）环节，农民和集体通过获取征地（拆迁）补偿获取相应的增值；地方政府在土地出让环节，通过获得土地出让地价获取相应的增值；房地产开发商，在房地产开发及售房环节，通过售房价格获取相应的增值。这些增值分配（分享）关系均发生在"交易"环节（尽管征地（拆迁）作为"交易"带有强制性），理论上一般称为"一次分配"，而缺乏收益再分配，即基于公平目标的收益再调节。

收益再调节，国际上通行的做法是针对增值收益征收增值税，重点是解决公平问题，防止获取暴利。这种收益再调节，首先在完全市场化的房地产开发环节，国家有规定，但是没有完全实现，或者未能达到收益再分配的目标。国家于1993年颁布实施了《中华人民共和国土地增值税暂行条例》①，但是该条例的实际执行并不到位，绝大多数情况并没有征收，部分地方采取"预征"的方式，即不管房地产开发完成后实际增值多少，在开发商获取土地时即提前征收，这么做只能诱使开发商将预征税作为成本转嫁到房价中，而难以起到抑制房价上涨的作用，乃至即使是房价暴涨，而通过征收增值税，也可致使开发商无法获得暴利，这样才能达到增值税的税收调节目的。

---

① 该条例规定自1994年1月1日起执行，并由财政部于1995年1月27日发布《中华人民共和国土地增值税暂行条例实施细则》。但是，由于实践中土地增值税的征收很困难，征收效果并不理想，因此国家税务总局于2007年1月16日发布了《关于房地产开发企业土地增值税清算管理有关问题的通知》，规定从2月1日起，各地对房地产企业的房地产开发项目进行土地增值税清算，正式向企业征收30%~60%不等的土地增值税

其次在城市拆迁补偿过程中更无从谈起收益再分配问题。在现行制度体系下的"拆迁"具有强制性的背景下，在实践中也确实存在部分强制拆迁的情况，因此拆迁户被普遍认为是"弱势群体"，是利益受损方，是要重点保护的对象，这并没有错。然而，在实践中我们往往看到更多的是拆迁暴发户，尤其在"拆一补一"、实物补偿的情况下，拆迁户动辄获得几套，多者十几套住房的情况下，其所获补偿实际是远远高于被拆迁房产价值的。近年来一些大城市近郊区出现越来越多的"拆迁暴发户"，靠租房为生的新食利阶层，已经越来越引起各方重视。那么，基于拆迁补偿所获取的超高利益是否合理呢？如果不合理应该如何调节呢？这是值得研究的问题。实际上，与土地增值收益分配比例相差悬殊相比，土地增值分配方式是否合理更关键，因为从制度设计和政策效果来说，起点公平比结果公平更重要。

因此，土地增值收益分配差异悬殊，尽管存在分配不公的问题，但是最根本的不是多少问题，而应该是制度问题，必须从制度层面探讨改革和完善的方向和措施。在制度设计方面：第一，是否遵循产权机制、市场机制；第二，是否有制约获取暴利的制约机制（制度与政策）；第三，如果有了制度与政策，监管机制也要同步到位，即"警察机制"是否有效。

+·

专栏：温哥华推房产空置税 遏止中国买家囤房炒楼

参考消息网 2016 年 7 月 17 日报道。法媒称，中国投资者到欧美买楼掀起炒风，令部分地方的楼价高企之余，房屋空置率却上升。根据加拿大广播公司报道，温哥华市政府 7 月 11 日宣布，可望在明年将会引入空置房屋税，应对房价炽热问题。

据法国国际广播电台网站 2016 年 7 月 14 日报道，加拿大不列颠哥伦

比亚省财政厅长麦德永表示，市政府政策委员会将于 7 月 25 日就引入新法例投票，让温哥华市政府有权向空置房屋业主征税。

根据省政府水电局的数据，温哥华现有 1.08 万个空置 12 个月以上的住宅单元，其中有 9700 个是公寓，占温哥华公寓总数的 12.5%，其他为独立屋或其他住宅，占全市总数的 1%。

温哥华市长罗品信表示，空置税可鼓励人们将空置房屋出租，而空置房屋税率将于数月内决定，希望能尽快解决房价高企以至难以承担的问题。

报道称，不过温哥华时事评论员伊比不看好此政策，他指出政策概念虽好，但要针对整个大温哥华地区实施征税才有成效，只在单一城市内征税不可能有效为楼市降温。

根据彭博新闻社发布的消息，由于大量中国投资者涌入温哥华，该市的楼价在最近 5 年上升了 40%。报道引述当地一家豪宅中介商表示，中国的买家今年在西温哥华高档地段购入了接近 3/4 的豪宅，平均每幢价值 310 万加元（约合 1600 万元人民币）。此外，该中介商今年经手售出 15 幢平均价值 800 万加元（约合 4140 万元人民币）的超级豪宅，包括一个叫价 1980 万加元（约合 1 亿元人民币）、面对港口面积为 6600 平方英尺（约合 613 平方米）的高层单元。

资料来源：http://news.sohu.com/20160717/n459591757.shtml

（4）理论上，土地增值是由于规划与用途改变、基础设施改善、增加投资等多种因素引起的，但是实践中近年来的持续快速增值主要是由于房价快速上涨引起的

理论上来说，土地是自然的产物，具有总量有限、位置固定、多用途使用等特性，这些特性决定了其供求关系的特殊性，也决定了其具有长期增值的趋势。归纳起来，决定土地增值的因素主要有：一是对土地投资的

增加；二是基础设施、公共设施的改善；三是土地用途的改变，如工业用地改造为住宅用地等；四是随着时间的推移、人口的增长和社会经济的发展等，都会引起土地增值。客观说，由于土地总量有限，缺乏供给弹性，因此土地增值是长期趋势，但在不同时期会受市场供求关系影响存在波动。具体观察中国进入 21 世纪以来的土地及房地产市场变化，出现土地价格持续、快速大幅上涨，进而各相关利益主体分享到数额可观的土地增值，这主要是持续、快速上涨的房地产价格为土地价格上涨提供了空间，当然随着地价、房价的轮番持续上涨，征地、拆迁补偿等普遍提高，也存在"滚雪球"效应，引起恶性循环。

（5）与增值分配比例相比，土地增值分配方式更关键

从研究结果来看，尽管不同环节的土地增值收益分配差距很大，存在着明显的不合理现象。但是，与此相比，从改革和制度完善的角度，建立兼顾公平与效率的土地增值收益分配制度，构建保障市场与政府各司其职的收益分配规则，将比直接调整收益分配关系，甚至通过行政手段确定收益分配比例，要重要的多。

如果说某个经济主体获取了超额的，乃至巨额的土地增值收益是不合理的（当然客观上确实是不合理的），那么比尔·盖茨等世界富豪，他们的收益是否也是不合理的呢，他们是否也应该受到批判呢？因此，关键不在收益分配差距，而在于收益分配方式。具体来说，就是基于产权主体的市场交易环节，应该遵循市场规则，在合法、依规的前提下允许暴富，这是效率原则、市场规则；但是，政府要有调节暴利的手段，那就是通过征税等方式实行收入再分配，这是公平原则。

土地增值收益分配悖论

> 资本逃避动乱和纷争，它的本性是胆怯的。这是真的，但还不是全部真理。资本害怕没有利润或者利润太少，就像自然界害怕真空一样。一旦有适当的利润，资本就胆大起来。如果有10%的利润，它就保证到处被使用；有20%的利润，它就活跃起来；有50%的利润，它就铤而走险；为了100%的利润，它就敢践踏一切人间法律；有300%的利润，它就敢犯任何罪行，甚至冒绞首的危险。如果动乱和纷争能够带来利润，它就会鼓励动乱和纷争。
>
> ——马克思《资本论》

在地价、房价持续上涨的时代，在城市化、工业化快速发展对土地的需求日益膨胀的时代，一些人由此获得了巨额利益，一些人只能作为旁观者。旁观者由于没有得到相应的利益，自然有眼红的，有着急的；而得到利益的，也有认为不公平的，为什么我获得的没有他们获得的多？即使获得的多的，也觉得自己丧失了土地或者房产权利，应该获得更多。因此，实际上在这场资本游戏当中，似乎没有满意的。问题出在哪呢？为什么都不满意？这是需要研究的问题。

191

13.1 土地增值收益分配实践的主要矛盾

任何时候涉及利益分配问题，首要的是建立大家共同认可的规则，然后按照规则解决利益关系。如果没有规则，或者不按照事先建立的规则行事，产生矛盾就是必然的。

（1）不同环节增值分配差异巨大，导致各相关主体竞相争抢增值分配

从定量分析结果来看，三个环节的土地增值分配存在着巨大的差异。从各自所占总的份额来看，土地增值Ⅰ基本在10%左右，土地增值Ⅱ大约在20%左右，相应地土地增值Ⅲ占据其余的70%~80%。而且不同类型项目（住宅开发增值远大于工业项目）、不同类型区域（城近郊区增值远大于远郊区）之间也存在着巨大的差异。这种巨大差异是引起增值收益分配矛盾的主要焦点，所谓"不患寡而患不均"，进而导致各种"争抢机制"。

首先，征地、拆迁过程中的"原住民"争抢。其所形成的基本机制，一是"违章违法"机制；二是"钉子户"机制。所谓"违章违法"机制，就是被征地农民和拆迁户往往通过违章，甚至违法手段获取更高补偿。比如征地补偿，《土地管理法》中规定，征地补偿费是按照"该耕地被征收前三年平均年产值"的一定倍数进行补偿，但是实践中往往一旦某个地区要征地，耕地上一夜之间就能"长"出树苗来，因为树木比普通农作物补偿费高；再比如拆迁补偿，按照《国有土地上房屋征收与补偿条例》① 规定，"保障被征收房屋所有权人的合法权益"，所谓"合法权益"，自然要

---

① 2011年1月21日中华人民共和国国务院令第590号发布

求是经过批准建设、并经依法登记的合法建筑，但是往往一旦某个地区依据规划要拆迁，各种违章、违法建筑就拔地而起，有的建筑连基本的建筑质量都难以保证，产权登记更无从谈起。但是，政府在实施拆迁补偿过程中，为了安抚拆迁户，尽快实施拆迁，往往并不严格遵循合法还是违法，只要给补偿款能顺利拆迁那就给拆迁补偿款，因此实际补偿中不管建筑合法不合法，均按面积补偿，导致恶性循环。这种做法，从政府管理角度来说，实际也是政府行为的违规，或者说是为了满足征地拆迁的要求而进行的经济补偿上的让步，实际是对市场主体违法、违规行为的纵容，导致规则丧失。

所谓"钉子户"机制，就是对那些采取各种手段、理由不配合征地、拆迁，高价索要补偿的"钉子户"往往不得不给予了更高的补偿，进而导致新的效仿、无原则的攀比，引起恶性循环。

客观来说，不按照法律规定进行低补偿是错误的；而采取非常手段、强制手段，乃至暴力手段进行"强征强拆"肯定也是错误的；然而，不按照法律规定给予高补偿也是错误的。其引起的危害是，失去了公平公正的原则，最终结果是"老实人吃亏，钉子户暴利"。

其次，是土地出让收入的争抢。随着房地产市场的高歌猛进，地方政府土地出让收入也大幅增加，相应地，土地出让收入就成为了大家都想吃一口的"唐僧肉"，各相关部门、城市建设、支农支教、社会保障等都要使用土地出让收入，不仅在收入水平上堪称"第二财政"，在支出范围上似乎要补上所有"财政"补不上的窟窿。其危害是诱使地方政府不得不过度追求土地出让经济利益最大化，导致政府失灵。

第三，在房地产开发与流通环节同样存在着对增值的争抢。首先表现为开发商抢地，越是热点城市、热点地块争抢越激烈，因为拿到地是获取增值的前提。其次表现为开发商惜售，尤其在房价上涨预期持续存在的时

期，国家出台抑制房价过快上涨政策的时期就是开发商控制房源的窗口期，结果是导致越调控越上涨的怪圈。再次表现为炒房者众。炒房者是在最终环节争抢土地增值，当然其表现是获取房价不断上涨的增值收益。

・+・

专栏：关于土地出让收入使用范围的国家规定

土地出让收入作为地方财政收入的重要方面，国家明确规定将土地出让收支纳入地方预算，实行"收支两条线"管理。2006年12月17日发布的《国务院办公厅关于规范国有土地使用权出让收支管理的通知》（国办发〔2006〕100号），对土地出让收入使用范围做了总的规定，分别是：①征地和拆迁补偿支出。包括土地补偿费、安置补助费、地上附着物和青苗补偿费、拆迁补偿费。②土地开发支出。包括前期土地开发性支出以及按照财政部门规定与前期土地开发相关的费用等。③支农支出。包括计提农业土地开发资金、补助被征地农民社会保障支出、保持被征地农民原有生活水平补贴支出以及农村基础设施建设支出。④城市建设支出。包括完善国有土地使用功能的配套设施建设支出以及城市基础设施建设支出。⑤其他支出。包括土地出让业务费、缴纳新增建设用地土地有偿使用费、计提国有土地收益基金、城镇廉租住房保障支出、支付破产或改制国有企业职工安置费支出等。

归纳不同时期的文件要求，在国家层面，通过出台政策、规范性文件，明确规定土地出让收入使用范围，乃至具体使用比例等，主要有9个方面。

（1）征地和拆迁补偿支出。这方面实际是土地出让的成本，即地方政府要出让土地使用权，必须先征地或拆迁。

（2）城市基础设施建设支出。这方面实际应该分为两种情况：一是为

出让地块实施基础设施建设支出，这实际构成了出让成本；二是利用土地出让收入进行与出让地块无关的基础设施建设，这实际是土地出让收入纳入财政预算以后的统筹使用。土地出让收入用于基础设施建设，尽管没有具体的比例规定，但根据全国各地的实际情况来看，土地出让收入的绝大部分被用于城市基础设施建设。

（3）农业土地开发资金。2004年，《国务院关于将部分土地出让金用于农业土地开发有关问题的通知》（国发〔2004〕8号）规定，按照不低于土地出让平均纯收益的15%提计农业土地开发资金。2006年《国务院办公厅关于规范国有土地使用权出让收支管理的通知》（国办发〔2006〕100号）进一步规定，土地出让收入要重点向新农村建设倾斜，逐步提高用于农业土地开发和农村基础设施建设的比例。

（4）城镇廉租住房建设。2007年8月7日，《国务院关于解决城市低收入家庭住房困难的若干意见》（国发〔2007〕24号）规定，土地出让纯收益用于廉租住房保障资金的比例不得低于10%，各地还可以根据实际情况进一步适当提高比例。

（5）国有土地收益基金。具体比例由各省、自治区、直辖市自定，一般为土地出让收入的3%~5%，一般被用于土地收购储备。

（6）农田水利建设资金。2011年中央一号文件《中共中央 国务院关于加快水利改革发展的决定》规定，"从土地出让收益中提取10%用于农田水利建设，充分发挥新增建设用地土地有偿使用费等土地整治资金的综合效益。"

（7）农村基础设施建设支出。没有规定的比例，2012年实际支出约占土地出让收益的7%。

（8）教育基金。按土地收益10%计提。

（9）其他支出。包括土地出让业务费、缴纳新增建设用地土地有偿使

用费、支付破产或改制国有企业职工安置费支出等。

综上所述，土地出让收益约57%以上用于法定用途，且比例在逐步提高，支出范围在逐步拓展，因此土地出让收益结余非常有限。

（2）房地产开发与炒卖获取暴利，导致社会投资体系失衡

从土地增值分配结果来看，房地产开发与买卖环节的土地增值Ⅲ占比高达70%~80%，高的甚至高达80%以上。从现实当中的房价持续上涨也可以直观地判断房地产开发与炒卖环节的暴利。其危害就是导致投资体系失衡，即不同投资类型的投资收益不可比，且差异巨大，导致资金大量流入房地产领域，不断吹大泡沫，且引起实体经济失血严重。自2003年以来，大多数一线、二线城市的房价上涨达到10倍以上，任何投资的利润率均无法与其匹敌。投资利润一家独大，必然导致各路资本趋之若鹜，结果导致一系列恶性后果：一是投资性需求旺盛，引起房价直线攀升，直接影响普通居民的居住需求；二是房地产的高利润导致对实体经济资本的虹吸现象，严重损害了实体经济的发展；三是房价过快上涨大幅拉升了要素成本，包括住房价格上涨大幅提升普通居民的住房消费成本，生产用房、用地价格上升大幅提升了企业的生产成本，严重影响区域经济增长的动力；四是房地产投资的高回报率导致高杠杆，进一步加大金融与投资体系风险。

在整个投资体系中，高回报导致高杠杆，高杠杆追求高收益，但是高收益最终并非来自于资本本身，而是要来自生产过程。但是，如果生产过程不可能满足持续膨胀的高杠杆、高收益循环，一旦某个环节崩溃，必然导致经济危机、金融危机。在一个正常的经济体中，市场大类资产整体回报率必须要与经济增长相匹配。

（3）过度追求土地增值引起要素成本增加，直接危及经济健康发展

土地作为自然产物，其不断增值为相关利益主体带来巨额收益。看起来这是天上掉馅饼，不用劳动，无需经营，就可以获得高额增值收益。但是，土地作为生产要素，其价格增值最终要进入生产成本，其价格不断攀升必然导致生产成本提升。

对于农业用地、工业用地等产业部门用地，土地增值要么表现为土地租金的提升，要么表现为土地价格的提升，都将直接进入产业运行成本。产业运行成本提升，最终的结果无外乎两个：一是提升产品价格，以保持当运行成本提升以后企业仍可实现必要的合理利润，结果就是物价随之上升，引起社会成本提升。当然，生产者能够提升产品价格的前提是所增加的运行成本构成了社会平均成本（在土地价格普遍上涨的情况下就会构成社会平均成本），否则市场不可能接受所提升的价格，那么就会导致第二种结果：企业成本增加，利润下降，甚至亏损，直至倒闭，乃至资本外流，实体经济受到冲击。

对于商业服务业用地，其地价或者地租的增加，必然引起经营成本上升，同样的结果是，要么提高商品售价以维持利润，要么亏损倒闭。

至于住宅用地及商品住宅价格的上升，首先影响普通居民的住房需求与住房消费，对于买了房的来说增加了购房成本，甚至在住房面积、住房品质均未提升的情况下无端增加了住房消费投入，引起生活压力增加；对于尚没有购房者来说，其购房压力更大，甚至直接影响安居乐业。其次，影响城市集聚能力，间接制约城市经济发展。

因此，地价不是越高越好，土地增值更不是天上掉的馅饼。土地作为生产要素，其价格水平由其产品价格决定。过度追求土地增值，必然导致地价不合理上升，形成过高的土地价格，既直接影响实体产业的发展，也影响区域竞争力，影响城市居民住房消费，最终影响区域经济健康发展。

13.2 引起土地增值收益分配矛盾的根源

土地增值收益分配的矛盾，表现为经济关系问题，但是根本上是制度问题。

（1）城乡二元制度下的征地范围突破所引起的利益矛盾尖锐

政府拥有征地权基本属于国际惯例。但是，通常在土地私有制国家，政府行使征地权都是以公共利益的需要为前提的，即只有国家为了发展公共事业或公共设施建设的需要才行使征地权，征用私人所有的土地。而我国的征地制度是建立在土地公有制基础上的。通常情况下，在单一的公有制体制下，即如果全部土地都属于国家所有，而且征地过程转移的又是土地所有权，则就不会存在土地征用，因为这时只有一个土地所有权主体——国家。但是，我国的土地公有制存在着两种形式，即全民所有（国家所有）和劳动群众集体所有，这样当国家建设需要使用集体所有的土地时，就需要将集体土地所有权征为国家所有，以满足国家建设的需要。

我国现行的城乡土地使用制度存在下述逻辑推理：由于《土地管理法》第二条规定，"国家为了公共利益的需要，可以依法对土地实行征收或者征用并给予补偿。"第四十三条规定，"任何单位和个人进行建设，需要使用土地的，必须依法申请使用国有土地；……前款所称依法申请使用的国有土地包括国家所有的土地和国家征收的原属于农民集体所有的土地。"《城市房地产管理法》第八条规定，"……集体所有的土地，经依法征用转为国有土地后，该幅国有土地使用权方可有偿出让。"由此可以得出结论，即任何单位和个人进行建设，必须依法申请使用国有土地，且集体土地不能直接进行出让、转让，各种建设若必须使用集体土地，则必须

先征为国有。因此，当集体土地用于建设时（主要是非本集体企事业单位或本村村民使用集体土地进行建设时），不管是否属于公共利益需要，尤其涉及经营性用地需要出让土地使用权时，则必须先征为国家所有，然后再以一定的方式提供给相应的单位或个人使用。实际上，正是这样的制度计决定了征地范围不得不突破"公共利益"。

这里还有一个问题就是如何界定《土地管理法》第二条中的"公共利益需要"。在我国的土地征收征用实践中，进行征地的情况主要有：①国家进行公共设施及公益事业建设需要使用集体所有的土地。②国有企事业单位需要使用集体所有的土地。因为法律规定集体土地不能买卖，而国有企事业单位因投资建设的需要又必须使用集体所有的土地，则只有按照土地征收征用的有关规定进行。③需要办理出让手续的土地：因为根据现行规定，集体土地使用权不能进行出让、转让，而有关土地使用过程又必须办理土地使用权出让手续，如上市公司使用集体土地、外资企业使用集体土地、集体土地进行房地产开发、开发区占用集体土地等，则不管土地使用者是什么经济性质、是否属于"公共利益"，根据土地有偿使用的规定，都必须先征为国家所有再办理出让手续。从上述三种情况来看，只有第①种情况是属于公共利益，第②③种情况均属于经营性的和主要追求经济利润的土地利用方式，并不符合公共利益原则。但为什么又必须要进行征用呢？我们认为这不是国际上普遍采用的"公共利益"原则，而是我国特殊的"制度需求"原则。因为我国对集体土地和国有土地分别实行两种使用制度，国有土地可以实行有偿使用，可以进行出让、转让、出租和抵押等；而集体土地则不能进行出让和转让，且对用地方式进行严格的用途管制，因此集体土地如果要进行有偿使用则必须先征为国家所有，所以第②③种土地征用情况完全是为了满足制度安排的要求。

因此，我国的征地制度实际是为了满足公共利益要求和制度需求双重

目标，其中大多数情况下主要是为了满足制度需求。所谓制度需求是指在实施某项制度过程中所引起的必须采取配套措施或行为的要求。具体针对我国的征地制度，就是为了实行"任何单位和个人进行建设，必须依法申请使用国有土地，且集体土地不能直接进行出让、转让，各种建设若必须使用集体土地，则必须先征为国有"这一制度，因此当任何非本集体的单位或个人需要使用集体所有的土地时，必须先进行征用，使集体土地转变为国有土地。

由于在制度需求下所征收的集体土地往往都是用于经营性建设项目，这就引起征地后产生明显的土地增值，如由农用土地转变为房地产开发用地时，土地价格会呈几倍甚至几十倍上升，而在征地过程中对原土地所有者和使用者的农村集体和农民的补偿又相对较低，即按照农用土地年产值或者区片价进行补偿，这使得征地所产生的土地增值大部分转移到政府和开发单位手中，由此引起农村集体、农民、政府、用地单位等多重矛盾，既影响了有关各方的产权及经济利益，又阻碍了征地制度的顺利实施。也就是说，由于城、乡实施不同的土地制度，导致本来属于"公共利益"需要才征地的范围，不得不扩大到部分非公共利益用地也要进行征地，而非公共利益用地征收以后往往会产生较高的增值，正是这种增值如何分配引起征地各方存在矛盾，尤其是被征地方，认为所得到的征地补偿远低于征地后的土地增值是不公平的。因此，提高征地补偿、缩小征地范围就成为改革的重点。

需要强调的是，征地制度、拆迁制度所引起的矛盾，表面上是补偿标准的问题，本质上是补偿方式问题。首先是强制性问题，其次是征地范围超出公共利益范围，即征地以后进行经营性开发，且经营性开发实现高额的开发价值和增值，正是这种高额的开发价值和增值成为矛盾的焦点，利益争抢的重点。因此，相比较而言，如何缩小征地范围比提高征地补偿更

关键。

问题的另一面，客观说，现实中无论是征地补偿还是拆迁补偿，只要按照国家规定及地方政府发布的标准进行补偿，实际上并不低，尤其是拆迁补偿，在"拆一补一"政策和高房价背景下，不断涌现的"拆迁暴发户"就是实证，尤其是城近郊区的拆迁，往往被媒体称为是"一片旧房倒下去，一批富翁站起来"。当然，一些地方无视国家规定和地方标准，补偿不到位、强征能拆也是存在的。因此，最根本的，从制度改革层面，还是需要寻找公平与效率的结合点、分界点。

（2）房价持续上涨所引起的末端高回报导致了地价"滚雪球"式攀升

从征地/拆迁—出让—开发全流程来看，房价在最末端，恰恰这处于末端的房价连年来处于持续的上涨通道，为房地产商、炒房客赢得了大量利益的同时，也为开发商可以以更高价格竞买土地提供了空间，导致地价"滚雪球"式攀升，既为土地增值提供了空间，也引起征地补偿、拆迁补偿、土地及房地产开发成本不断上升。最关键的是，末端的高房价让处于前期包括征地/拆迁、土地储备/开发、土地出让等各环节的农民/拆迁户、集体、政府看到了土地资源价值的上升空间，因此不同时期的房价持续上涨，必然引起新的征地/拆迁补偿要价的提升，导致土地收购储备、土地一级开发成本攀升。而对于开发商来说，更以获得更多土地为要务，哪怕付出更高代价也要竞得土地，因为只有竞得土地才能在新一轮涨价中获取筹码，因而"地王"频现。

房地产泡沫会对实体经济带来伤害。比如房价上涨往往直接引导房租上涨，租金上涨后一切的成本都会提高，导致各行各业的竞争力下降。例如高租金的香港，其制造业已基本消失。过去中国的制造业不断冲击日本、韩国、乃至台湾地区的市场份额，就是因为我们的制造业成本更低。

因此，纯粹从经济关系来看，房价持续上涨所引起的末端高回报导致

了地价"滚雪球"式攀升。而地价上升、房价高涨最终要影响社会生产、生活成本上升，居民住房压力增加，乃至制约实体经济发展。因此，土地增值并非天上掉的"馅饼"，最终要由居民消费、实体经济生产买单。为了保障经济健康发展，减轻普通居民住房消费压力，必须抑制土地过快、过度增值；而要抑制土地增值，在当前市场背景下，抑制房价、控制投资性需求是根本。

（3）土地出现大幅度增值以后缺乏有效的利益调节规则

大家都知道征地、拆迁是政府的强制行为，且补偿标准无法与市场价格相比，因此大家很容易把这两者联系起来，即，补偿标准低就因为政府强制，因为政府强制所以一定不对。我认为，问题的根源并不在于强制与补偿标准高低，而在于不均衡强制和不均衡的补偿，也就是缺乏统一的利益调节规则。

这种不均衡主要表现在：一是个体不均衡，个体谈判能力不同补偿水平不同，"钉子户"往往能获得更高补偿。二是规则不均衡，本来按照规定合法建筑的拆迁才给予补偿，但实践中往往很难做到违章违法建筑不补偿，导致实践中一旦哪个区域要拆迁，很快出现大量的违法违章建筑，由于不管合法还是违法建筑，均能获得"拆一补一"，结果是谁违法谁获利、违建多获利多。三是项目不均衡，不同类型的项目补偿存在差异，基础设施用地补偿偏低，房地产开发等经营性用地补偿较高，2008年开始逐步实施征地统一年产值和征地区片综合地价补偿以后，这种状况有所改变。四是区域不均衡，主要表现在城市近郊区的高额补偿与远郊区的低补偿形成鲜明对比。

由于规则不统一，最终导致获得增值收益多的还想再多，获得少的要么怨声载道，要么抵制而"漫天要价"，甚至成为"钉子户"，更严重的上访、乃至暴力冲突等，成为引起社会矛盾的重要隐患之一。

这些不均衡的规则导致收益分配结果出现很大差异，正是这种差异在"不患寡而患不均"的理念下导致矛盾日益尖锐。

（4）收益再分配的制度缺失

在市场经济社会，有两种现象是必然存在的：一是所有经济主体都是自利的，都会追求利益最大化，经济学认为"自利（self-interest）是组成社会的有效方式"[①]。如果你问一些人："假如这个社会上每个人的行为都十分自私，会发生什么事？"他们大多回答造成混乱。但很多日常市场交易都仰赖自利，例如货比三家以寻觅最佳价钱，卖房前等待一个好价格等；二是除非没有获取暴利的机会，只要有获取暴利的机会没有不愿意获取暴利的。而且这两种现象不仅在合法的前提下存在，当利益高到一定程度，一部分人会冒着违法甚至生命的危险，去获取超额利润乃至暴利，屡禁不止的贩毒就是典型。当然，国家禁止并打击违法获取利益，鼓励合法获取利益；允许合法获取暴利，但是应该有制约获取暴利的措施，构建并维护经济秩序，实现社会公平。一个健康的社会，要鼓励公平竞争，多劳多得，防止分配不公，防止不劳而获，靠什么？只能靠制度。因此，当前实践中土地增值收益分配的问题，根本的问题不是"分配不公"，分配不公是市场经济社会的普遍现象，根本的问题是缺乏制约分配不公的措施，缺乏制度手段。

市场经济国家解决分配不公的唯一手段就是建立二次分配制度——税收，通过税收实现二次分配，既做到抽肥补瘦，又有利于抑制获取暴利的机会和动机。具体的税种在国际上一般称为"资本利得税"（Capital Gains Tax，简称CGT），是一种针对资产处置收益征收的税种，主要目的就是调

---

① 蒂莫西·泰勒（Timothy Taylor）. 斯坦福极简经济学. 林隆全译. 长沙：湖南人民出版社，2015

节收益分配，抑制获取暴利。

我们不是没有这方面的税，有条例、有规定，但征税机制不健全。一是所得税，主要针对工资、薪金等劳务报酬所得征管较严，而对投资所得、资产处置所得征管较松，尽管有相应的征收规定，但征管措施等缺乏足够制约；而且税制设计不合理，起征点低，超高所得部分征税偏低，没有起到抑制获取暴利的作用。二是土地增值税，国家自 1994 年开始规定征收土地增值税①，但是实施过程中，征管效果太差，缺乏征收机制；而且征收方式不合理，部分地区采取"预征"，即在土地出让或在房地产开发环节就提前征收，税收倒是征到了，但是失去了"增值税"针对"增值"征税的作用，由增值税调节收益再分配转变成了不管增值与否、增值高低与否必须以定率的方式征税，失去了征收土地增值税的本来意义。

综上所述，归纳土地收益分配矛盾的根源：第一，不健全的制度构成了制度基础；第二，在快速城镇化、工业化时期不得不大量征地进行建设导致在时间上矛盾表现过于集中，加之房价持续、过快上涨，为放大增值提供了空间；第三，当出现矛盾以后，在解决问题的政策与制度措施上缺乏统一的规则，引起矛盾进一步激化；第四，缺乏利益再分配的制度性手段，使得问题与矛盾进一步尖锐。

13.3 土地增值收益分配悖论

综上分析，所谓土地增值，实际是在土地开发利用过程中所形成的一系列价值增加，既有对土地投资增加、土地用途改变、周边设施改善等引

---

① 1993 年 12 月 13 日，国务院发布《中华人民共和国土地增值税暂行条例》（国务院令〔1993〕第 138 号），规定自 1994 年 1 月 1 日起实行

起的增值，也有宏观经济环境变化、房地产市场形势变化等引起的市场价格变化。但无论是价值变化还是价格变化，客观地说都是市场行为，其收益分配关系应该遵循产权规则。中国特殊的土地公有制体系决定了产权规则发挥过程中的特殊性，实践中土地增值收益分配只有在征地/拆迁、出让及房地产开发环节才能得以实现，这是产权规则发挥作用的体现；而各环节收益分配差异巨大，恰恰是土地制度特殊性的体现。问题的另一面，土地作为自然资源，其价格增值似乎是"天上掉馅饼"，增值越大相关利益主体获得收益越大；但是，土地同时又是生产要素，其价格增值最终将由土地产出品价格决定，即使作为资本和投资品的土地，其资本的利润也是要来源于实体经济。因此，土地增值收益分配在理论上存在着悖论。

（1）土地增值收益高与低的矛盾

无论是按照经济学的人性假设，还是现实世界的芸芸众生，谁都不会拒绝获取高额的土地增值收益，甚至会采取一切手段去争取更高额的利益，这是经济学人性为私的基本认识。但是，即使是经济学人性为私的认识，其假设的重点也不是人性为私，而是"人在约束条件下尽可能追求他的私人利益"①，也就是说即使是一般经济学所讨论的人性为私也是有约束条件的。那么，研究作为自然资源、不可再生的有限资源、具有公共属性的土地资源的土地经济现象，在遵循产权机制追求私人利益最大化的同时，自然要有基于土地资源特殊性的约束条件。因此，在相关产权主体分享土地增值收益，不断通过投资行为、市场运作、垄断开发等获取高额增值收益的同时，土地作为生产要素，其价格变化对生产部门、经营部门是最直接的约束条件，社会需求同样构成约束条件。

土地作为生产要素，过高的土地价格对任何产业都不利。对农业产业

---

① 周其仁. 产权与制度变迁——中国改革的经验研究. 北京：社会科学文献出版社，2002

来说，首先增加生产成本，且农业本身就是基础产业，土地成本增加会导致农业竞争地位低下，乃至引起农业危机、粮食安全（历史上一直关注佃农与自耕农比例，甚至把其作为社会稳定因素进行研究）；尤其，当地价高涨进一步引起农村土地资本化，导致土地炒买炒卖，当其"资本"功能占据优势时，其生产功能必然受到冲击，危害将更为严重。对工商业来说，是增加生产及经营成本，高地价、高地租过多分享生产利润；不仅如此，进而还会影响区域竞争力。

因此，从产权主体角度，土地价格越高可以获得更多土地增值收益，房价越高所拥有财产价值越大，似乎社会财富也得到大幅提升。但是，从产业部门来说，作为生产要素的土地价格，往往是越低越好，越低越有竞争力。而且不要忘了，这种地价、房价随着市场价格变化的增值，由于并没有生产过程的支撑，实际上没有带来任何社会财富的增加，如果说增加的话，仅仅是相关财产账面价值（数字而已）的增加。

（2）土地增值收益分配与分享的矛盾

土地增值收益，作为财产性收益，其合理的度应该是：在不影响土地作为生产要素的生产功能的发挥前提下，为拥有者带来必要的财产性收益。

从社会发展的角度来说，普通经济主体过分追求或者主要依靠分享土地增值收益，对社会发展是不利的。马克思在分析地租理论的时候很明确地将"地租"的本质确定为农业工人创造的超额利润被农业资本家占有，并转化为地租支付给土地所有者，是"不劳而获"。我们这个社会需要支持普通公民、乃至工商企业主"不劳而获"吗？近年来，由于征地、拆迁补偿不断上升，出现了大量"征地拆迁补偿暴发户"，尤其城近郊区的拆迁补偿动辄补偿百万、千万、上亿，这种在房价暴涨背景下的补偿暴利合理吗？尤其一些大城市近郊区，实物补偿使拆迁户能够依靠自建、违建出

来的建筑面积，一次获得少则几套、多则十几套的商品住房，而普通居民、工薪阶层在高房价水平下却"望房兴叹"，这种社会分配秩序有利于发展吗？全民"炒房"正是这一分配秩序下的恶果。而且，城近郊区由拆迁补偿所引起的新食利阶层已经成为一种社会现象，不容忽视。

即使是让广大农民获得更多土地增值收益，也只有城近郊区少数农民能够分享到，绝大多数远郊区农民、真正的农区农民，只能停留在低效的农业产业阶层，这是更大的不公平，不仅危害土地收益分配制度，更重要的是危害农业的基础产业正常发展。

实际上，城市土地过度增值已经构成城市土地市场化的制约。土地市场化的主要作用是利用市场机制合理配置土地资源；但是现在的结果是导致了土地过度资本化，导致房价过快上涨，并出现泡沫，直接危及实体经济。而且，即使城市土地适度资本化，土地增值也应该遵循在实现一次分配同时，通过收益再分配解决公平问题。但是，现在由于制度设计滞后，结果是导致"房价上涨-少数人获得暴利-更多人炒房-新一轮上涨"的恶性循环。

因此，简单从农民没有分得土地增值收益角度否定实行农村土地市场化是错误的。这是拿城市土地市场化的缺陷去解决农村土地问题。农村土地制度改革要继承城市土地使用制度改革在实现资源有效配置过程中的优势，防止并摒弃城市土地过度资本化的缺陷，不能让城市土地市场发展中的弊端传染到农村。

（3）土地资本与资本化的矛盾

土地可以作为资本，能够起到资本的作用。但是，这并不表示，我们就可以毫无限度地挥霍土地资本，毫无节制地享受土地资本化带来的资本膨胀欲望。因为这不符合经济增长的客观规律，甚至会损伤经济机体。

土地可以作为资本只是现象，其理论本质是：土地首先是资源，有限

的资源；然后是生产要素，要发挥满足人类生产与生活对土地承载功能、生产功能的要求；再次才是资产，为拥有者集聚财富，乃至创造财富；最后才能是资本功能，比如可以抵押、融资等。但必须遵循土地功能的"资源-生产-资产-资本"顺序关系，功能序位决定其重要程度，防止主次颠倒，防止后位功能过度发挥影响前序功能。

那么，既然土地具有资本功能，为什么要防止过度资本化？道理很简单，任何事物都需要有个合理的度，过度发挥资本功能，就会影响其资源功能、生产功能、资产功能的发挥。比如罂粟，适量使用，有药用价值，对人体是有利的；但是过量了就是吸毒，就会引起人体神经过度兴奋，直至伤害机体组织。因此医学上允许适度使用发挥其治疗疾病的作用，但是法律上禁止吸毒。很多人愿意将土地作为资本，并享受土地资本化带来的巨额收益，就像有的人吸毒成瘾一样，因为土地资本化带来的资本膨胀同样令财富神经、政绩神经兴奋。但是，后遗症很严重。

我国自20世纪90年代的土地有偿使用制度改革以来，城市土地市场化取得了公认的成绩：实现了土地资源有效配置；显化了土地资产价值；满足了企业改制、房地产市场等相关领域市场化改革的要求。然而，弊端也不容回避。最根本的问题就是土地过度资本化，进而引起：第一，过度追求投资功能，并直接冲击其生产功能及保障功能。第二，土地收益分配不合理导致各方矛盾重重，如征地矛盾、拆迁矛盾、购房者与房地产商的矛盾等。而且，这种分配不合理并不在于谁分配的多、谁分配的少，因为多、少都是相对的，而且涉及经济利益时往往再多也不嫌多；那么根本在于谁该得多少。问题的关键是，在房价快速、持续上涨的背景下，政府与普通经济主体，包括被征地农民、拆迁户、房地产商等，进行直接市场交易过程中，很难判定谁应该得到多少，谁分配多少是合理的。因为，大家是通过市场博弈过程实现收益再分配，而不是通过税收过程进行收益再分

配。第三，由于土地过度增值，导致相关利益主体过度追求资本增值所带来的利益，导致大量经济主体过度追求马克思所说的"不劳而获"的地租收益。第四，更严重的是在资本趋利、比较利益的驱使下，导致资金大量进入房地产投资领域，引起实体经济空虚，制约了发展。

那么问题的根源在哪里？很多人把问题归结于现行土地公有制背景下土地出让制度，归结于城乡二元制度背景下的征地制度。不能说这些说法完全没有道理，但是如果仅按照这个思路去改革，恐怕问题也很难得以解决。公有制背景能否触动先不说，由于问题的根源是土地过度资本化，那么即使实行土地私有制，即使完全市场化，如果土地继续增值，难道就没有土地收益分配问题了吗？即使政府不参与分配土地增值，全部土地增值分配给谁合理呢？都给开发商合理吗，都给农民/拆迁户合理吗？因此，要从根上解决问题，应是如何从制度上制约在市场化背景下土地过度资本化。比如通过税收措施抑制投资性需求，通过制度制约投资性需求等。这就是西方经济学为什么把不动产市场、土地市场定性为"不完全市场"，认为其只具有"部分性"市场的道理。

14

一些似是而非的观点讨论

　　市场经济是一部复杂而精良的机器，它通过价格和市场体系对个人和企业的各种经济活动进行协调。它也是一部传递信息的机器，能将成千上万的各不相同的个人的知识和活动汇集在一起。在没有集中的智慧或计算的情况下，它解决了一个连当今最快的超级计算机也无能为力的涉及亿万个未知变量或相关关系的生产和分配等问题。并没有人去刻意地加以管理，但是市场却一直相当成功地运行着。

　　　　　　　　　　　　　　　　——保罗·萨缪尔森《微观经济学》

　　关于土地问题的争论一直是学者乃至实践工作者讨论的焦点，尤其是土地经济问题。关于土地问题分歧的焦点大多源于对基本理论问题认识的不一致，即，是基于一般经济学理论进行分析；还是在经济学一般原理基础上，遵循土地经济问题（土地经济学）的特殊规律和原理进行分析。我们认为，土地问题一定要遵循土地经济学的特殊规律和理论进行研究。

14.1 征地/拆迁补偿太低

由于实践中征地/拆迁补偿大多数情况下总是低于土地出让价格，更远低于后期房地产价格，加之征地权由政府行使，总是带有强制性，因此，无论是在分析当前制度弊端及改革方向，还是分析征地—出让实践，相当一部分观点认为当前征地/拆迁补偿太低，应该提高征地/拆迁补偿标准。

实践情况是，不是太低，而是偏高。当然，所谓"高、低"，都是形容词，都是相对的。如果把征地补偿与出让地价相比，那肯定是低（但实践中也得区分情况，近年来也存在一些地方征地补偿高于出让地价的，如一些地方的工业地价就有低于前期支付的征地补偿的情况，因地方政府的目的是招商引资，乃至发展工业、带动就业等；也出现一些旧城改造的拆迁补偿往往会高于出让地价，主要原因往往是拆迁的建筑密度过大、违章违法建筑过多等）。但关键是征地补偿不能跟出让地价比，为什么？因为这是两个环节的问题，征地/拆迁的土地往往仅仅是土地取得环节，征拆以后需要进行拆除及平整，从征地到出让必须要进行基础设施建设，必须要进行区域改造，这都需要增加投资；还有更关键的是，征地/拆迁的地块往往由于规划确定了新的用途，规划用途改变必然要导致地价变化，而这种地价增值国际上惯例都是要通过征税进行收益再分配的。

那么，征地补偿应该与什么相比？与原用途下土地价格相比，即原来如果是农用地就与农用地价格比，如果是工业用地则与工业地价比，即使是旧城区，那应该是旧城区的实际利用状态下的价格。在本书第二部分中我们所做的实证测算均表明，征地补偿均高于农用地价格，拆迁补偿大多

数情况是高于原用途下的价格，土地增值 I 的测算模型及大多数情况下土地增值 I 是正值，均证明了这一点。假如你说产权的话，这才是土地产权主体所持有的土地财产价值。

有人会说我有土地发展权，不能仅补偿我原用途下的价值。其实，关于土地发展权的归属至今很多人闪烁其词。如果从土地权利理论来说，土地发展权归谁？我们大家都知道土地所有权是最大的权利，且由若干权利束构成，谁敢说土地发展权不属于土地所有权？如果属于土地所有权，那么在中国的公有制体系下土地发展权属于谁？如果从公平与效率理论来说，土地发展权是由"规划"决定的，前文我们已经反复讨论了"规划"引起的用途改变增值应该实行再分配，以满足公平要求。

况且，定量研究已经证明，不管土地发展权增值归谁，实践中也没有被哪一方全部占有，而是在不同环节中实现了多主体、多次分配。

当然，之所以出现本来不低的"征地/拆迁补偿"却被很多人认为很低，根本的原因是征地范围过宽问题，即本来应该严格限制在公共利益范围内的征地/拆迁，被拓展到非公共利益领域，这样导致征地/拆迁以后新的更大的利益发生，使原来的产权主体觉得不公平。这是改革要解决的问题，那就是"缩小征地范围"。

+·+

专栏：我国征地补偿制度的形成与演变

我国现行的征地制度形成于中华人民共和国成立初期的计划经济体制时代，采取按照被征用土地的年产值水平进行补偿和安置，这是基于当时的社会经济背景和制度体系提出的，与当时的计划经济体制是相适应的。而改革开放至今，我国已逐步建立了市场经济体系，如此再沿用计划经济体制下的征地补偿思路必然引起一系列问题，因此必须进行改革。

1. 征地补偿制度改革的历程

我国现行征地制度的形成可追溯到中华人民共和国成立初期。归纳起来，当时大致有三种不同性质的土地征用或征收。第一种是中华人民共和国成立初期的"征收土地"，体现在1950年的《土地改革法》中，包括没收和征收两种形式，对地主的土地采取没收的方式，对"祠堂、庙宇、寺院、教堂、学校和团体在农村的土地及其他公地"则采取强制征收的方式，不管是没收还是征收都是为了满足当时土地制度调整的要求，具有绝对的强制性。第二种是公有制改革前的"收回、收买或征购土地"，体现在1950年的《城市郊区土地改革条例》中，其第9条规定，"城市郊区所有没收或征收得来的农业土地，一律归国家所有，由市人民政府管理"，并分配给当地农民耕种使用，同时规定"国家为市政建设及其他需要收回由农民耕种的国有土地时，应给耕种该项土地的农民以适当的安置"（第13条），由此可见这是对国有土地使用权收回的概念，无偿提供使用，但国家收回时给予适当的安置和补偿。第三种是公有制改造完成以后的"征用集体土地"的概念，在1961年发布实施的《农村人民公社工作条例》（俗称"六十条"）中，建立了"以生产大队的集体所有制为基础的三级集体所有制"，并规定"全大队范围内的土地，都归生产大队所有，规定给生产队使用"，基本建立了农村土地集体所有制，因此在1982年的《国家建设征用土地条例》中规定，"国家进行经济、文化、国防建设以及兴办社会公共事业，需要征用集体所有的土地时，必须按照本条例办理"，而且"征用的土地，所有权属于国家，用地单位只有使用权"，这是第一次比较完整地提出征用集体土地的概念，而且在1986年和1998年的《土地管理法》中均沿用了这一概念，并进一步明确为"国家为公共利益的需要，可以依法对集体所有的土地实行征用"，2004年8月修改为"国家为了公共利益的需要，可以依法对土地实行征收或者征用并给予补偿"，提

出了征收、征用两种形式，但是并未进一步界定两者的各自适用范围。在历次的改革过程中，征地补偿思路基本未变，其基本的补偿思路是按照被征土地前三年平均年产值，再按照人均耕地的差异确定补偿倍数，因此通常称为"产值倍数法"补偿。

从这一制度变迁过程可以发现，我国的征地制度是在公有制体系下的计划经济体制中形成的，农村土地首先是由国家采取无偿分配的方式提供给农民耕种，并由此体现社会主义公有制的优越性，实现"耕者有其田"。国家建设需要使用再进行收回、收购或征用、征收，属于典型的配给和调配式的生产资料分配方式。在这种背景下所形成的征地补偿制度体现两个基本特征：一是对人不对地的补偿原则。由于土地本来就是国家通过法律规定无偿分配给农民使用的，以满足农民生产生活及发展经济的要求，当国家不需要使用时，由农民耕种使用，并获得收益；当国家建设需要使用土地时，则可以进行征收，并按照不低于农民原生活水平为原则进行补偿，因此补偿过程中更多考虑的是由于征地所引起的剩余农业人口的安置和补偿，而不是根据被征收土地的区位和质量条件进行等价交换。二是征地的经济关系仅体现补偿关系。对所征土地的补偿仅依据原农业利用方式下的年产值进行补偿，不考虑土地的潜在利用价值或市场价值，因此是一种纯粹的补偿关系，而非等价交易关系。

这种计划经济体制下形成的征地补偿思路，在当时是合理和适用的，也广泛地被农民和社会各界所接受，因为当时的所有生产资料都是采取类似的分配方式。但是，在市场经济条件下，生产资料的分配和使用需要遵循市场原则，因此这种配给式的征地补偿方式就表现出许多弊端。首先，除土地以外的其他生产要素均采取市场机制进行配置，并充分按市场价格进行交换，甚至包括城市土地也按照市场价格进行出让，而唯独农村集体土地还实行这种计划经济条件下的配给制征收和补偿思路，这对农民及村

集体是非常不公平的。其次，在市场经济条件下，农民和农村集体也由当初的主要以满足温饱为主要目的转变为要发展经济、不断改善农村生活条件，这需要以其占有和使用的土地为基础。第三，农民在参与社会生产过程中，都是按照市场价格购买生产资料，而其所使用的土地则可以被人低价征收，这使得农民产生一种被强制和剥削的心理，征地过程中农民与政府的矛盾也就由此产生。

2. 征地补偿制度改革的基本思路

由于长期沿袭下来的"产值倍数法"在征地补偿过程中存在着诸多矛盾，改革和探索新的征地补偿方式、合理确定补偿标准得到理论界和实践工作者广泛关注，尤其一些地方在完善征地补偿办法方面进行了大胆实践，如黑龙江省从2000年起在全省实行了各市、县主要地类的征地统一年产值标准的做法；浙江省杭州市、江苏省南京市和苏州市也从2000年起不再以产值倍数来测算补偿费用，而是综合考虑土地用途、土地区位条件、当地经济发展水平和土地供求关系等因素，结合当地城镇居民社会保障水平确定征地区片价作为征地补偿标准等。

在一系列理论研究和实践探索基础上，2004年10月国务院发布的《关于深化改革严格土地管理的决定》（国发〔2004〕28号）明确提出，"省、自治区、直辖市人民政府要制订并公布各市县征地的统一年产值标准或区片综合地价，征地补偿做到同地同价，国家重点建设项目必须将征地费用足额列入预算。"从这一文件的基本精神来看，重点在于"征地补偿做到同地同价"，即相同条件的被征集体土地应具有相同的征地补偿标准，主要是为了解决实践中不同项目征地补偿标准差异过大导致的不公平问题。例如，在实施征地补偿制度改革以前，建设项目征占同一农民集体的土地，高速公路等基础设施项目给付的征地补偿费比工业、房地产开发等经营性项目的征地补偿费，多则为1/10～1/4，少则不到1/20，这就导

致在同一区域、条件相当的集体土地，由于不同类型的项目征地补偿标准差异过大，引起极大的不公平，也是产生失地农民与用地单位、地方政府之间的矛盾。于是，在 2005 年国土资源部发布了《关于开展征地统一年产值标准和征地区片综合地价工作的通知》（国土资发〔2005〕144 号），正式要求各地要制订并发布征地统一年产值标准或者区片综合地价，改变了过去按照"该耕地前三平均年产值"补偿的思路。正是由于这一改革体现了完善征地补偿机制、实现同地同价的基本要求，对提高征地补偿标准、维护农民权益起到重要作用，2010 年 6 月 26 日国土资源部发布《关于进一步做好征地管理工作的通知》，明确要求应"全面实行征地统一年产值标准和区片综合地价"。

这一改革的基本特点主要体现在：一是考虑多种因素对征地补偿的影响，按区域或区片综合确定补偿标准，改变了过去按照"该耕地"产值确定补偿的随意性。二是实施了"同地同价"，即在同一区域或区片内的征地补偿标准相同，改变了过去同一区域内由于征地项目不同而补偿标准差异悬殊的不公平。三是采取前置性标准，即在征地没有发生时候，通过科学测算、统一平衡、公开听证，并正式发布，一旦实施征地即按照该标准补偿，这样有利于防止实际征地时再确定补偿的随意性。四是强调衔接平衡，包括与过去的征地补偿标准相衔接，平稳过渡；同一地区的统一年产值标准与区片综合地价两种标准之间的衔接平衡；相邻市（县）之间、地（市）之间、省际之间补偿标准的平衡等，保证了征地补偿的区域之间可比性、公平性。

3. 新的矛盾是如何合理解决征地补偿与被征地农民社会保障之间的关系

目前在全国范围内基本实行了按照"同地同价"原则的征地统一年产值标准或征地区片综合地价，应该说这一改革既保障了被征地农民的利

益，也保障了各种建设的用地需求，通过征地补偿标准公开化、前置化、公平化，化解了征地补偿过程中的许多直接经济矛盾。但是，近年来在实践中也出现了一些的新的问题，需要进一步改革和完善，其中最突出的是如何合理解决征地补偿与被征地农民社会保障之间的关系问题。

早在 1993 年浙江开始了征地中变一次补偿为终生保障的探索，也就是"土地换社保"的起端。浙江是全国人均耕地最少的省份之一，人均耕地不到 0.5 亩，但同时浙江也是东部沿海社会经济发展水平较高的省份，经济发展带动了征地方式的改革和探索。虽然国家没有统一的政策，但是上海、浙江、江苏等省份都通过地方法规形式建立了"土地换社保"的做法。

"土地换社保"作为关于农村土地流转、农村土地征用和农村社保体系建设相结合的制度创新，其初衷是为了解决被征地农民的社会保障问题，即"保证被征地农民生活水平不降低、长远生计有保障"。但是随着社会经济的发展，尤其城乡统筹发展的提出，这一制度受到了越来越多的质疑。征地补偿，实质上应该是作为农村集体及农民财产的集体所有土地被征收时，其土地财产权利的货币体现，而社会保障是公民应该获得的社会福利。"土地换社保"的实质是让农民用自己的钱购买社保，而城市居民却实施福利社保，如最低生活保障制度是由政府为其提供生活保障，这种城乡差别与城乡统筹发展格格不入。加之被征地农民对购买社会保障没有任何积极性，农民一旦拿到征地补偿，根本不愿意购买社保，导致实际征地过程中的社保方案难以落实。

根据我们在天津市的调查，利用征地补偿费支付被征地农民的社会保障费在实施过程中主要存在以下问题：一是征地补偿标准与社保标准在调整时限上存在差异。即被征地农民社会保障费（主要是养老保险费），按照规定是以被征土地所在省（市）上一年全省（市）职工平均工资为基

数，再根据参保人的年龄等影响因素确定缴费百分比，由此核算出征地当年被征地农民的人均社保费缴纳标准；而征地补偿标准按照国家规定是每2至3年调整一次，两者在调整时限上存在差异，实践中难以操作。二是征地补偿支付给农民后难以保证社会保障费的足额支付。从实践中来看，征地补偿费如果交了社保，农民和集体就基本拿不到钱；如果补偿给了农民，农民又不愿意支付社保费用。这一方面是由于部分地区现行征地补偿确实偏低；另一方面，更关键的是由于征地补偿一旦给到农民手中，不管是多是少，他们都不愿意拿出来购买社保。因此，在实践中，为了能够顺利地实施征地，征地补偿必须足额给付农民，而社保费用实际难以落实。

"以土地换社保"反映了我国长期以来依赖于城乡户籍制度的社会保障制度呈现出明显的"二元结构"特征。农村社会保障体制残缺不全，相当一部分社会保障内容将农村人口排除在外。一方面对城市户籍人口可享有养老、医疗、生育、失业等一系列社会保险；另一方面对农村人口则实行以家庭互助为主、国家救济为辅的社会保障制度，实际上并没有建立起整体完善的社会保障体系。伴随着农村实行家庭联产承包责任制，更是把土地作为保障农民基本生活的手段。但实际上，土地只是为农民提供了一定的社会保障条件，只有通过投入必要的人力物力生产才可以产生真正的保障效益。因此，从城乡统筹发展的角度，应该通过构建城乡一体化的社会保障制度，以解决农民，乃至失地农民的社会保障问题，而将征地补偿费作为集体和农民失去土地的"财产"性补偿还给农民和集体，这样既可解决征地补偿费全额支付问题，减少征地矛盾；又可解决农民与城市居民在社会保障制度上的不公平待遇问题，实现城乡公民的平等。

（原文标题：我国征地补偿制度改革的前世今生，刊载于《行政管理改革》2011年第7期）

14.2　限制农村土地市场化流转是对农村的不公平

现行的法律均严格限制农村土地的自由入市，尤其是对农村宅基地，即使是在本轮启动的农村土地制度改革中，针对农村宅基地改革试点，也是明确要求"探索在县域范围内通过土地整治统筹利用农村闲置宅基地的制度安排"。因此，有人认为这是对农村尤其是对农民的不公平。

所谓不公平，主要是指不能自由买卖，原因一是只有允许宅基地自由买卖，农村居民才能将房子卖出钱来；二是城市居民的住房都可以自由买卖，为什么不允许农村居民的房子自由买卖，这种城乡居民的差别化待遇是典型的不公平。第一个原因肯定是对的，任何限制财产买卖的规定都会制约其市场价格的形成，只有允许城乡居民都可以买卖宅基地，宅基地才值钱，价格才能提高。但是关键问题是，一旦宅基地价格被自由买卖炒高了，农民还能买得起吗？如果农村宅基地制度改革，最终导致农村居民买不起农村宅基地，这样的改革可行吗？第二个原因也看似正确，实际偏颇。首先，城市住房建设往往容积率较高，同样的土地资源在城市可以建更多的房子，因此适当放开城市住房买卖在资源约束方面相对可行；其次，城市房地产自由买卖是20世纪80年代国家进行住房制度改革的结果，在那之前也是不允许自由买卖的；第三，也正是住房制度改革以后，住房价格不断攀升，尤其近十余年来的持续暴涨，导致房地产开发商及资本炒家在尽情享受泡沫暴利的同时，普通居民则望房兴叹，即使国家不断出台调控措施也毫无成效，这才祭出"房子是用住的，不是用来炒的"利剑。请注意：城市房子都不是"用来炒"的了，难道还会允许、还能允许农村房子"用来炒"吗？！

因此，通过限制农村宅基地流转，是在土地资源有限、农村发展相对落后的背景下，保障农村土地集约利用，保护农村居民住有所居的制度设施。而且通过限制买卖，可以有效防止外来购买者抬高价格。一旦购买者放开，那么农村人肯定买不过城市人，城市人肯定买不过工商资本。现阶段城市房地产的奇高房价就是这么炒起来的，改革绝不能让城市房地产泡沫传染到农村。

实际上，国际上很多国家对房地产的买卖都是有限制的。例如，日本就坚持普通住宅用地开发的公益性和非盈利性，其1964年颁布的《新市街地开发法》规定，今后所有新城区的开发必须全部由地方政府的公共社团和公益单位实施。该法第24条规定，"用于非经营性业务和住宅建设平整后的住宅用地价格决定方式为：土地取得价格加上均摊费用（公共设施、公益设施的整备费用，并根据各住宅用地的位置，建筑条件，用途等调整后决定，即除摊入在该土地的基础设施建设成本外，政府下属公团不得盈利）"，由此保障住宅开发的非盈利性。日本《土地基本法》规定，土地不可作为投机交易的对象，土地在其所在区域随社会经济条件的变化而增值时，应对土地权利的获得者按土地增值征收适当税赋。再比如，即使是在大家公认的市场化发达的美国，同样规定"联邦、州、县和地方法规管制不动产所有权及其转移，契约的限制进而约束了不动产的买卖。"[①]

当然，不全面放开不代表不改革。农村土地制度需要进行市场化改革，但是引入市场机制的目标是利用市场机制解决农村土地资源再配置问题，而必须防止过度资本化，防止炒作。这是改革制度设计必须把握的边界与底线。

---

① 美国不动产学会. 不动产估价（第11版）. 北京：地质出版社，2001

14.3 要让农民享受更多土地财产收益

在十八届三中全会发布的《中共中央关于全面深化改革若干重大问题的决定》中提出，"赋予农民更多财产权利""探索农民增加财产性收入渠道。"这个作为政策方向是没有问题的，即要保障公民的财产，并保障所属财产享有财产收益，这是市场经济体制的基本要求。农民也是公民，应该获得相应的财产性收入。但是，在实践中有的地方将其延伸到要"让农民享受更多的土地财产收益"，甚至有人提出要想方设法提升农村土地价格，使农村集体乃至农民获得更高土地财产收益。这看起来是要保护农民利益，但是实际上既不符合理论，也不利于农村发展，不符合实践需求，实际是荒唐。

首先，按照马克思的地租理论，"一切地租都是剩余价值，是剩余劳动的产物"①，是"不劳而获"，因此不宜鼓励。道理很简单，不能把全部居民都培养成依靠财产性收入为生的食利阶层，否则谁来从事生产、谁来创造社会财富?! 而且，实践中真正获得了土地财产性收入的是谁？一是炒房者，二是拆迁户。普通城市居民并没有都真正获得土地财产性收入。

其次，土地作为生产要素，其价格提升看起来似乎能够增加产权主体的财产性收入，但是随着价格增加，随之增加的是土地作为生产要素的生产成本、生活成本，在区域经济领域，土地价格上升是会影响区域竞争力的，农村地区本就不发达，如果地价再居高不下，谁还会去投资呢？

因此，中央强调要"赋予农民更多财产权利"，是要通过登记的手段保护农民的财产权利，并通过明晰产权使其获得应得的财产性收入，如土

---

① 马克思. 资本论（第三卷）. 北京：人民出版社，1975

地流转租金等，而不是通过炒作、买卖等抬高土地价格、土地租金等，否则无疑是"杀鸡取卵"。

14.4　地价推高房价，或房价推高地价

前文已经分析，正是由于房价持续上涨给土地增值提供了空间，但也有观点认为是不断攀升的地价推高了房价。那么，究竟是地价推高房价还是房价推高地价呢？这是个"鸡生蛋蛋生鸡"的超级难题。

我们的结论很明确：说地价与房价没有关系肯定是不对的，因为土地作为房地产开发的基本要素，其地价成本一定会影响到房地产开发成本；但是，若说地价增长决定了房价增长，这也是错误的，属于"成本决定价格论"，不符合经济学规律。如果成本能够决定价格，那恐怕就没有哪个企业会倒闭了。经济学理论告诉我们，价格是由供求关系决定的。具体到中国的土地、房地产市场变化过程看，首先是由于房地产市场需求（包括消费需求和投资性需求，前期以消费需求为主，后期以投资性需求和超前消费需求为主）旺盛，导致房价首先大幅上涨；然后在房价持续上涨的情况下，加之"招拍挂"出让土地的"买方竞价"机制，高房价为开发商高价竞地提供了空间；随后普遍的高地价对房价进一步上涨又起到推升作用，如此形成恶性循环，形成泡沫市场。

人们需要土地是因为人们需要大量土地作为其生产或生活过程中所必需的生产要素的产出，这些产出涵盖人们生产生活的各个方面：农产品、住房、工业产品，等等。那么土地市场和产品市场的关系如何呢？这有点类似于鸡和蛋的问题：土地价格的上升导致产品价格的上升，或者是因为产品价格的提高导致了土地价格的增加？

人们因为需要消费品而需要土地，因此作为需求价格的地价实际上是由需求引起的，即由于对土地产出物的需求导致了对土地的需求。对两者关系比较著名的解释是"玉米法律悖论"：19 世纪的英国法律禁止进口谷物和玉米，这项法律的实施导致了对国内谷物需求的增加，最终导致了种植谷物的土地价格的增加。这说明了地价高是因为玉米等谷物的价格高了，玉米法律提高了玉米的价格，刺激了国内玉米的生产和对种玉米的土地的需求，但由于土地的有限性，地主们就提高地价来满足增加了的土地需求。因此，地价高是玉米价格高的结果，而不是玉米价格高原因。

"玉米法律悖论"的道理同样可以说明地价和房价的关系问题。人们因为需要住房而产生了对住宅房屋的需求，土地是建造房屋必需的生产要素，这就导致了对住宅类用地的需求，因此我们说土地的价格太高，事实上是因为对住房的需求在不断增加，从而导致开发商们不断增购土地来满足住房的需求。地价和房价在本质上都是一种产权价格，并且都是由供求关系决定的，土地的自然供给没有弹性，其经济供给受到自然供给的限制其弹性也有限，对土地引致需求的增加必然导致土地价格的上升，土地作为生产要素，其价格的变化更大程度上是一种结果而并非原因（图 14-1）。

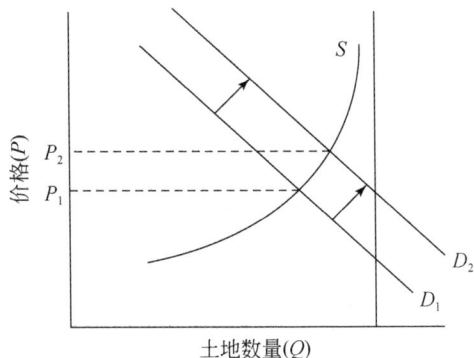

图 14-1　土地市场需求价格

为了更清晰地分析房价和地价的关系，我们不妨假设一个绝对理想的环境，在这个理想的环境中只有土地价格和房屋价格作为主要的分析因素，而所有的其他影响因素全部忽略，它满足以下的几个假设：

1）土地是有限的，而土地的需求者众多，土地所有者可以在众多需求者中选择那个出价最高的人以使用土地的权利。在土地上建造的房屋情况也是如此。

2）这个区域中所有的家庭都在唯一的中央商业中心（CBD）工作，与工作地点的距离是评价土地区位优势的唯一指标。

3）这一区域中的所有其他因素都均匀分布，包括公共服务设施、环境状况等。每个家庭对住房的个性偏好也相同。

4）市场处于完全竞争状态，所有的竞争者可以自由进入或退出该行业，行业的长期利润为 0。

在这种情况下，每个家庭选择住房的唯一影响因素就是其离工作地点（CBD）的距离，因为如果更靠近 CBD，家庭成员每天从家到工作地点的距离越近，交通费用就越便宜，不考虑花费在交通上时间的机会成本，一个家庭也更加愿意把节省的交通费用转移到房价上。因此，房屋的价格和离 CBD 的距离线性相关，距离越小价格越高，距离越大价格越低，两者的关系可以用一条直线来表示。考虑到生产要素投入的比例会随着价格的变化而产生更经济的组合，房屋价格函数将变得弯曲，因为一个家庭对于房屋面积的考虑往往会基于土地的价格，当土地价格更贵时，一个家庭会愿意用相同的价格消费更小的住房面积；对于开发商而言，当土地价格提高，他们也更倾向于提高其他的要素投入来扩大利润，例如修建更高的住宅，提高土地的容积率等。因此，当一个家庭向市中心迁移时，他会愿意为更小的住房支付更高的租金。

在均质的理想区域内，每个家庭对房屋的选择偏好除了距离因素外，

其他因素都相同，因此假设房屋的建造在所有的区位都是相同的，即建造房屋使用具有相同价格和相同数量的材料，所有的非土地投入费用在多个区位上都相同，在这种情况下，土地价格随距离的变化趋势和房屋价格的变化趋势完全相同。当非土地投入要大于消费者在这一区位上愿意支付的房屋价格时，土地价格变为负数，也就是说在这个距离以外的土地上进行住宅用途的开发是不理性的，该区位土地适合更粗放的土地利用类型（图14-2）。

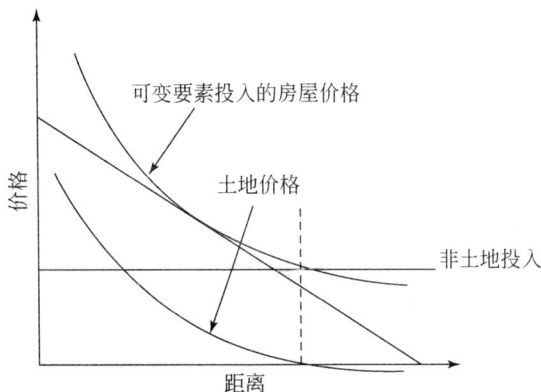

图 14-2　房屋价格和土地价格关系模型

根据上面的分析，当距离市中心的距离增加，房屋和土地的价格会下降，但是如何评价价格下降的程度或者速度呢？我们引入价格梯度的概念，也就是随着距离的增加价格降低的速度，用公式表示如下：

$$G = \frac{\Delta P/P}{\Delta D} \tag{14-1}$$

其中：G 表示房屋或者土地的价格梯度；ΔD 表示距离的变化；ΔP 表示随着距离的变化价格的变化水平。房屋价格梯度表示随着单位距离的增加，房屋价格下降的速度；而土地价格梯度表示随着单位距离的增加，开发商们愿意支付的土地价格下降的速度。

土地价格梯度取决于房屋价格梯度的高低和土地在房屋开发过程中的比重。为了更好地说明这个问题，我们假设房价梯度为 4%，也就是说从区位 A 向市郊方向移动 1 千米到达 B 区位，房价将从 1500 元下降到 1440 元，我们假设地价在整个房屋开发过程中占 20%。由于其他生产成本在所有区位都是均匀分布的，它们的非土地投入费用完全相同，那么由于位置移动造成的房价的下降完全要归因于土地价格的下降，从 A 区位转移到 B 区位，地价也将下降 60 元，从 300 元下降到 240 元，地价梯度为 20%。由此，我们可以得到地价梯度和房价梯度的关系：

$$LG = \frac{1}{f} \times HG \qquad (14\text{-}2)$$

其中：LG 表示地价梯度，HG 表示房价梯度，f 表示地价在房价中的比例。在设定的理想情况中，地价占房价的比例越小，地价梯度和房价梯度的差值就越大，在相同房价梯度下的地价梯度越大。

综上所述，土地需求是住房需求的引致需求，因此地价是房价变化的结果而不是房价变化的原因，地价随着房价的变化会表现出相同的变化趋势。首先，在设定的理想环境中，非土地投入在所有区位都被认为是相同的。放宽这个假设，在更接近实际情况的环境中，地价随着距离的变化不会表现出与房价完全相同的函数曲线，但是我们仍然可以预期地价和房价两者之间的变化趋势是一致的。同时，由于房地产开发具有一定的周期，房价相对地价会出现一定的时间迟滞，因为开发商们需要先取得土地，然后再建造住宅，因此我们也可以利用房价和地价的关系，在时间纬度上通过地价变化趋势预测房价变化趋势。

其次，我们在讨论中假设市场处于完全竞争状态，进行土地开发的长期利润率为零，在这一假设下得到地价梯度和房价梯度之间的关系，地价梯度取决于房价梯度的大小和开发过程中地价占房价的比例。放宽完全竞

争市场的假设，比较在实际情况下地价梯度和房价梯度的关系，结合地价
占房价的比例，就可以比较分析出不同区位上，不同开发项目的利润率的
大小关系。比如利用这种方法比较市区公寓住宅和郊区别墅的利润率的大
小，在不同区位上地价梯度和房价梯度不同，结合地价占房价的比例，地
价梯度和房价梯度差值更大的项目就具有更高的利润率。当然，在这种比
较方法中，所得到的结论的前提是假设了非土地投入的大小相当。如果用
来比较在不同区位上相同类型的房地产开发项目的利润率，所得到的结论
将更有说服力，与真实情况更符合。

最后，在理论分析过程中假设距离唯一的商务中心的远近是衡量土地
区位优势的唯一标准，在实际情况中，土地区位优势受到众多评价因素的
影响，但是土地的区位优势随着离权重较大的影响因素距离的增大而降低
的情况仍然是合理的。因为由土地的区位而导致的房价的增加应该完全体
现在地价的增长上，由于消费者对于许多公共物品的支付——这些公共物
品都会影响到土地的区位价值——完全可以通过住宅价格的增加来体现，
那么这种价格的增加带来的利润，更有理由被公共物品的支付者，即政府
通过更高的土地价格得到，而不是房地产开发商们获得。

14.5 土地"招拍挂" 出让推高地价与房价

与房价地价关系相关的另一个问题是，土地招拍挂出让是否是地价、
房价持续上涨的原因？对这个问题的答案持肯定观点者也不在少数。我们
的答案是否定的。

关于地价与房价关系前文已经论述，这里的关键是招拍挂出让方式对
地价的影响。客观说，所谓招拍挂出让，是典型的市场交易过程。所谓市

场交易，即交易价格由市场供求关系决定，无论土地成交价格高还是低，都是市场决策的结果，决策主体也将承担此结果，经济学家萨缪尔森说过，"市场经济是一部复杂而精良的机器，它通过价格和市场体系对个人和企业的各种经济活动进行协调"。因此，既然是市场决策的价格就有市场的道理，与何种方式交易无关。如果说有关，那就是这种交易方式是否是完全竞争市场，招拍挂出让方式正是为了取代不具有完全竞争性的"协议出让"方式而推动发展起来的。

回想 20 世纪 90 年代，在中国大地上刚刚构建城市国有土地有偿使用制度之初，乃至到 21 世纪初，全国仍然是超过九成的国有土地使用权出让均是采用"协议"出让方式，由于协议出让存在着交易过程不公开、一对一交易缺乏竞争性，乃至以权谋私、随意定价等问题，导致其屡屡遭受抨击，广受诟病。为了改变这种状况，国家从 2002 年开始倡导招标、拍卖、挂牌（简称招拍挂）出让制度，其标志是 2002 年 5 月 9 日国土资源部发布的《招标拍卖挂牌出让国有土地使用权规定》（国土资源部令第 11 号），明确规定"商业、旅游、娱乐和商品住宅等各类经营性用地，必须以招标、拍卖或者挂牌方式出让"。自此，经营性用地逐步全面实施招拍挂方式出让，改变了协议出让私下交易、市场机制难以发挥作用的弊端。但是，自 2004 年以来，全国各主要城市房价、地价一浪高过一浪地暴涨，尤其拍卖出让土地过程中"地王"不断被刷新，很多人就把矛头直接指向土地招拍挂出让制度。下面拟从经济学机制和市场经济的客观规律对招拍挂制度的认识和地价房价过快上涨的根本原因进行分析。

（1）招拍挂出让土地遭受质疑的根本原因

认为招拍挂制度是导致房价上涨的主要原因的基本逻辑是：招拍挂出让"价高者得"的竞价机制是导致地价上涨的主要原因，进而高地价导致高房价，由此得出的结论是"招拍挂导致高房价"。因此，这一问题的根

源仍然是房价地价关系问题。那么，从逻辑上，如果地价并不决定房价，则招拍挂也就不是导致高房价的主要原因了。

关于地价房价关系问题，已经有很多讨论。首先，高地价是否一定会导致高房价？实际上，在经济学上早就解决了这个问题，即产品的生产成本是影响产品销售价格的主要因素，但并不是决定因素，商品的市场价格是由其供求关系决定的。对房地产同样是这样，地价是房地产开发的主要成本之一，会影响房价，但绝对不能决定房价。一个简单的推理就是，如果地价能够决定房价，也就是说成本能够决定价格，那么就不会有"烂尾楼"，也不会有房地产开发公司倒闭，因为如果高地价即可卖出高房价的前提成立，那么所有的开发商就可以不计代价地买地、不计代价地投资，谁也不会考虑存在追加投资收不回来的危险，反正成本决定价格，财务上至少会持平，谁会倒闭呢？因此，根据市场经济原理，高地价不是高房价的决定因素。如果开发商以不理智的高地价获得土地，必然导致其开发成本过大，利润空间降低，甚至亏本倒闭。

相反，如果降低地价，房价一定会降低吗？答案同样是否定的。举个最简单的例子，你花10万元买到一宗财产，其市场价值100万，你绝对不会因为你买的价格低而再以20万或者30万卖出。而且，人为地主观降低或控制地价是不尊重产权、违背市场机制的表现，甚至导致国有资产的流失。土地是国家所有，地价就可以降，为什么没有人提出降低建筑材料价格？因为那是企业财产，难道国家财产就可以任意降低价格吗？而且即使你将土地优惠给了开发商，开发商是否将房地产优惠给购房者呢？即使开发商优惠把房子卖给了购房者，谁又能保证购房者不是炒房客，不再高价转手卖出去呢？之所以有人认为目前房价偏高，就是因为政府管不住房价，那么在政府管不住房价的前提下，仅仅靠降低自己的地价，谁能保证开发商和炒房客就一定会降低房价呢？这种纯属一相情愿的做法是难以达

到控制房价的目的的。因此，在市场经济条件下，仅仅依靠抑制地价难以实现抑制房价的愿望。

因此，地价决定房价的命题是不成立的，那么招拍挂导致房价过快上涨也就不成立。当然，这么说并是意味着目前的地价水平不高，实践中地价水平确实过高，但是要降低地价，必须降温火爆的房地产市场，只有房地产市场降温了，开发商才失去高价拿地的冲动。

（2）完善招拍挂制度必须遵循市场经济规律

土地是投资领域，房地产是经济问题，因此解决房地产市场过热问题必须遵循客观经济规律。多年来房价、地价过快上涨的主要原因还是市场经济发展过程中的问题。在市场经济条件下，解决市场的问题必须遵循市场经济本身的规律，否则必然是不成功的。客观来说，多年来房价上涨最突出的是住宅价格上涨过快，这一方面是由于中国处在快速城市化时期，城市人口急剧增加、旧城改造速度加快，引起住房刚性需求较大；但是更主要的是在流动性过剩、投资渠道较少、通货膨胀压力较大的宏观经济背景下投资性需求过大引起的。在抑制地价、房价过快上涨的政策选择上，必须抓住这一核心问题，遵循客观的市场经济规律，通过调整金融政策等手段抑制投资性需求，通过改革和完善税收制度实现投资收益再分配，控制房地产投资收益过大的经济诱导机制，才可能真正能够抑制房价、地价过快上涨现象。

"市场经济是一部复杂而精良的机器，它通过价格和市场体系对个人和企业的各种经济活动进行协调。它也是一部传递信息的机器，能将成千上万的各不相同的个人的知识和活动汇集在一起。在没有集中的智慧或计算的情况下，它解决了一个连当今最快的超级计算机也无能为力的涉及亿万个未知变量或相关关系的生产和分配等问题。并没有人去刻意地加以管理，但是市场却一直相当成功地运行着。"著名经济学家萨缪尔森对市场机制的这段经典论述告诉我们，市场机制比我们想象的更能解决问题，如

果谁要刻意地去扭曲市场，则可能导致市场运行不成功。

实行招标、拍卖、挂牌出让土地，是我国特殊土地制度体系下土地市场建设和发展的重要内容，是充分利用市场机制配置土地资源的必然选择，既可以实现土地资源的优化配置，满足土地开发使用和社会经济发展过程中的用地需求，又可以充分显化土地的经济价值，实现土地收益在有关产权各方的合理分配，还可利用市场机制实现土地开发及房地产开发市场的优胜劣汰，其方向是完全正确的，是符合市场经济规律的。尽管在招拍挂出让过程中还存在着一些不完善的地方，但是改革和完善招拍挂制度必须坚持其市场经济方向，不能走回头路。从实践的情况来看，完善招拍挂出让应重点从以下方面入手。

一是严格控制单宗地出让规模，采取小宗地出让。在招拍挂出让土地过程中，竞价比较激烈的，往往都是区位条件比较好、资源比较稀缺的地块。在这种情况下，如果将这种区位条件优越的几十公顷乃至上百公顷的一宗地分割成几宗地，乃至几十宗地同时进行出让，那么开发商竞争不到这宗就会有可能竞争到那一宗，竞争就不会那么激烈，竞价也就不会那么高。因此，控制单宗地出让规模是防止"地王"频现的重要手段。

二是严格监督合同履行情况，防止开发商通过任何途径改变出让合同约定的土地规划条件、开发建设期限等。依法履行土地出让合同是目前控制房价、抑制地价、防止炒地、防止开发商投机行为的关键。合同履行不到位的主要原因，一方面是开发商钻政策空子，通过囤地打地价房价时间差，利用延期开发期间的涨价获取超额利润；通过调整合同约定的开发利用方式，乃至调整规划，获取提高容积率、改变利用方式等产生的超额利润。另一方面也存在少数地方政府乃至政府官员有意识地寻租，与开发商分享不严格履行合同带来的超额利润。我国的土地出让是一种特殊的经济行为，也是一种政府行为，必须采用多种手段督促严格履行出让合同。即要充分利用市场手段

乃至法律手段促进严格履行合同，短期内充分利用行政监督手段也是非常必要的，尤其充分发挥国家土地督察的职能，尽快严格督察地方政府、开发商的土地出让合同履行状况。因此，必须从制度上、实际政策上严格监督检查土地出让合同、规划审定设计方案的履行情况，堵住开发商的投机心理。

解决土地增值收益分配问题的理论逻辑

子曰："富与贵，是人之所欲也，不以其道得之，不处也；贫与贱，是人之所恶也，不以其道得之，不去也。"

——《论语·里仁》

市场经济实际上是规则经济，相关经济主体只有遵循共同的规则才有可能达成交易。科斯定理所强调的产权清晰，实际就是强调市场交易需以产权清晰为前提。土地增值收益分配表现为经济问题，如何分配首先就要遵循经济学的产权规则、市场规则；而产权规则是以制度为前提的，因此可以基于产权效率检视制度设计。再考虑土地作为资源的公共属性，作为生产要素的生产功能要求，这是土地经济学的基本理论规则。

15.1 土地增值收益分配表象是经济问题，实质是制度问题

从改革的角度，首先需要明确的是，解决土地增值收益分配问题的目标是什么？改革必须首先明确目标，因为目标决定政策选择。

客观地说，土地增值收益分配，表面上是个经济问题，是利益问题，

那么目标是否就一定是确定合理的土地增值收益分配比例？这当然也没错，因为要解决的问题就是土地增值收益如何分配。但是，问题的关键是，如何分配才"合理"？比如有100元钱3个人分，按道理平均分配最合理，但其中一个人说这钱是卖我的手表得来的，凭什么跟你们平均分？另一个人说我对手表进行了加工改造，自然也要多分点。那么就按贡献大小确定分配比例吧，先不说贡献大小如何测算、如何比较、如何确定的困难，即使确定了比例，在实际分配过程中也可能依然存在不同情况、不同背景下的分配矛盾。尤其在错综复杂、利益巨大的征地—出让过程中的土地增值收益分配问题，第一，难以确定各方都满意的"合理"的比例；第二，即使能够确定出比例，或者强行确定一个比例，也难以保证得到各方认可；第三，增值的产生是在征地/拆迁、出让、开发等各个环节的交易过程体现出来的，增值额只有在发生交易时才表现出来，而要在征地环节就要确定分配关系，那么增值额是多少呢？得到若干年后房地产开发完成以后才能确定总体增值，这如何实现合理分配？在实际操作过程中是很难想象的。

其实，与土地增值分配比例乃至分配差距较大相比，分配方式更关键。换句话说，尽管土地增值分配存在巨大差距，看起来很不合理，但是，如何分配才合理呢？即使平均分配能做得到，那么平均分配就合理吗？因此，更关键的问题是，探讨土地增值分配要遵循什么样的原则才是更关键的问题。

因此，从政府的角度，改革的目标只能是通过制度改革，完善土地资源配置的市场化制度，利用产权机制和市场机制解决利益归属，通过规划用途管制保障土地利用，通过改革税收制度实现收益再分配，防止暴利，解决公平问题。

对于私人主体肯定是追求经济目标，但是从国家政策与制度层面，往

往不能直接冲着经济目标进行政策发力，而应该按照所要实现的目标，通过建立法律和政策机制，引导和决定利益走向。就像拍皮球，你如果想要皮球拍的高，直接对皮球发力那是拍皮球者（市场主体）能做的、要做的；而对于裁判员（政府，政策、法律制订者、监管者），则要通过制订规则，如规定皮球充气程度、拍打方式（用手拍还是用脚踢）等，使拍皮球者在共同的规则下通过公平竞争实现自己的利益最大化。

那么，从政府的角度，完善土地收益分配制度的目标是什么呢？首先肯定不是政府收益（如土地财政）最大化，即使是为了维持地方政府土地出让收入在一定水平，也不应该是政策目标，只能是政策结果，否则必然出现"政策失灵"。其次也不应该是实现市场主体的利益最大化，包括"让农民分享更多的土地增值收益"，这个可以是结果，而不应该是目标。因此，改革的目标只能是建立规范、公平的土地资源市场化配置秩序。

基于这一目标，改革应该遵循的规则至少应该包括：

第一，要坚持规划用途管制下的市场化配置。必须逐步减少政府在资源配置过程的决定作用，甚至是审查、审批干扰等。当然，要退出的是政府在资源配置方式、配置过程中的决定权，但是政府的监管权必须得到加强与明确。一是明确监管范围与边界；二是明确监管职责。在监管方面，政府职能最重要的是做好科学的规划，保障规划的法律地位，然后基于规划严格监管土地用途管制，有效防止产权主体基于利益驱使的滥用土地行为。

第二，要保障产权主体利益。产权清晰是市场交易的前提，通过产权认定（具体的方式就是产权登记）明晰产权，并明确产权权能，通过法律保护合法的产权利益，保障效率。有了这种产权机制，收益分配就可以通过市场化过程予以实现，收益分配关系由市场主体之间通过讨价还价博弈决定，政府要做的只是维护市场秩序。

第三，要建立税收调节机制，防止获取暴利，实现公平。即通过清晰界定产权，由产权主体之间的市场交易实现土地增值收益的第一次分配；但第一次分配必然出现多寡不均，甚至相差悬殊，必然出现少数人获取高额增值的暴利，那么通过税收进行调节，征收增值税进行第二次分配，解决公平问题。

总之，要从根本上解决土地增值收益分配问题，必须依靠土地制度改革。如果不从制度改革层面入手，任何基于收益调节、提高补偿标准、提高保障水平等博弈性措施，都是饮鸩止渴，不仅解决不了根本问题，甚至会为从根本上给解决问题制造障碍。

15.2 土地制度改革必须从体制和机制上"解套"

中国的土地问题，最根本的，既不是土地资源紧缺问题，尽管我国人多地少，土地资源非常紧缺；也不是土地利用浪费问题，尽管目前普遍存在着土地利用浪费现象；也不是土地管理问题，尽管土地管理体制、机制存在着诸多不完善；更不是技术问题，尽管土地利用与管理技术有待改进，现代技术应用有待加强。其最根本的，一是在机制上存在着宏观经济的问题，是宏观经济"绑架"了中国土地；二是在体制上存在着政府管理体系问题，是地方政府"绑架"了土地利用；三是在制度上存在着二元结构问题，城乡二元制度制约了土地要素流通和土地合理利用。实际上，多年来全国各地土地利用问题频出，违法用地屡禁不止，土地收益分配矛盾尖锐，一系列土地管理改革政策始终解决不了实践中层出不穷的违法用地"对策"，根源并不在土地本身。因此，如果真正要从顶层设计上解决土地问题，必须找到引起土地问题的根源。

（1）土地被宏观经济"绑架"

首先表现在经济发展、GDP增长都要求土地支持，都需要将大量的产业比较利益较低的农用地转变为建设用地，这直接威胁基于粮食安全、生态保护所强调的耕地和基本农田保护，直接影响土地用途管制制度的实施。当然，如果经济发展、GDP增长是健康的，是能够真正促进国民福利改善和提高的，那提供一定的土地资源支持也是应该的。而现实当中的经济结构表明，经济增长的主要方式是靠重复建设的投资、靠大量资源消耗的产业支撑的，经济增长与国民福利改善并没有同步，这是现阶段解决经济增长与土地资源保护之间矛盾必须要考虑的问题。

其次表现在土地成了不健康的金融体系的牺牲品。多年来我国大力发展外向型经济，不可否认这对实现经济快速发展起到了重要作用，也实现了外汇储备的快速增长和高额储备。但问题是，过多的外汇储备直接导致两个问题，一是外汇币值（主要是美元）变化直接影响人民币币值变化及发行量；二是我国的外汇储备制度决定了外汇储备的增加必然导致人民币发行数量的成倍增加。这两个问题最终导致货币超发，因此一定程度上，我国的金融体系被美元"绑架"。货币超发的结果是流动性过剩，而土地尤其是房地产作为重要的投资领域，必然地成了流动性投资的重点，这是导致多年来土地价格、房地产价格过快上涨的根本原因。因此，要想抑制土地价格、房地产价格过快上涨，仅仅靠土地政策、房地产政策是不行的，必须要从宏观经济层面、金融政策上解决问题。

（2）土地被地方政府"绑架"

首先表现在我国的城市土地国家所有，而地方政府实际占有，因此地方政府有对所占有土地实行自主利用的制度保障。同时，地方政府又是当地经济发展、城市建设的主导者，这决定了一旦出现发展经济与保护耕地、城市建设与土地用途管制之间矛盾的时候，地方政府的选择必然是前

者，相应的国家土地管理目标自然就难以实现，各级土地管理工作也就很难开展。

其次表现在土地财政问题上。不可回避，短期内地方政府是房价上涨、地价上涨的直接受益者（长期就不一定了，地方政府和普通百姓最有可能成为过高房价所引起的问题的买单者），为什么一些地方政府在房地产调控政策解冻方面总是蠢蠢欲动？既有追求土地出让收益的驱使，又有追求地方经济发展、GDP 增长的驱使。

（3）土地制度改革顶层设计的重点

首先，需全面思考政府土地管理的理念与目标。一定程度上来说，土地作为重要的生产要素，往往要被动地接受宏观经济政策的要求。因此，土地政策往往要服从宏观经济政策，这决定了土地政策不可能解决来自其上层宏观经济层面的问题。另外，从政策理念上，须合理界定土地管理的职能，有所为有所不为。政府管理自古就有"无为而治"，"子曰：为政以德，譬如北辰，居其所而众星共之。"现代化的科学管理，更需要科学地思考和确定政府管理的理念问题。

其次，进行顶层设计必须把握几条重要的原则。一是总体性，或整体性、全局性、系统性，任何改革都会牵一发而动全身，现实中不同业务职能部门间的交叉与矛盾也普遍存在，因此如何构建整体协调的改革框架和制度体系是关键；二是针对性，要针对实践中的重大矛盾和问题；三是预见性，要适当超前，要符合政府管理和制度设计的发展趋势；四是可执行性，不可操作的任何改革都是无效的。

第三，应该抓住当前面临的核心问题。当前土地领域面临的主要问题：一是由计划经济体制过渡到市场经济体制下所引起的管理方式、管理观念的变革滞后所引起的矛盾；二是政府管理如何向公共管理过渡；三是地方政府的利益驱动与中央政府的战略目标、长远目标之间存在较

大差异。

因此，改革的"顶层设计"一要研究基于公共管理的政府管理制度、审批制度改革等问题；二要基于政府与市场关系，研究在市场经济条件下政府管理的"为"与"不为"、"到位"而不"越位"的问题；三是研究基于政府公共管理目标和要求下构建资源、资产管理的法律体系和政策框架。

15.3　真正处理好政府与市场的关系

在党的十八届三中全会发布的《中共中央关于全面深化改革若干重大问题的决定》中明确提出：经济体制改革是全面深化改革的重点，核心问题是处理好政府和市场的关系，使市场在资源配置中起决定性作用和更好发挥政府作用。解决土地收益分配问题的制度改革，核心问题同样是处理好政府与市场的关系。

在经济学研究领域，政府与市场的关系始终是一个难题，但是基于一般的经济学理论，认为市场机制是经济运行的普遍机制，而政府的主要作用是对市场进行宏观调控，即解决经济主体基于私人目标所难以解决的问题，因此政府在进行市场调控过程中通常是基于公共利益目标。但尽管如此，在实践中通常出现政府调控与市场机制的矛盾，我国在土地利用管制、土地收益分配、土地市场调控等领域出现的问题，一定程度上是由于政府调控与市场机制不协调所引起的。

市场机制在资源配置过程中起着基础性的作用，是经济体系的基本运行机制，且自发地起作用，这是客观规律。但是在自由的市场经济运行过程中，市场机制往往也会产生无效率的情况，即所谓"市场失灵"。例如，

市场垄断，垄断一方面导致效率损失，另一方面导致分配不公；在信息不完全、预期不准确的条件下展开的市场竞争往往导致经济发展的不稳定，出现周期性的经济危机，而竞争中优胜劣汰的过程往往导致社会生产力的损失等。克服市场机制这两方面的缺陷，是经济理论研究的一个重要内容，也构成了"政府干预"的一个重要理由，各种各样的"政府管制"便是以克服这些方面的无效率而提出的。

在经济学中，政府对市场的管理，通常分为政府管制和政策调控两种形式。政府管制，特指的是政府对私人经济部门的活动进行的某种限制或规定，如价格限制、数量限制或经营许可（对"进入"某产业部门的生产者或经营者的数量进行限制）等。它不同于政府运用经济政策对宏观经济运动所进行的"控制"或"调节"，即所谓的政策调控。政策调控指的是政府通过调整它所掌握的某些经济变量（如财政支出、货币供给等），来影响市场经济中各种变量的取值，以影响私人经济部门的运动过程。而政府管制则是直接对私人经济活动作出某种限制性规定，以直接控制私人的各种经济活动。作为政府决策的一部分，对什么进行管制，对什么不进行管制，以及如何管制等，是研究政府调控市场的主要内容，也是保证政府调控有效率、防止"政府失灵"的关键。

对于土地及房地产市场来说，它作为一种重要的要素市场，是市场体系的重要组成部分。由于土地及房地产开发建设过程通常较长，且涉及行业多，因此如何保证房地产市场的健康发展是一定地区社会经济发展的关键。那么，政府在土地市场、房地产市场中到底应起什么样的作用？对这一问题的回答，除了要遵循经济学的一般规律，还应考虑我国的土地及房地产制度体系。

我国政府对土地市场、房地产市场的干预或管理方式通常有以下几种：

1）政府供应土地。这是由我国的土地制度决定的，我国实行土地公有制，城市土地属于国家所有，并且实行城市土地有偿使用制度，因此国家或地方政府作为土地所有者通过出让等方式将土地提供给使用者使用，这就是政府的供地过程，也是政府利用供地措施宏观调控房地产市场的重要手段。通常情况下政府通过制定并实施供地计划，有计划地提供开发用地，控制市场供给量，从而达到调控市场供求关系的目的。严格来说，这种方式既不属于政府管制，也不属于政策调控，它属于政府作为市场供给者参与市场活动。但如果政府能够坚持公共利益原则，完全基于宏观调控市场的目标确定并实施供地计划，则类似于政策调控；否则，若政府也为了追求短期经济利益最大化而大量供地，必然引起市场波动，其行为与一般经济主体没有区别。如果说有区别的话，其行为由于有政权支撑和高度垄断，可能产生的危害更大。

2）实行规划管理。这是任何国家政府对土地利用和城市建设进行宏观控制和管理的基本形式。通过规划确定城市土地利用布局，确定城市不同区域的功能，不同类型用地的控制数量和区域，任何房地产开发项目均必须符合城市规划的要求。因此，政府可通过制定合理的城市规划，控制房地产开发的数量和区域，从而达到管理市场的目的。

3）对市场进行宏观调控。利用金融、税收、价格等政策对房地产市场进行宏观调控，对不同时期、不同类型的房地产开发项目实行不同的金融和税收政策，实行最高或最低限价政策等，这是市场经济国家政府对市场进行宏观调控的基本手段，属于典型的政策调控措施。

4）实行项目审批管理。这是最直接的政府管理市场的方式，包括对房地产开发商资质的审批管理（市场准入管理）、房地产开发项目的审批管理等，属于典型的政府管制措施。

上述四个方面，有的属于政府管制，如2）和4），有的属于政策调

控，如3)，有的则由于其具体操作目标不同而可能超出政府管理市场的范畴，如1)。因此，与政府管理市场的内容和方式相比，更重要的是如何界定政府管制的目标。政府管制既然是由政府决定并实施的一种公共管制，一般人都会认为政府管制与其他一切政府决策一样，"应该"以公共利益为目标，以社会福利最大化为目标，而非以政府财政收益最大化为目标。事实上，无论如何，人们都会希望政府按公共利益的要求行事。但是，"应该"如何行事是一回事，政府在事实上究竟如何行事是另一回事。最典型的事例是颇受社会各界关注的土地收购储备制度。政府实行土地收购储备是从宏观调控土地市场和促进城市土地合理利用及城市建设提出的，通过收购储备统一供地，实现政府调控市场的目的，又有利于城市旧城区改造，是一项非常有意义的制度创新。但是，由于在实践中部分城市未能完全按照公共利益原则行事，没有以控制供给、调控市场为目标，而是将其作为政府揽财的手段，以政府短期经济利益最大化为目标，从而既导致了土地市场乃至房地产市场的过热现象，也引起了政府与民争利的问题，引起经济主体与政府的矛盾，如征地过程中农民与政府的矛盾，旧城改造过程中拆迁户与政府的矛盾等。因此，要避免"政府失灵"，必须要从制度上严格保证政府行为以公共利益最大化为唯一目标。

15.4　必须防止土地过度资本化

土地作为生产要素，其价格不是越高越好，相反，如果任由地价持续攀升，直接受影响的将是增加实体经济的生产成本，并最终要么实体经济难以为继，破产倒闭；要么将增加的生产成本转嫁到产品价格，最终由消费者买单。因此，改革必须防止土地过度资本化，尤其是农村集体土地。

古今中外，土地制度都与社会、经济乃至政治制度密切相关，尤其是农地制度，由于农地具有直接影响人类生存的生产功能，更对社会稳定产生直接影响。近代中国在"打土豪、分田地"的斗争中实现了"耕者有其田"，在公有化改造过程中建立了集体土地所有制度，但由于集体化生产的低效率，不得不实行在集体所有制背景下的"家庭联产承包制"，既解放了农村土地生产力，也解放了农村剩余劳动力，为之后的城乡经济快速发展奠定了制度基础。

然而，随着快速城镇化、工业化发展，农村人口大量流出及现代农业发展的要求，关于农村集体土地使用制度改革的呼声日益强烈，尽管在具体改革方式上存在一定争议，但是基本共识是必须允许集体土地流转，放开集体土地市场，充分利用市场机制重新配置农村土地资源，使集体土地产权主体能够分享集体土地开发与流转所产生的增值收益。总体来说，在我国逐步建立与完善的市场经济体系中，在城市土地市场如火如荼地发展和快速城镇化、工业化的背景下，改革集体土地使用制度是大势所趋，允许农村集体土地流转，首先是城乡土地权属公平的要求，其次是农村土地资源有效配置的必然选择，第三是农村集体及农户财产合理实现的基本要求。实践中农村集体土地流转也普遍存在，不仅是集体农用地流转，集体建设用地流转和农村宅基地流转都很普遍。因此，目前如何从法律上给予明确界定是关键。

但是，由于农地具有重要的生产功能，在改革农村集体土地使用制度的具体细节上必须全面慎重考虑，严密注意防止改革可能引起的负面效果，尤其是应该防止农村集体土地过度资本化。农地的特殊性，决定了农地制度的特殊性。

允许农地流转的根本目标是利用市场机制实现资源有效配置，促进农村集体土地合理、有效利用，实现农地生产功能的充分发挥，满足社会经

济发展对粮食等农产品的需求。对于当前中国农村来说，最主要的就是解决在城市化过程中，农村流出人口的土地流转问题，实现土地资源再配置，并保证农地继续进行耕作使用。尽管土地资源具有资源与资产双重属性，但是在任何社会制度下，农用地的生产功能一定是最主要的功能，资产功能一定是辅助功能，通常只是作为"耕者"的资产，不能异化为"投资者"的乐园。一旦过度强调农地的资产功能，必然引起资本炒作，进而引起囤积、兼并、炒卖等问题，必然影响农地生产功能的发挥，甚至导致社会稳定和粮食安全等问题。过去十余年来城市房价过快上涨所引起城市土地过度资本化问题已经危机重重，绝不能允许城市房地产体制背景下的土地过度资本化恶果在农村重演！

纵观中外土地制度历史，任何时期、任何政府都高度重视农地制度设计问题，都高度重视农地生产功能的发挥，重视防止土地兼并。孙中山先生对土地制度设计可以概括为三句话：平均地权、耕者有其田、涨价归公，这应该始终是农地制度设计的最根本原则。所谓"平均地权"，是在土地分配及土地经营规模上尽量平均，防止分配不均乃至大规模兼并所引起的问题。所谓"耕者有其田"是要保证农地主要掌握在耕种者手中，防止有地者不种地、种地者无地可种的困局。所谓"涨价归公"是在土地资产属性方面解决土地收益再分配问题，防止土地资本化过程中的收益分配不公问题。平均地权和涨价归公是解决公平问题，耕者有其田是解决效率问题，三个方面相结合应该是农地制度设计的根本原则。

因此，现阶段农村集体土地使用制度改革，应该是通过法律形式明确规定农村集体土地流转形式与方式。首先必须充分考虑农村人口、资源及经济发展水平等各方面因素，科学研究农村土地合理经营规模，予以适当的规模引导与制约；其次，科学的、法制化的规划是实施土地用途管制的基础与前提；第三，清晰的产权界定与登记，适当的经营主体制约是保证

农地生产功能与资产功能有机结合的保障。

15.5 土地增值的理论归属是合理分配的唯一依据

土地增值主要是在城市开发与建设过程中，由农用地、集体土地转变为建设用地、国有土地过程中产生的，期间土地用途转用审批、土地征收、土地出让等过程均由地方政府实施乃至审批，使地方政府成为利益主体的一方；整个过程还涉及农村集体经济组织、农户及集体企业、新的建设用地开发或使用者等各利益主体，土地增值基本是在这些利益主体之间分配。尤其地方政府基于土地占有权行使国家土地所有权的职能，在从征地到出让过程中获得高额土地溢价收益，而相应的其他利益主体，如农村集体经济组织、农民等，似乎在土地收益分配中处于弱势乃至被动地位。

由于土地增值是否得到合理分配，既影响农村集体经济的发展，影响农民收入，又涉及地方基础设施建设、城市发展，甚至影响到社会稳定、城乡统筹与和谐发展，因此必须从理论与战略的高度思考解决问题的对策。从理论上，土地增值分配应寻求科学依据；从战略上，土地增值分配涉及各利益主体的直接经济利益，尤其涉及广大被征地农民的利益与城乡统筹发展，乃至社会稳定，土地增值分配必须考虑各经济主体间的利益均衡。

从理论上，土地增值的合理分配必须依据增值的产生原因及其理论归属确定。总体来看，土地增值主要由 4 种情况产生：一是土地用途改变，即由农用地转变为建设用地引起的增值，这种增值是由公共部门编制并发布实施的土地利用规划、城市规划决定的，应归属社会；二是由于基础设施的改善所引起的增值，而基础设施的投资和建设也主要由政府和公共部

门实施，应归属社会；三是由于土地资源总量有限、资源稀缺等因素引起的增值，应归属社会；四是投资的增加、土地利用效率的改善所引起的增值，按照经济学的"谁投资谁受益"理论，集体土地所有权主体、使用权主体、转变为建设用地后新的投资主体等都是相应时期的投资者，应共同分享这部分增值。因此，所谓"涨价归公"主要是指前三种情况。当然，不同区域、不同地块的土地增值究竟是何种情况所引起的增值占主要的，何种是次要的，乃至如何准确测算各种情况所引起的增值所占份额是非常困难的。通常情况下，规划用途改变是前提，基础设施改善和投资增加是必要过程，资源稀缺是普遍的，应该说在任何一种土地开发过程中，这4种情况均不同程度地存在。

合理分配土地增值是促进土地节约集约利用，实现和谐发展的基本要求。把本应"归公"的增值直接给付私人（包括被征地农民、拆迁户、建设单位等），既是对其他公民和经济主体的不公，对获得收益者来说也容易引起"不劳而获"的暴富心理，甚至引起社会价值观的失衡。近年来，许多城乡结合部地区出现的"拆迁暴发户"，乃至新的"食利阶层"，均应引起高度重视。相反，把本应"归私"的投资增值全部"归公"，也不符合市场经济条件下的投资与经济机制，不利于吸引社会资金投入土地开发和城市建设。因此，必须遵循土地增值的理论归属合理分配增值收益。

16

土地制度改革路径

　　历史是川流不息的。若不能因时变事，而顽固恪守旧俗，这本身就是致乱之源。时间本身正是立志改革者的楷模。它在运行中更新了世间的一切，表面上却又使一切似乎并未改变。假如不是如此，新事物发生得太突然，就难免会遇到极大的反对力量。所以实行改革要十分谨慎。每一次改革都必须是确有必要而并非为了标新立异。

——培根《论革新》

　　本章重点探讨提出促进土地增值收益合理分配关系形成的土地制度改革的建议。为什么不直接提出土地增值收益分配的建议？前文已经论述，实践中的土地增值分配问题，表象是利益关系问题，利益归属问题，乃至公平问题等，但是根源在于制度设计问题。因此，要解决土地增值收益分配的实践矛盾，必须从制度设计入手进行根本性改革，构建公平分享、制约暴利的规则，方能破解现实难题。

16.1 基于土地增值合理调节的制度改革框架

总体来说，从改革的角度，为破解土地收益分配的矛盾，关键在于制度层面的改革。改革的重点，一是集体土地制度改革与征地制度改革，解决土地增值收益分配的市场机制问题，实现效率；二是税制体系改革，解决收益再分配问题，保障公平。

改革集体土地使用制度和征地制度，主要目的是解决现行征地范围过宽，导致部分非公共利益征地所产生的增值无法通过市场方式实现分配的问题，且恰恰是这些非公共利益征地容易引起高额增值，矛盾更加尖锐；而要缩小征地范围，就必须允许集体经营性建设用地采取市场方式进行交易，解决征地范围所缩小的非公共利益用地直接通过市场方式进行交易的问题。因此，通过缩小征地范围，逐步放开集体土地市场，减少土地增值收益分配的制度壁垒，将土地收益分配这一经济问题逐步交给市场，这样既缓解现实中由于分配不公所导致的相关经济主体（尤其被征地农民、拆迁户等）与政府的矛盾，又有利于促进建立土地要素分配和收益关系调整的市场化机制，有利于实现土地的高效集约利用。

征地制度改革与集体土地制度改革是一个问题的两个方面。一个问题是，在严格按照"公共利益"原则行使征地权的前提下，如何最大限度地实现集体土地资源的市场化配置，解决效率问题。两个方面是，在征地方面，完全遵循公共利益原则行使征地权的依法征地、合理补偿问题；在集体土地流转方面，如何界定有效的产权主体、严格遵循规划用途管制前提下，充分发挥市场机制有效实现土地资源利用再配置问题。

进行不动产税制体系改革，建立并完善税收调节机制，是基于土地市

场化配置以后如何实现利益再调节的基本要求，通过税收方式实现收益再分配，目标是解决公平问题。任何市场经济社会都很难避免少数人获取暴利，但从社会治理角度，不怕暴富，怕的是政府缺乏调节暴富收益的手段。在具体改革方向上，首先应尽快建立不动产税制体系，通过不动产税调节财产拥有关系，增加持有成本，抑制投资性需求；其次是尽快完善土地增值税征管制度，将土地增值税征收拓展到土地增值产生与分配的各个环节，并且征管到位。

16.2 征地制度改革

基于现行征地制度及其在实践中存在的问题，征地制度改革的重点，一是缩小征地范围，二是规范征地程序，三是完善征地补偿。规范征地程序的重点是依法、公开、公正，这个目前在制度改革层面相对比较好解决，难点在于执行。完善征地补偿，一是合理补偿标准的确定，二是补偿方式的选择与确定，如何做到对被征地农民的补偿合理、规范，并达到多元保障。关于补偿标准，自2006年提出的"同地同价"，及2008年基本在全国范围内实施的征地统一年产值标准、征地区片综合地价基本解决了合理补偿的问题，也得到了大多数被征地农民的认可。关于补偿方式，各地探索资金补偿、留地安置、租赁或入股补偿，并叠加社会保障等，探索了一些有效的做法，许多做法已经得到国家政策乃至法律修订的认可，在此不再赘述。

征地制度改革的重点和难点是缩小征地范围。

十八届三中全会的《决定》明确提出，"在符合规划和用途管制前提下，允许农村集体经营性建设用地出让、租赁、入股，实行与国有土地同

等入市、同权同价；缩小征地范围"。因此，在进一步的农村土地制度改革中，如何"缩小土地征收范围，探索制定土地征收目录，严格界定公共利益用地范围"也就成为改革试点的重点，也是难点。

我国从立法层面始终坚持"公共利益"征地的原则，如《宪法》《物权法》《土地管理法》均有相应界定，即"国家为了公共利益的需要，可以依照法律规定对土地实行征收或者征用并给予补偿"。而且，政府遵循"公共利益"原则行使土地征收权也是符合国际惯例的。

但是，在我国现行的城乡二元制度体系下，基于"公共利益"征收土地，面临两个难题：一是公共利益范围如何界定；二是非公共利益用地占用集体所有土地怎么办。目前，集体经营性建设用地入市改革试点正在全面推进，假如这项改革能够得以落实，那第二个难题将有可能得到化解。那么进一步的关键问题就是如何界定公共利益范围了，以便合理确定征地目录，缩小征地范围。客观地说，严格界定并在实践中明确执行征地范围比"缩小征地范围"更重要。

然而，对"公共利益"界定的已有研究，大多数是单纯按用地类型、用地性质、用地主体划分，难以达到操作要求，无法解决部分公共利益用地如果存在经营性使用如何排出，同时部分非公益性用地，受到制度制约又必须征地，如何纳入征地范围？本章通过对国家行使征地权的本质属性分析，梳理现实中界定公共利益范围所面临的困难，提出综合考虑用地类型、用地主体、非盈利及规划管制等要求进行界定的思路，希望为进一步改革提供借鉴。

（1）国家行使征地权的国际惯例和本质属性

征地权在国际上普遍认为是"政府引导土地资源利用"的权力，指"最高统治者在没有所有者同意的情况下，将财产用于公共目的的权力"。一般通过法律赋予政府行使征地权。

现有文献介绍国际上征地权的材料很多，归纳国际上政府行使征地权的本质属性，主要包括以下 5 个方面：一是服务于国家机器，尽管强调"公共目的"，但实际上是国家政权或地方政府在推行公共事业的时候，通过法律赋予政府有权征收私人土地。二是对抗私人产权，尤其在土地私有制国家，"征地权"是处在"土地所有权"之上的，即为了公共目的，土地所有权应服从于征地权。三是非普遍性，即尽管征地权是法律赋予政府的"特权"，但是政府不能滥用征地权，只能在基于"公共目的"的特殊情况才能行使。四是非盈利，即政府在行使征地权过程中不能获取经济利益，尤其不能以盈利为目的。五是合理补偿，这是各国法律都非常强调的。

综合来看，这 5 个方面实际是相互关联的，首先由于是"公共目的"，因此可以通过法律赋予强制性，可以对抗所有权；但这种强制性只能针对公共目的需要，属于"特殊权力"，不能普遍适用，尤其政府不能因此获利，要给予被征收土地者合理补偿。可以说，只有这 5 个方面同时具备，才能确定政府行使征地权的合理性，才能得到社会公众尤其是被征收土地的产权主体的认可。

（2）公共利益范围界定面临的困局

公共目的的界定就非常关键。尽管在不同地方分别有"公共利益""公共用途""公共目的"的不同说法，但主旨都在强调"公共"。近年来国内关于征地制度改革的呼声越来越大，改革的重点除了合理补偿以外，另一个重点就是如何解决"缩小征地范围"的问题。因此，如何科学、合理、准确地界定公共利益，或者说界定"征地的合理范围"，就成为问题的关键，也成为此次农村土地制度改革的重点内容之一。

但是，单纯按用地类型、用地性质、用地主体划分，均存在不足。例如，有人认为可以借鉴《划拨用地目录》（2001 年 10 月 22 日，国土资源

部令第 8 号）确定征地目录，其中包括"国家重点扶持的能源、交通、水利等基础设施用地"，而在实践中这些用地经常存在着经营性质、获利性质，那么在征地过程中如何区分盈利性和非盈利性就很重要。

同时，部分按用地主体划分属于公共利益用地，但有时也存在经营性，如何从征地范围中排出？例如，教育设施用地、体育设施用地、医疗设施用地等，在当前教育、体育、医疗投资主体多元化背景下，经营性、非经营性并存，因此同样需要将盈利性与非盈利性区别开，不能仅从用地主体界定。

受到制度制约，部分非公益性用地能否纳入征地范围？例如，房地产开发用地，其明显属于经营性质，但是在当前法律规定农村集体土地不允许用于房地产开发的情况下，就需要将其作为特例纳入征地范围。

（3）合理界定征地范围的建议

那么，如何解决征地范围的界定呢？综上分析，我们提出应综合考虑用地类型、用地主体、非盈利及规划管制等要求进行界定。对于用地主体能够完全服从于公共目的的，那就通过用地主体确定；用地主体存在多种类型的，可以通过投资建设主体，并且以"非盈利"确定；还有一些是由于成片开发和规划实施的需要，乃至法律规定的排除类型。因此，具体可以从以下 4 个方面界定征地范围：

一是用地主体属于典型的公共与公益事业主体的用地。从用地主体来看，国家机关、政府机关、军事用地等，应首先包括在征地范围内。

二是非盈利性的公共设施与公益事业用地。判断标准包括：第一，公共设施与公益事业用地；第二，非盈利，或者不以盈利为目的。这类用地主要包括城市基础设施用地、公益事业用地，乃至交通、水利设施用地等。这方面由于经营性与非经营性、盈利性与非盈利性并存，因此可通过界定盈利性与非盈利性的判断标准，将非盈利性的用地纳入征地范围。

三是城市规划区范围内，为满足成片规划建设要求的用地。这是一种特殊情况，由于城市规划区范围内各种经营性和非经营性用地并存，又需要统一布局。因而从有利于完善基础设施建设，加强管理、合理用地、集约用地的角度，可以将城市规划区范围内、满足成片开发要求的用地也纳入征地范围。

四是法律法规不允许在集体土地上进行开发建设的用地。这方面目前最典型的就是住宅房地产开发用地，由于法律规定其不允许使用集体所有土地进行开发，因此应纳入征地范围。

16.3 集体土地制度改革

关于集体土地制度改革，国家很重视，社会也很关注，理论界也有很多不同的观点，说法很多。我们在这里的分析，是希望从理论上探讨改革具体方向和措施。既然是从理论上探讨，更多的是讲道理，把改革的道理讲清楚，是做"论述题"；而具体改革的方案的选择，是中央去决策，也就是"选择题"由决策者去做。因此，在具体改革方案出台之前，我们从理论上把道理说清楚很重要。

总体来说，农村集体经营性建设用地进行市场化改革，既是城乡统筹发展的要求，也是利用市场机制进行资源有效配置的客观要求。但是，在具体改革方案选择上，有几个基本问题需要首先弄清楚，否则既难以达成改革共识，也难以有效解决当前实践中的问题，更可怕的是，如果改革在基本问题上走偏，则可能导致难以挽回的后果。

第一个问题，改革的目标究竟是什么？

改革目标的选择非常重要，涉及改革方向与路径选择问题。目前社会

上有两种观点值得讨论：一种观点是，既然城市土地市场化促进了城市发展和土地资本化，农村也应该依靠土地市场化、资本化实现农村发展。这种说法看起来是对的，但是忽视了城市土地可以高度集约化利用与农村土地生产功能及生态功能的特殊性、不能高度集约利用的区别，尤其忽视了城市土地市场化过程中出现的过度资本化问题所带来的危害。由于农村土地生产功能在人类基本生活品供应方面的重要性，一旦农村土地过度资本化，必然冲击其生产功能的发挥，轻则冲击耕地保护目标，冲击国家粮食安全，重则甚至影响农村居民基本生活水平，冲击社会稳定。另一种观点是，农村土地市场化就是为了让农民分享土地增值收益。这一说法表面上看起来没错，农村土地集体拥有所有权，农民拥有使用权，自然要实现其财产价值和增值收益。但是，土地作为自然资源和重要的生产要素，其最重要的功能应该是生产功能，资产和资本功能都只能是其辅助功能，如果主次颠倒，必然抑制土地生产功能的发挥，进而影响土地产出降低，或者土地产出成本提高，这些都将影响土地对人类的供养作用，结果必然导致土地产出不能支撑过高增值的土地成本，则农业生产将不可持续，这会直接影响农产品的产出与供应，影响农产品价格，一旦出现这种状况是很危险的。

其实，城市土地资本化过程中，在充分实现地方政府财政收入增加和少数人（主要是房地产开发商、炒房者等）投资收益大幅增加的表面光鲜下，对整个社会带来的是房价快速上涨、经营与生产成本大幅上升的恶果，中国城市房地产价格过去十余年的持续快速上涨所引起的问题，尤其对当前宏观经济平稳健康发展的制约已经证明了过度追求土地资本化收益、无底线追求土地增值收益的严重危害。这种恶果绝不能复制到农村！

因此，农村土地制度改革的基本方向是推进市场化，这是发展市场经济体系的基本要求，也是城市化进程的必然选择。但是，农村土地制度改

革的根本目标应该是充分利用市场机制实现土地资源再配置，利用市场配置资源的基础性作用促进土地生产功能的充分发挥，防止土地闲置和浪费，同时实现转出者的合法土地财产价值。改革过程中必须防止土地过度资本化、地价过快上涨、土地过度增值等对土地生产功能的影响和冲击。

第二个问题，集体土地市场交易的主体究竟是谁？

对于农村集体土地制度改革，如果纯粹从理论上来说应该是简单的，远的可以借鉴国际上的土地市场化成功经验，即使在国内，我们也有城市国有土地市场化的经验，从城市国有土地市场来说，除了过度资本化这一弊端以外，其充分利用市场机制实现土地资源再配置的做法和经验是很成功的，集体土地市场化改革完全可以借鉴。但是，关键问题是集体土地的主体问题。谁是集体所有土地的所有权主体？有人说是村委会，有人说村民小组，到底是谁的？不知道。即使明确是村委会、村民小组，都只属于村民自治组织，既非法人也非自然人，也不是政府，怎么去行使这个权能？还有农户作为使用权主体的权能界限及其与所有权主体的关系等。但是，不管集体经济组织也好，还是农户也好，他们的主体地位和形态不管有什么问题，既然法律明确了集体所有，还是要尊重法律规定。考虑到所有权主体集体经济组织的不稳定性，而使用权主体是农户的相对经济关系及产权机制明确性，建议改革应该"弱化集体土地所有权，强化集体土地使用权，强化国家管理权，尤其是用途管制等"①，以此解决集体经济组织主体地位问题。当然现在全国各地也有不同的探索，比如北京的西红门，通过成立合作社运行，我觉得这一做法值得借鉴。当然中国这么大，未必说一个做法打遍全国，应该通过地方的试点探索不同的做法。

第三个问题，集体土地市场化的范围究竟包括哪些？

---

① 朱道林. 改革与发展中的中国土地市场. 北京：中国科学技术出版社，2002

大家通常说的是集体土地"三块地"改革，即征收征用土地、经营性建设用地和宅基地，另外还有集体农用地流转。集体农用地，目前基本的改革思路是"三权分置"，即"保持集体土地所有权，稳定承包权，搞活经营权"，将经营权与承包权分开，实现集体农用地的再配置。关于集体建设用地，包括经营性建设用地、基础设施用地、宅基地等。改革的难点，一是集体建设用地存量与增量的区别，二是宅基地放开到什么程度。目前改革试点的思路似乎是先侧重存量，但是争议最大的恰恰是增量那一块，一旦涉及增量，就与征地制度改革相联系，因此从改革的角度来说，增量这块也是需要解决的。其实放开增量问题并不大，但关键是规划的问题，如果能够真正把规划做好、保证规划的法律地位，增量也好，存量也好，最后通过规划保证用途管制，就不会出现太大的问题。当然，还有经营性与非经营性，这与征地制度改革就更加密切。关于宅基地，重点在于解决进城落户农民在农村留下的宅基地如何退出，改革的方向应强调农村宅基地的居住保障功能，严格防止炒作等过度资本化倾向。

第四个问题，如何厘清政府在集体建设用地市场化中的作用和界限？

有人认为既然城乡土地统一市场，集体建设用地市场化就可以借鉴城市土地市场化模式。但是，由于城市土地属于国家所有，地方政府作为占有者代替国家行使所有者职责，进行出让并获得土地所有权收益。而集体土地是集体所有，地方政府没有产权主体身份，只有公共管理者身份。因此，地方政府在集体土地市场化过程中只能充当规则制定者和公共利益维护者。具体职责应该包括：一是依据规划进行用途管制，二是指导并监管流转方式，三是依法维护市场秩序，四是通过征税实施收益再分配。前三点都没问题，需要通过制度和政策层面进一步明确和强化；难度较大的是第四点，既然是市场化，土地交易价值的一次分配就应该由市场决定，政府绝不应该参与一次分配，政府应该做好的是再分配的文章。所谓"再分

配"，就是通过征税，将部分土地增值收归社会，用于公共事业和基础设施建设等。

因此，关于集体土地使用制度改革的建议：

(1) 正确处理土地生产功能与投资资本功能的关系

土地具有资源功能、生态功能、生产功能、资产功能等多功能性，但是其生产功能是最基础的、最重要的和难以替代的。根据土地经济学原理，土地收益最终来源于其生产功能的实现，尤其在农村，农用土地是生产粮棉油草木等人类生活必需品的物质载体，必须保证在其发挥生产功能的基础上实现其利益。土地作为生产要素，当其以生产功能为主的时候会促进资产功能实现；而当其以资产功能为主的时候则有可能制约生产功能。所以在处理土地的生产功能和资本功能关系时，要在保障土地生产功能发挥的基础上实现其资本功能。

改革真正要解决的问题：一是城市化过程中，农村退出人口所留下的土地如何实现再配置。二是满足现代农业发展的要求，实现规模经营过程中需要土地再配置。三是农村建设用地也需要市场化配置。关于这个问题，首先，要利用"城乡建设用地增减挂钩"解决"农村建设用地进城"问题，但是利益要留在农村；其次，如何保障和有效配置农村非农产业用地；最后要解决缩小征地范围后的集体土地开发路径。

改革目标决定政策选择，核心目标应该是利用市场机制合理配置土地资源，这是根本，其辅助目标是使农村土地资产价值得到体现，并为发挥土地生产功能服务。所以，改革的根本前提是必须保障农村土地生产功能的充分发挥，防止过度资本化对生产功能的冲击，必须防止城市土地过度资本化的问题在农村重演。

要保障土地的生产功能、抑制投资功能，必须从制度和政策层面入手。一是严格规划、严格用途管制。二是从制度上明确规定集约化用地要

求，如我国长期实施的农村宅基地一户一宅制度应继续坚持，且应采取多种措施制约一户多宅等。三是必须实行税收调节，农用地免税（这是国际普遍的做法），一旦由农用地转为建设用地，一是征收增值税，二是征收财产税，通过税收方式实现收益再分配，抑制投资性需求。

（2）必须建立真正具有法律意义的规划管制制度，通过规划解决用途管制问题

有人说我们现在有体系完整、审批严格、编制科学、公众参与的规划。但我们现在的规划，一是存在着严重的地方政府主导，政府主导就是政府说了算，公共性严重不足，公众参与纯属幌子；二是规划调整成为家常便饭，一些地方部门也自我调侃"规划处就是规划调整处"，尤其规划调整跟着领导意志走。规划是什么？规划是公权。什么是公权？公权是必要的"恶"，因此必须有监督、必须有制约，必须"关在制度的笼子里"。真正具有公权性质、具有法律意义的规划，一是全体利益相关者参与的规划制定过程，公众参与并公开；二是禁止调整，不得已要调整必须通过规划制订过程中及土地利用过程中的全体利益相关者同意；三是规划结果全面公开，接受社会普遍监督。

（3）基于产权清晰原则合理界定集体土地产权主体

考虑到集体土地所有权主体的法律地位和稳定性问题，遵循产权与利益对等关系的经济机制，建议按照"弱化土地所有权，强化土地使用权"的方向确定改革思路，当前集体农用地实行所有权、承包权、经营权"三权分置"的做法基本体现了这一思路。但是，集体建设用地一旦流转产权主体会比较复杂，最终恐怕需要集体的所有权和农户的使用权共同发生作用。目前一些地方尤其在城乡结合部区域，在实践中主要是由乡镇政府或者村委会行使主体职责，然后对集体成员进行分红，这是值得观察和探索的做法，具体产权机制和运行模式值得进一步研究和探索。

另外，通过进行全面登记发证，明晰界定土地所有权和使用权主体。这是利用产权机制进行农村土地保护的基本措施。对于农村土地权属主体，从法律上既赋予其可以按用途经营使用、按生产功能享受财产的权利，又要明确其保护土地自然性状、防止土地被占用甚至被破坏的义务。

（4）集体经营性建设用地入市范围应拓展到规划允许的新增建设用地

如果改革将集体经营性建设用地入市范围仅限定在存量用地范围，一是难以达到城乡统一的建设用地市场要求，即集体建设用地市场依然是现有建设用地的市场再配置；二是没有解决征地范围缩小以后建设占用集体土地如何入市交易问题，即假如征地范围控制在公益性范围内，那么涉及非公益性建设用地需要使用新增的集体农用地就没有路径可走。因此，从制度改革的角度，集体经营建设用地入市改革应包括新建设用地。

实际上，如果集体经营性建设用地入市范围拓展到新增建设用地，主要问题是如何管控，防止建设乱占耕地，防止突破耕地保护红线。根本的控制手段仍然是"符合规划、用途管制和依法取得"。因此，只要控制住"符合规划、用途管制和依法取得"的监管，集体经营性建设用地入市范围是可以拓展到新增建设用地的。符合规划、用途管制，在前面第（2）条中已经阐述，依法取得就是具体用地审批与监管环节的问题，将集体建设用地纳入与国有建设用地同等审批、监管即可。

（5）收益再分配应采取税收方式

如果允许集体土地入市，那就是集体经济组织及农户作为产权主体进行土地交易，那么交易价格在交易过程中形成，并在交易过程实现土地增值收益的第一次分配。从目前试点地区的交易情况看，尽管各地交易价格差异非常悬殊，但是其土地价格形成的市场机制是客观的，而且部分地区价格基本接近国有土地价格。尤其是北京大兴挂牌地块信息公布以后，很多人担心是否价格过高，其实根本的问题不在于价格高低，而在于两个方

面：第一，同地是否同价？这是市场机制的客观要求，价格水平必须符合市场机制，否则改革很难成功，假如集体土地流转价格低于政府征地补偿或者收购储备的补偿价格，集体经济组织乃至农民会愿意接受改革吗？假如集体土地流转价格远高于同等国有土地的价格，会有人愿意买吗？答案都无疑是否定的。因此，根本的不在于价格高低，而在于要让市场机制发挥作用，市场决定价格。第二，进一步如何建立收益再分配的机制，即应该对增值收益进行再分配。尽管南海提出了收取"统筹提留金"的做法，国家层面财政部、国土资源部也联合印发了《农村集体经营性建设用地土地增值收益调节金征收使用管理暂行办法》，采取收土地增值收益调节金的方式。但国际上通行的做法是征收增值税，我国城镇国有土地转让也有《土地增值税暂行条例》的规定，要征收土地增值税。因此，建议进一步改革过程中应城乡统一征收土地增值税。当然有人会担心对农民和集体征税很难做到，那至少应跟所在区域的基础设施建设、公共品投入挂钩，否则就是新的不公平。

16.4 建立并完善不动产税制体系

这里之所以称为"建立"，是因为我国当前实际上并没有不动产税制。现行的涉及土地、房地产等税制基本沿袭计划经济时代，实际是缺乏财产税制的设计。比如，房产税，基本征税关系是20世纪80年代的政策规定，且征税范围十分有限，没有达到"财产税"的税制功能。如果说针对市场经济下有所改革，那就是1994年实施的土地增值税，但是土地增值税的实际征收状况，一是太差，二是征收方式存在错误。即本应在发生交易以后针对"增值"征税，但由于增值测算的困难、事后征管的困难等，许多地

方采取在用地供应与审批阶段提前征收，使收益"调节税"功能转变成了"环节税"功能，即本应是增值多多征税、增值少少征税的，针对增值收益进行调节，防止过度增值及防止暴利；而将征税环节前移，且征税比例不与增值挂钩，就变成了环节税，变成了不管增值高低、是否增值均必须交的必然税，完全失去了增值税的调节功能。

国际上通行的不动产税制体系，主要包括三大税种：一是流转税，即交易环节税，包括营业税、契税、印花税等。二是持有环节税，属于财产税类，即对土地等不动产持有人按年征收，国际上一般称为不动产税、财产税等，至于称为房产税、房地产税，乃至物业税、不动产税等，那只是说法问题。其关键税理是：第一，针对不动产征税，不动产是重要的财产之一，是财产税征收的主要对象，通过征税实现地方财政收入，满足公共事务需求；第二，增加土地及房地产持有环节成本，防止囤房囤地，扰乱市场。党的十八届三中全会提出的"加快房地产税立法并适时推进改革"，指的就是持有环节税，上海和重庆试点实施的"房地产税"也属于这类。三是土地增值税，是针对土地及房地产交易环节的增值征税，其关键税理是：针对增值部分进行征税，实现土地增值收益再分配，防止暴利，解决公平问题。

专栏：英国的不动产税

1. 英国政府征收的不动产税收种类

英国政府征收并支配的不动产税收主要有四种：

（1）所得税。出租不动产租金收入在 1930 英镑以下税率为 25%，以上为 40%。买卖房地产金额在 1300 英镑以上者征收。

（2）资本增值税。1965 年开始施行。按买进卖出地产价差向卖者征

收，大公司税率为 35%，小公司税率为 25%，个人为 30%。价差要按社会零售物价指数的上升幅度相应扣除一部分金额再征收。

（3）印花税。按不动产所有权转移价格 1%，由承受方交纳。

（4）遗产税。大于 23.4 万磅以上部分要征税（除农地外），采用累进税率，不动产以及其他遗产总和超过 11 万英镑税率为 40%，为最高税率。1988 年立法改为单一税率 40%。

2. 英国的不动产税（Local Property Tax）

英国的不动产税（Local Property Tax）是政府的重要税源之一。其中地方政府对不动产使用和保有环节征收的税收区分为住宅不动产税（Council Tax）和非住宅类不动产税（Rates）两种。

住宅不动产税是对住宅类不动产征收的。住宅类不动产主要包括独栋或联排房屋和单元房，实行按价征税，税率按照不动产总价高低分成了 8 个计税等级，确定每栋住宅房屋或每套单元房的应税额，计税价格 5 年调整一次。

对独栋或联排房屋和单元房以外的非住宅类不动产征收非住宅类不动产税（Rates），按不动产类型划分不同的应税财产，税基按应税不动产的租金价值（rateablevalue）计算（选择租金做税基的原因是由于这类不动产，例如写字楼、商店等，主要是以租赁形式使用）。非住宅不动产税以租金价值的一定百分比征收。

英国对农业地产免税，因此在地产主即使在有规划建筑许可和容积率指标的情况下，如果开发价值不足也不会轻易开发为建筑地产，这与我国当前无论集体和农民，还是地方政府均愿意将农用地乃至耕地开发为建设用地完全不同。另外，英国还规定对开放的庄园地产也实行减免不动产税政策，以鼓励庄园主开放私有庄园，提供公共服务。

其实，国家在近年来所实施的调控房价的税收措施主要是流转环节税，包括对房屋转让征收营业税，乃至现在的对开发商"预征"土地增值税，这些税收措施对抑制房价不会有良好的正面效果。而真正有效的应是对房地产征收保有税，即不动产税或房地产税，增加房地产保有环节成本，其税制效果是：第一可以抑制投机，使投资性购房者的保有成本增加，减少投资购房需求；第二可以增加开发商或炒房者囤积房屋成本，房子建成就得尽快卖，增加供给；第三对于普通购房者来说要权衡买房与租房的利弊，买大房与买小房、买一套房还是多套房的税收压力，可以引导适度的住房消费，减少投资性需求。

因此，建议：第一，按照土地增值税的征税机制严格征管。即针对土地及房地产交易中所形成的"土地增值"征收土地增值税，改变"预征"的做法，针对房地产开发企业，应该严格实施房地产销售以后的"土地增值税清算"，使土地增值税的征收真正起到土地增值收益再调节的作用。第二，尽快开征不动产税或房地产税。征收房地产税的时机已经成熟，当前房地产价格居高不下，对宏观经济、普通居民都是巨大压力，对实体经济发展存在巨大影响，导致社会财富配置极其不公平，甚至直接危害社会稳定。因此，应借鉴国际经验，在上海、重庆试点的基础上，尽快出台房地产税征管法律，实施征税。

后　记

　　研究土地增值收益分配问题是得罪人的事。毕竟涉及经济利益问题，而且往往利益还不菲，怎么说都会有人不满意，甚至反对。尤其对于既得利益者，往往会认为我们的研究会影响其利益。当然，如果真是这样的话，我们该感到欣慰，说明我们的研究取得了成效。然而，我们更关心的是理论问题，希望对构建健康的、可持续的经济秩序提供帮助。相信每一个理论研究者都不会从少数人利益出发，理论研究更多的是服从所要建立的规则，服从真理。我们的定位是研究土地经济理论问题，遵循伊利关于土地经济学研究职能的定位，"就是分析那些政策和它们所依据的那些原理，以便发现它们是否达到目标的良好的计划。……就是确定所要达到的目标是否适合于公共的福利。"注意，老人家在这里说的是"公共的福利"。

　　研究土地增值收益分配问题是非常复杂的事。一是土地增值在理论上涉及土地制度的各个领域，而且缺乏统一的认识，尤其在中国的土地制度体系下，其并非纯粹的经济问题。二是土地增值收益分配在实践中涉及土地制度、土地管理与土地交易、土地开发等各个环节，因此我们在研究中不得不从征地制度、农村集体土地制度、土地出让制度、土地收储制度，乃至房地产开发制度入手，不得不从土地征收、城市拆迁、土地出让、房地产开发等各个环节进行分析。三是土地增值定量化数据获取的困难及多

种多样的价格/经济形态，真实、准确、全面的基础数据是科学研究的基本要求，为此，我的研究团队做了大量艰苦的工作。

然而，研究土地增值收益分配问题也是一件幸福的事，这大概就是"痛并快乐着"吧。当讨论过程中将手边的书本、手机、纸烟盒等全部用来比划土地增值产生各环节的构成关系时，那种灵感的喜悦是无以言表的；当思考清楚了分析模型，费了九牛二虎之力获取到数据并进行测算；发现测算结果大出所料而又真实无误，这种惊喜也是难以言表的。当然，更欣慰的是我们的坚持，尤其是参与研究的同仁与研究生们的努力，看到他们得到成长，自然喜不自禁。

土地问题是个悠久的问题。中国当前的土地制度建立于 20 世纪中期，解决了《汉书》记载的"富者田连阡陌，贫者无立锥之地"的问题，实现了"耕者有其田"，满足了城乡建设和工农业发展的要求。然而随着 21 世纪的到来，中国不断加快城镇化、工业化的步伐，希望尽快实现民族复兴，在这一过程中赋予了土地一些新的功能。研究发现，正是这些新的功能引起了新的矛盾，而且日益尖锐。老子说，"天下难事必作于易"。要从根本上解决当前中国的土地问题，必须从制度改革入手。土地制度改革同样不宜复杂化，应以回归土地的本质功能为根本。这是本书的基本观点。

本书的研究，主要得到国土资源部软科学研究课题"土地收益分配问题研究（201118）"，国家发展改革委专项课题"土地增值收益的构成因素及创新分配机制研究"，中国土地勘测规划院专项课题"新增建设用地土地增值收益分配实证研究"，北京市土地整理储备中心研究课题"CBD 土地增值收益测算与分配研究"等的支撑，在此一并致谢。实证研究部分，林瑞瑞博士、谢保鹏博士做了大量基础研究工作，部分内容还涉及早期沈飞、张鸣明、董玛力等的研究，应该说本书是我们研究团队集体努力的结晶。

书稿完成后得到国务院法制办甘藏春副主任的指点与斧正，并为本书作序，在此深表谢意。感谢段文技、王健在成书过程中的支持与建议。